普通高等教育新形态教材
河南省"十四五"普通高等教育规划教材
河南省精品在线开放课程教材
河南省一流本科课程教材

U0365996

投融资
决策分析

主　编
李新颖

副主编
何保国　李光举　郭苏敬　俞　昊

TOURONGZI
JUECE FENXI

清華大學出版社
北京

内 容 简 介

本书以国家相关政策和法规为依据,结合应用型高校人才培养目标,全面介绍了以投融资为目的而进行的财务分析知识,内容包括四个部分:基础知识篇、财务报告分析篇、财务效率分析篇、综合分析篇,共十章。从企业的基本财务报表数据出发,注重各财务项目信息含义的解读和报表项目之间的逻辑关系,分析公司的偿债能力、营运能力、盈利能力,并评估公司的成长性和风险状况,发现公司经营的真实情况,培养学生对公司基本面的分析能力,协助学生成长为高级应用型人才,使其能为投融资决策提供应有的信息服务。

本书既可作为高等院校金融学、金融工程、金融科技、经济学专业以及会计学、财务管理、审计学、税务学专业的主干课教材,也可作为其他相关专业的教材和参考书,还可供从事相关教学工作的教师和从事实务工作的管理者阅读参考。

图书在版编目(CIP)数据

投融资决策分析/李新颖主编. —北京:清华大学出版社,2023.4(2024.1重印)

普通高等教育新形态教材

ISBN 978-7-302-62707-4

Ⅰ.①投⋯ Ⅱ.①李⋯ Ⅲ.①投资决策-高等学校-教材 ②融资决策-高等学校-教材

Ⅳ.①F830.59 ②F830.45

中国国家版本馆 CIP 数据核字(2023)第 026835 号

责任编辑:刘志彬
封面设计:汉风唐韵
责任校对:宋玉莲
责任印制:刘海龙

出版发行:清华大学出版社
   网　　址:https://www.tup.com.cn,https://www.wqxuetang.com
   地　　址:北京清华大学学研大厦 A 座　　　　　　邮　　编:100084
   社 总 机:010-83470000　　　　　　　　　　　　邮　　购:010-62786544
   投稿与读者服务:010-62776969,c-service@tup.tsinghua.edu.cn
   质量反馈:010-62772015,zhiliang@tup.tsinghua.edu.cn
印 装 者:三河市人民印务有限公司
经　　销:全国新华书店
开　　本:185mm×260mm　　　印　　张:13.5　　　字　　数:303 千字
版　　次:2023 年 4 月第 1 版　　　　　　　　　　印　　次:2024 年 1 月第 2 次印刷
定　　价:39.50 元

产品编号:099825-01

前　言

为满足高等院校金融学、金融工程、金融科技、经济学专业以及会计学、财务管理、审计学、税务学专业的学生学习需求和教师教学需要，编者以国家相关政策和法规为依据，以河南省精品在线开放课程"投融资决策分析"为依托，结合应用型高校人才培养目标，融合多年的相关教学经验，精心编撰了本教材。

本教材的实质是从金融学的视角出发，以投融资为目的而进行的财务分析。教材主体内容包括四个部分：基础知识篇；财务报告分析篇；财务效率分析篇；综合分析篇。本教材内容的编撰思路是从企业的基本财务报表数据出发，注重各财务项目信息含义的解读和报表项目之间的逻辑关系，分析公司的偿债能力、营运能力、盈利能力，并评估公司的成长性和风险状况，发现公司经营的真实情况，培养学生对公司基本面的分析能力，协助学生成长为高级应用型人才，使其能为投融资决策提供应有的信息服务。

本教材的特色：一是在定位上，以案例将知识点串联起来，以应用性为导向，适用于应用型普通高校人才培养。二是在内容上，从金融学的视角，用通俗的语言分析和解读财务报表信息，以符合投融资实务的需求。三是在分析能力的培养上，强调财务信息分析的系统性和财务数据生成机制的重要性。四是在形式上，本教材充分体现了当前"互联网＋"教育发展形势，是将信息技术与纸质教材深度融合、多种介质综合运用、表现力丰富的新形态教材。

本教材为河南省"十四五"普通高等教育规划教材建设项目。全书由河南省精品在线开放课程"投融资决策分析"的团队负责人李新颖教授任主编，何保国教授、李光举老师、郭苏敬老师、俞昊老师参与编写；经由集体讨论、修改并确定写作大纲，分工编写，最后由李新颖总纂定稿。在编写过程中得到了何伟院长的指导，钟江鸽书记的支持以及张阳、张翔、李雷、陈晨等老师的鼎力相助，在此一并表示感谢。本书的完成还得益于家人的理解和陪伴。

　　本教材编写过程中还参阅和借鉴了许多文献，虽竭力在参考文献中列示，但难免有所遗漏。在此，向所有被参阅、借鉴、引用的文献作者表示衷心感谢，对可能漏列的参考文献将在修订时补正。另外，囿于编者学识水平有限，书中疏漏或不足之处，恳请读者不吝指正。

编者

目　　录

第 1 部分　基础知识篇

第 2 部分　财务报告分析篇

第 3 部分　财务效率分析篇

第4部分　综合分析篇

第1部分　基础知识篇

第1章　投融资决策分析概论

知识框架

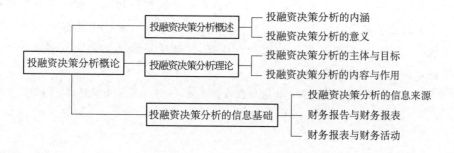

导语

在投融资实务中若要做出正确或合理的决策，对企业进行必要的事前分析是不可缺少的，而财务报表正是企业与决策者沟通的语言。投融资决策分析恰是通过解读财务报表语言了解企业经营真相，对企业进行价值评估的工具。读者通过本章的学习，可以对投融资决策分析有一个初步的了解，为后面章节的深入学习打下基础。

引例

证券分析师本杰明·格雷厄姆，1894年5月9日出生于英国伦敦。他被称为"现代证券分析之父"，还享有"华尔街教父"的美誉。其代表作品有《证券分析》《聪明的投资者》等。

年轻的格雷厄姆刚到华尔街时，人们习惯以道氏理论和道·琼斯指数来分析股市行情，而对单一股票、证券的分析尚停留在较为原始、粗糙的阶段，而且普通投资者在投资时通常倾向于债券投资方式，而对于股票投资则普遍认为过于投机，风险太大，令人难以把握。

之所以造成投资者做出如此选择，一方面是因为债券有稳定的收益，而且一旦发行债券的公司破产清算，债券持有人比股东有优先清偿权，购买债券的安全系数明显要高于购买股票；另一方面主要是因为一般公司仅公布笼统的财务报表，使投资者难以了解其真实的财务状况。格雷厄姆透过那些上市公司的财务报表以及对那些公司资产的调查研究发现，上市公司为了隐瞒利润或在债权清理时逃脱责任，常常千方百计地隐瞒公司资产，公司财务报表所披露的是低估后的资产，而这一做法造成的直接后果就是反映到股市上，其股票价格往往大大低于实际价值。操纵者可以通过发布消息来控制股价的涨跌，股市完全在一种几乎无序而混乱的状态下运行。

于是，格雷厄姆把公司财务报告看作寻找财富的藏宝图，通过研究和分析公司财务报告以寻求公司的内在价值，并开展自己的投资活动。

他在实践中逐步确立了价值投资理念，在他看来，投机并不是一项好的投资。因为投机是建立在消息的基础上的，风险非常高。当股价已升到高位时，很难说哪一只股票没有下跌的风险。从严格意义上来讲，基于事实本身的投资和基于消息的投机，两者所蕴含的风险是不同的。如果一家公司真的运营良好，则其股票所含的投资风险便小，其未来的获利能力一定比较高。那么如何判断一家公司的营运情况和未来的发展，如何预测公司未来盈余和股票内在价值呢？

格雷厄姆的财务分析学说和思想在投资领域产生了极大的影响，影响了几乎三代的重要投资者。他的投资哲学被一大批顶尖证券投资专家所推崇。沃伦·巴菲特作为格雷厄姆的学生兼雇员，对其更是佩服得五体投地。他说："格雷厄姆的思想，从现在起直到100年后，将会永远成为理性投资的基石。"

资料来源：改变巴菲特一生的导师，走进价值投资之父——本杰明·格雷厄姆．[R/OL]（2021-04-24）[2022-11-20]．https://www.sohu.com/a/462728049_557006．

1.1　投融资决策分析概述

什么是投融资决策分析？其基本内容是什么？核心内容又是什么？这是实务界经常提到的问题，也是理论界应该回答的问题。一般情况下，人们对投资和融资都有通俗意义上的理解，那么无论进行投资还是融资，都需要有准确和及时的决策方能实现目的。而做出正确和恰当的决策是需要在一系列详尽的分析评价基础上进行的，这就要用到投融资决策分析。概括一下，投融资决策分析就是在资源配置过程当中，解决资金来源于哪里、资金投向哪里以及怎么进行投资这些问题而进行的分析行为和分析过程。而投融资决策分析最核心的内容就是财务分析,两者的出发点和目的是一致的。

1.1.1 投融资决策分析的内涵

投融资决策分析是以财务信息及其他相关信息为基础,运用分析技术对分析对象财务活动的可靠性和有效性进行分析,为投资决策、融资决策、经营决策、管理控制及监督管理提供依据的一门具有独立性、边缘性、综合性的经济应用学科。它在明确分析方向的基础之上,选用恰当的分析方法,界定分析的内容,建立分析体系,得出分析结论,最终实现分析目的。投融资决策分析是为分析主体服务的。

微课堂 1-1
投融资决策
分析的内涵

投融资决策分析的主体是多元的,投资者、管理者、监管部门、中介机构(如分析师)、其他利益相关者等都是投融资决策分析的主体。他们都从各自的目的出发进行投融资决策分析。投融资决策分析的分析依据或基础以财务信息为主,其他相关信息为辅。其中,财务信息包括财务报告信息和内部会计报告信息,资本市场金融产品价格信息和利率信息等;其他相关信息包括非财务的统计信息,业务信息等。

投融资决策分析的对象是企业财务活动,分析其可靠性与有效性。所谓可靠性分析是分析财务信息是否真实、准确地反映了财务活动的过程与结果,特别是分析那些由于会计信息确认、计量、记录和报告原则与方法的差异,以及变更、错误等对财务活动可靠性带来的影响。所谓有效性分析,是分析财务活动的盈利能力、营运能力、偿债能力、增长能力等,以判断分析对象财务活动与结果的质量,为经营决策、管理控制及监督管理提供准确的信息或依据。

因此,从相关主体来看,投融资决策分析可分为投资者分析、管理者分析、监管者分析、客户分析、供应商分析、员工分析等;从分析方法来看,投融资决策分析可分为会计分析与比率分析;从服务对象来看,投融资决策分析可分为外部分析和内部分析;从职能作用来看,投融资决策分析可分为基于决策的分析、基于控制的分析和基于监管的分析。

综上所述,投融资决策分析是以会计核算和报告资料及其他相关资料为依据,采用一系列专门的分析技术和方法,对企业等经济组织过去和现在的有关筹资活动、投资活动、经营活动的盈利能力、营运能力、偿债能力和成长能力状况等进行分析与评价,为企业的投资者、债权人、经营者及其他关心企业的组织或个人,了解企业过去、评价企业现状、预测企业未来,做出正确投资决策、融资决策、经营管理决策等,提供准确的信息或依据的经济应用学科。

1.1.2 投融资决策分析的意义

 案例

华为 2021 年财报:净利狂增近 76%

2022 年 3 月 28 日下午,华为在深圳总部举行 2021 年经营财报发布会,财报用一句话总结：收入少了，钱赚多了。华为首席财务官孟晚舟回国后首次公开亮相。她在发布会上透露，2021年，华为收入为6 368亿元人民币，同比下降28.6%；净利润为1 137亿元，同比上升75.9%。

此外，华为轮值董事长郭平也出席发布会。他指出："公司整体经营情况符合预期，运营商业务表现稳定，企业业务稳健增长，终端业务快速发展新产业，生态建设进入快车道。"

孟晚舟则在华为2021年年度业绩发布会上表示，公司期内营收下滑主要是三个因素：

第一，华为的手机等业务受到很大承压；

第二，中国的5G建设没有那么大的需求；

第三，疫情下企业都有压力，华为也是一样的。

分板块来看，2021年，华为在运营商业务领域实现销售收入2 815亿元人民币，同比下降7%。华为助力全球运营商部署了领先的5G网络，据第三方报告显示，在瑞士、德国、芬兰、荷兰、韩国、沙特阿拉伯等13个国家，华为承建的5G网络用户体验均为最佳。华为和运营商、合作伙伴一起，累计签署了3 000多个5G行业应用商用合同，5G在制造、矿山、钢铁、港口、医疗等行业达到规模商用。

数字化转型浪潮下，华为企业业务取得快速增长，实现销售收入1 024亿元人民币，同比增长2.1%。面向政府、交通、金融、能源以及制造等重点行业，华为发布了十一大场景化解决方案，成立了煤矿、智慧公路、海关和港口等军团，整合资源高效服务客户。全球700多个城市、267家世界500强企业选择华为开展数字化转型，服务与运营伙伴数量增长到6 000多家。

终端业务坚持以消费者为中心，构建万物智联、亿亿连接的全球生态，为全球消费者带来全场景智慧生活体验，消费者业务实现销售收入2 434亿元人民币，同比下降近50%。智能穿戴、智慧屏、TWS耳机及消费者云服务均实现持续增长，其中可穿戴设备和智慧屏业务收入同比增长超过30%。搭载HarmonyOS的华为设备超过2.2亿台，成为全球发展速度最快的移动终端操作系统。

孟晚舟在回答有关提问时指出，过去时间是华为比较艰难的时刻，现在，华为已经穿过了"黑障区"。

2021年华为的经营现金流有较大增长，达到597亿元人民币；资产负债率降低到57.8%的水平，整体财务结构的韧性和弹性都在加强。对此，孟晚舟表示："我们的规模变小了，但我们的盈利能力和现金流获取能力都在增强，公司应对不确定性的能力在不断提升。"

孟晚舟表示，最大的财富不在报表上。"华为公司的真正价值在于：长期在研发上的投资，所沉淀和积累起来的研发能力、研发队伍、研发平台，这才是华为公司构建长期、持续竞争力的核心。"

具体而言，2021年，华为持续加大研发投入，2021年研发投入达到1 427亿元人民币，占全年收入的22.4%，十年累计投入的研发费用超过8 450亿元人民币。2021年，从事研究与开发的人员约10.7万名，约占公司总人数的54.8%。截至2021年12月31日，华为在全球共持有有效授权专利 4.5 万余族(超 11 万件)。

郭平在年报上指出,越是在困难的时期,越重视对未来的投入。2021 年,研发费用额和费用率均处于近十年的最高位。目前,华为研发投入在全球企业中位居第二。他表示,困难再大,也要坚定不移地加大投入,这样才有未来。

资料来源:净利狂增近 76%! 刚刚,华为刷屏![R/OL].(2022-3-28)[2022-11-20].http://finance.sina.com.cn/stock/hyyj/2022-03-28/doc-imcwipii1074729.shtml?finpagefr=p_115.

思考:中国科学院原院长、党组书记白春礼曾表示,华为是中国的品牌,更是民族的骄傲,取得了非凡的成就。这句话如何理解呢?如何才能读懂华为的 2021 年财报?

从这个案例当中我们认识到有效掌握投融资决策分析知识有助于识别企业经营的真相;同时也认识到掌握投融资决策分析技能很重要,而做一个具有社会责任感的分析者更重要。

投融资决策分析主要就是对企业财务报表数据进一步加工、整理和分析,更加清晰、完整地展示企业财务状况全貌。一位杰出的分析师,不但能通过企业所提供的财务数字看到其背后的经营状况,更能通过投融资决策分析,对企业的管理质量、战略实施的成效进行判断,并对企业的发展前景进行有效预测。

在全球经济飞速发展的今天,金融投资发展势头迅猛,投融资决策分析的意义更加深远,作用更加重大。从不同角度看,投融资决策分析的作用是不同的。从投融资决策分析的对象看,投融资决策分析不仅对企业内部的生产经营管理者有着重要作用,而且对企业外部投资决策、贷款决策、赊销决策等也有着重要作用。其意义在于以下三方面。

微课堂 1-2
投融资决策
分析的意义

(1)投融资决策分析可正确评价企业过去

正确评价企业的过去是说明现在和揭示未来的基础。投融资决策分析通过对会计报表等资料的分析,能够准确地说明企业过去的业绩状况,指出企业存在的问题以及产生的原因是主观原因还是客观原因等,这不仅对正确评价企业过去的经营业绩十分有效,而且可对企业投资者和债权人的行为产生积极的影响。

(2)投融资决策分析可全面反映企业现状

会计报表等资料是企业各项生产经营活动的综合反映,但会计报表的格式及提供的数据往往是根据会计的特点和管理的一般需要而设计的,它不可能为不同目标报表使用者全面提供所需要的各方面数据资料。投融资决策分析根据不同分析主体的分析目标,采用不同的分析手段和方法可得出反映企业某方面现状的指标,如反映企业资产结构的指标、企业权益结构的指标、企业支付能力和偿债能力的指标、企业营运状况的指标、企业盈利能力的指标等。这种分析对于全面反映和评价企业的现状有重要作用。

(3)投融资决策分析可用于估价企业未来

投融资决策分析不仅可用于评价企业的过去和反映企业的现状,更主要的是它可通过对过去与现状的分析与评价,估测企业的未来发展状况与趋势。

1.2 投融资决策分析理论

1.2.1 投融资决策分析的主体与目标

投融资决策分析的主体是指与企业存在一定现实或潜在的利益关系，为特定目的而对企业的财务状况、经营成果和现金流量等情况进行分析的单位、团体或个人。具体包括投资者、债权人、管理者、政府机构、供应商、员工、客户、竞争对手、分析师，等等。

微课堂1-3
投融资决策
分析的主体
与目标

投融资决策分析的不同主体由于利益倾向的差异，决定了在对企业进行分析时，必然有共同的要求和不同的侧重点。而投融资决策分析的目标都是要满足投资者、债权人、经营管理者及其他利益相关者决策的需要。因此，研究投融资决策分析的目标可从以下几个角度进行。

▶ 1. 从企业股权投资的角度

企业的股权投资者包括企业的所有者和潜在投资者。他们进行投融资决策分析的最根本目标是看企业的盈利能力状况，因为盈利能力是投资的资本保值和增值的关键，即他们对企业投资的回报率极为关注。对于一般投资者来讲，其比较关心企业股息、红利的发放水平；对于拥有企业控制权的投资者，其考虑更多的则是如何增强竞争实力、扩大市场占有率、降低财务风险、追求长期利益的持续稳定增长。但是投资者仅关心盈利能力还是不够的。为了确保资本保值增值，他们还应研究企业的权益结构、支付能力及营运状况。只有投资者认为企业有着良好的发展前景，企业的所有者才会保持或增加投资，潜在投资者才能把资金投向该企业，否则企业所有者将会尽可能地抛售股权，潜在投资者将会转向其他企业投资。另外，对企业所有者而言，财务分析也能评价企业经营者的经营业绩，发现经营过程中存在的问题，从而通过行使股东权利为企业未来发展指明方向。

▶ 2. 从企业债权人角度

企业债权人包括企业借款的银行和一些金融机构，以及购买企业债权的单位与个人等。债权人进行投融资决策分析的目标与经营者和投资者不同，债权人因为不能参与企业剩余收益分配，决定了债权人必然对其资金的安全性予以关注。银行等债权人一方面从各自经营或收益目的出发，愿意将资金贷给某企业，另一方面又要非常小心地观察和分析该企业有无违约或清算破产的可能性。一般来说，银行、金融机构及其他债权人不仅要求本金能及时收回，而且要得到相应的报酬或收益，而这个收益的大小又与其承担的风险程度相适应。通常，偿还期越长，风险越大。因此，从债权人角度进行投融资决策分析的主要目标，一是看其对企业的借款或其他债权是否能及时足额收回即研究企业偿债能力的大小，二是看债务人的收益状况与风险程度是否相适应，为此还应将偿债能力分析与盈利能力分析相结合。

▶ 3. 从企业管理者角度

企业管理者主要是指企业的经理及其各分厂、部门、车间等地的管理人员，他们进行投融资决策分析的目标是综合的。从对企业所有者负责的角度，他们关心盈利能力，这是他们的总体目标。但是在投融资决策分析中，他们不仅关心盈利的结果，还关心盈利的原因及过程。如资产结构分析、营运状况与效率分析、经营风险与财务风险分析、支付能力与偿债能力分析等，分析的目标是及时发现生产经营中存在的问题与不足，并采取有效措施解决这些问题，使企业不仅以现有资源获取更多的盈利，而且使企业盈利能力保持持续增长。

▶ **4. 从政府经济管理机构角度**

政府经济管理机构主要是指工商、税务、财政、证券监管及审计等监督管理部门。具体来说，通过投融资决策分析，税务部门可以审查企业的纳税申报数据是否准确、合理，财政部门审查企业的会计法规和财务制度是否规范，证券管理部门则可以审查上市公司是否遵守经济法规和市场秩序等。简而言之，政府机构因其各自职责不同，关注点也会有所不同。投融资决策分析信息是政府监管部门维护证券市场稳定、执行监管工作的依据。

▶ **5. 从供应商角度**

供应商与企业的贷款提供者情况类似。他们在向企业赊销商品或提供劳务后即成为企业的债权人，因而它们必须判断企业能否支付所购商品或劳务的价款。从这一点来说，大多数商品和劳务供应商对企业的短期偿债能力感兴趣。另外，某些供应商可能与企业存在着长期稳固的合作关系，在这种情况下，它们又对企业的长期偿债能力加以关注。

▶ **6. 从其他利益相关者角度**

其他利益相关者还有企业的员工、客户、竞争对手、分析师等。企业的员工关注的是其工作岗位的稳定性、工作环境的安全性以及获取报酬的前景。因为他们往往对企业的盈利能力和偿债能力感兴趣。企业的客户通常也要跟企业保持长期合作关系，他们所关注是的企业持续供货或持续提供劳务的能力。

竞争对手希望获取关于企业财务状况的会计信息及其他有用信息，借以判断企业间的相对效率与竞争优势。同时，还可为未来可能出现的企业兼并提供信息。因此，竞争对手可能会把企业视为直接管理目标，它们对目标企业财务状况的各个方面均感兴趣。而分析师等主体，他们的分析目的则与把分析报告提供给谁有关，而这个所谓的"谁"往往不外乎前面所讲的几类主体，所以这里就不再赘述了。

总体来说，投融资决策分析的需求主体主要是企业的相关利益者，他们通常因为身份不同、关注点不同，分析的目的也会不同。

1.2.2 投融资决策分析的内容与作用

▶ **1. 投融资决策分析的内容**

尽管不同利益主体进行投融资决策分析有着各自的侧重点，但还是可以从中得出以下结论：财务信息使用者所要求的信息大部分都是面向未来的；不同的信息使者各有其不同的目的，因此，即使对待同一对象，他们所要求得到的信息也是不同的；不同的信息使用者所需信息的深度和广度不同。一

微课堂 1-4
投融资决策
分析的内容
与作用

般而言，投融资决策分析可归纳为四个主要方面：偿债能力分析、营运能力分析、盈利能力分析和发展能力分析。其中，偿债能力是财务目标实现的稳健保证；营运能力是财务目标实现的物质基础；盈利能力是前两者共同作用的结果，同时也对前两者起着推动作用；发展能力可以判断企业发展趋势。四者相辅相成，共同构成了投融资决策分析的基本内容。

▶ 2. 投融资决策分析的作用

一方面，财务报表是企业会计信息的主要载体，而投融资决策分析又是以企业对外披露的财务报表为主要分析依据。那么，投融资决策分析必然与财务报表密不可分。另一方面，企业价值评估又是投融资实务必不可少的一环。因此，概括起来说，投融资决策分析应包括以下几个方面的作用。

(1) 为投资者和债权人进行投资和信贷决策提供有用信息

企业目前的和潜在的投资者、债权人是企业外部财务报表的主要使用者，他们为了选择投资和信贷对象，衡量投资和信贷风险，做出投资和信贷决策，不仅需要了解毛利率、资产报酬率、权益报酬率等指标中所包含的有关企业盈利能力和发展趋势方面的信息，还要了解流动比率、速动比率、资产负债率等指标中所包含的有关企业偿债能力方面的信息，更要了解企业所处行业、竞争地位以及经营战略等方面的非财务信息。在此基础上，可以通过进一步分析投资后的收益水平和风险程度，预测企业价值或者评价企业信用等级，做出更科学的投资和融资决策。因此，投融资决策分析可以为投资者和债权人提供非常有用的投资和信贷决策信息。

(2) 为企业管理者进行经营决策提供有用信息

企业财务管理的根本目标是努力实现企业价值的最大化。投融资决策分析作为企业财务管理的重要组成部分，有助于管理者了解企业的盈利能力和资产周转状况，不断挖掘企业潜能改善财务状况、扩大财务成果的内部潜力，充分认识未被利用的人力资源和物资，寻找不良资产区域及形成原因，发现进一步提高资产利用效率的可能性，以便从各方面揭露矛盾、找出差距、寻求措施，促进企业生产经营活动按照企业价值最大化的目标实现良性运行。同时，由于投融资决策分析不仅分析企业的历史业绩水平，还注重分析企业未来的发展潜力，因此它还可以为企业战略的制定和实施提供重要的信息支持，从而为企业管理者提供非常有用的经营决策信息。

(3) 为投资者评价企业管理层受托责任的履行情况提供重要信息

企业接受了包括国家在内的所有投资者和债权人的投资，就有责任按照其预定的发展目标和要求，合理利用资源，加强经营管理，提高经济效益，接受考核和评价。投融资决策分析通过了解企业的偿债能力、营运能力和盈利能力，采用趋势分析和同行业对比分析等方法，便可以大致判断企业的财务健康状况、业绩改善程度、未来发展趋势以及行业竞争性，从而为投资者和债权人评价企业管理层受托责任的履行情况提供重要的信息支持，同时也为企业制定薪酬与激励决策提供重要的依据。

(4) 帮助投资者估测企业未来以做出正确的投资决策

企业价值是投融资、交易的前提，也是投资者确定投资对象、对管理者进行业绩评价以及企业决策的重要依据。

　　总之，投融资决策分析的作用可以用一句话来概括：准确了解企业过去，全面反映企业业现状，预测企业未来，从而为企业相关利益者提供准确、全面的信息服务。

1.3　投融资决策分析的信息基础

1.3.1　投融资决策分析的信息来源

微课堂 1-5
投融资决策
分析的信息
来源

　　投融资决策分析信息是进行投融资决策分析的基础。它对于保证投融资决策分析工作的顺利进行、提高投融资决策分析的质量与效果都有着重要的作用。首先，投融资决策分析信息是投融资决策分析的根本依据。没有分析信息，投融资决策分析如"无米之炊"，是不可能进行的。投融资决策分析实际上就是对财务信息的分析，如要分析企业的资产、负债和所有者权益状况，就必须有资产负债表的信息；而要分析企业的盈利状况，则需要有利润表的信息等。其次，搜集和整理分析信息是投融资决策分析的重要步骤和方法之一。从一定意义上说，信息的搜集与整理过程，就是投融资决策分析的过程。投融资决策分析所用的信息并不是取之即来、来之即用的。不同的分析目的和分析要求所需要的信息是不同的，包括信息来源不同、内容不同和形式不同等。因此可以说，投融资决策分析信息的搜集与整理是投融资决策分析的基础环节。最后，分析信息的数量和质量决定着财务分析的质量与效果。正因为分析信息是投融资决策分析的基本依据和基础环节。因此，投融资决策分析信息的准确性、完整性、及时性，对提高投融资决策分析的质量和效果是至关重要的。使用错误的、过时的或不规范的财务分析信息，无法保证投融资决策分析的准确性。

　　进行投融资决策分析的信息是多种多样的，不同的分析目的，其所使用的信息可能是不同的。因此，从不同角度看，投融资分析信息包括以下几种类型。

　　▶ 1. 内部信息与外部信息

　　投融资决策分析的对象是企业的财务活动，对于企业来讲，信息有内外之分。

　　内部信息是指从企业内部可取得的财务信息，比如资产负债表、利润表、现金流量表等由企业编制的各种报表以及相关附表，各类统计报表信息，企业预决算信息，经营计划，各种消耗定额等。

　　外部信息是指从企业外部获取的信息，比如与企业财务活动密切相关的国家宏观经济信息、综合部门发布的信息、政府监管部门的信息等。

　　（1）国家宏观经济信息

　　国家宏观经济信息主要指与企业财务活动密切相关的信息，如物价上涨率或通货膨胀率、银行利息率、各种税率等；有关法规包括会计法、税法、会计准则、审计准则、会计制度等。

　　（2）综合部门发布的信息

　　综合部门发布的信息包括国家统计局定期公布的统计报告和统计分析；国家商务部的

经济形势分析；国家发改委的国民经济计划及有关部门的经济形势预测；各证券市场和资金市场的有关股价、债券利息等方面的信息等。

（3）政府监管部门的信息

政府监管部门的信息是指企业的直接或者间接主管部门提供的信息。就来源而言，这些信息与"国家经济政策与法规信息"和"综合部门发布的信息"极为相似，都来自于政府部门或者准政府部门性质的机构。但是，政府监管部门的信息更能反映政府作为经济管理者所发挥的作用，披露的信息通常与具体的企业密切相关。

（4）中介机构的信息

中介机构的信息是指会计师事务所、资产评估事务所等提供的企业审计报告和资产评估报告等。

（5）报纸杂志的信息

报纸杂志的信息是指各种经济著作，报纸及杂志的科研成果、调查报告、经济分析中所提供的与企业财务分析有关的信息。

（6）企业间交换的信息

企业间交换的信息是指企业与同行业其他企业或有业务往来的企业间相互交换的报表及业务信息等。

▶ **2. 定期信息与不定期信息**

定期信息是指企业经常需要、可定期取得的信息，比如会计信息，它是以会计制度规定的时间，按月、季、年核算和编报的；不定期信息有宏观经济政策信息、企业间不定期交换的信息等。不定期的经济信息，有的是因为信息不能定期提供而形成的，有的是因为企业需要进行不定期分析而形成的。在进行投融资决策分析时应注重定期信息的搜集与整理，同时也应及时搜集不定期信息。

▶ **3. 实际信息与标准信息**

实际信息是指反映各项经济指标实际完成情况的信息。标准信息是指用于作为评价标准而搜集和整理的信息，如预算信息、行业信息等。财务分析通常是以实际信息为基础来进行，但标准信息对于评价企业财务状况也是不可缺少的。

▶ **4. 财务信息与非财务信息**

一般情况下，财务信息是指以数字方式反映的企业经营成果、财务状况和现金流量的信息；非财务信息是以非数字方式反映的企业组织结构、内部治理、战略目标和未来发展计划等方面的信息。具体来说，财务信息主要包括：资产负债表信息、利润表信息、所有者权益变动表信息、现金流量表信息、报表附注信息。非财务信息主要包括：股权结构信息、董事会构成信息、内部控制信息、战略目标信息、行业信息、生产技术信息等。

在投融资决策分析过程中，两者均是重要的信息来源。因此，如要做出正确的投融资决策，需要将非财务信息和财务信息结合起来进行全面分析。财务信息提供量化的数据，反映企业经营活动的过程和结果，是财务分析中主要的分析对象和信息来源；非财务信息提供有关企业的组织结构设置和行业背景情况等方面的信息，是对财务信息的必要和有益的补充。在投融资决策分析过程中，需要将非财务信息和财务信息相结合。比如，在分析企业的经营业绩时，必然要先考虑企业所处行业的特点、企业所采用的生产技术以及企业发展战略目标等方面的非财务信息，在此基础上，对企业利润表的财务信息进行分析，才能得到企业经营情况的分析结论。

值得注意的是，各种不同的分析信息其各自分类标准之间存在着交叉。某一特定的分析信息，参照不同的划分标准，可能归属于不同的类别。比如，企业的预算信息，既属于内部信息和标准信息，同时也是财务信息。

1.3.2　财务报告与财务报表

微课堂 1-6
财务报告

"财务报告"是国际范围内较为通用的术语。目前，我国财政部颁布的"基本准则"沿用的是"财务会计报告"这一术语，同时又引入了"财务报告"之说，并指出"财务会计报告"又称"财务报告"，从而较好地解决了立足国情与国际趋同的问题。

财务报告是企业对外提供的反映企业某一特定日期的财务状况和某一会计期间的经营成果、现金流量等会计信息的文件。它是由资产负债表、利润表、现金流量表、所有者权益（股东权益）变动表、会计报表附注和财务情况说明书（包括其他应在财务报告中披露的相关信息与资料）所构成的一个完整的报告体系。如图 1-1 所示。财务报告定期向信息使用者提供所需要的财务信息。

根据图 1-1 可知，财务报告体系的核心部分是主要基本报表——资产负债表、利润表、现金流量表。通过对资产负债表进行分析，可以了解企业的偿债能力、营运能力等财务状况。通过对利润表进行分析，可以考核企业利润计划的完成情况，分析企业的盈利能力以及利润增减变化的原因，预测企业利润的发展趋势。通过对现金流量表进行分析，便于报表使用者了解和评价企业获取现金和现金等价物的能力，并据以预测企业未来的现金流量。投融资决策分析的核心内容是基于对主要基本报表的分析之上的，下面具体来介绍主要基本报表的基本情况。

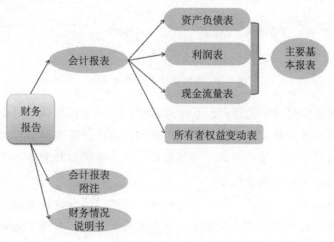

图 1-1　财务报告体系

▶ 1. 资产负债表

资产负债表是基本的财务报表之一，资产负债表列示了企业的资产结构及资本结构，体现了企业的整体实力，用通俗的话来讲，它反映了企业经营运行的"底子"。

微课堂 1-7
资产负债表

具体来说，资产负债表是反映企业在某一时点财务状况的报表，是一个静态报表。它揭示了企业在某一特定日期所拥有或控制的经济资源、所承担的现时义务以及所有者享有的剩余权益。拥有或控制的经济资源，其实就是通常所说的资产；所承担的现时义务称为负债；所有者享有的剩余权益就是所有者权益。

资产负债表以"资产＝负债＋所有者权益"为平衡关系，按照一定的分类标准和次序，对企业一定日期的资产、负债、所有者权益项目予以安排，按一定的要求编制而成。

一般情况下，资产负债表有表首、正表两部分。表首主要包括报表名称、编制单位、编制日期、编号、货币名称、计量单位等基础信息；而正表则是资产负债表的主体，它列示了用以说明企业财务状况的各个项目。在中国，企业采用的是账户式资产负债表。

账户式资产负债表的简化结构如图 1-2 所示。它为左右结构，左边列示资产，右边列示负债和所有者权益。在左边资产栏根据资产项目的流动性由强到弱、自上而下依次列示流动资产、非流动资产的各个项目。右边分为上、下两部分，上部分是负债，按照偿还期限的长短由短到长自上而下列示了流动负债、非流动负债的各个项目；右边下部分是所有者权益，按照其产生的先后顺序自上而下依次排列。当然，最终资产各项目的总计是等于负债与所有者权益各项目的总计的，这也是资产负债表的编制原理。

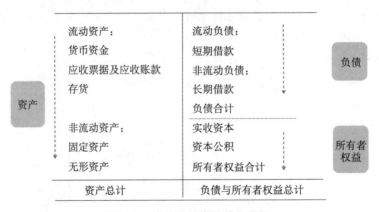

图 1-2　资产负债表的简化结构

资产负债表的具体项目中的资产包括财产、债权和其他权利。它是由过去的交易或事项形成，由企业拥有或控制，能以货币计量，预期会给企业带来经济利益的资源。负债是由过去的交易或事项形成，预期会导致经济利益流出企业的现时义务。所有者权益是资产扣除负债后由所有者享有的剩余权益。

投融资决策分析离不开对资产负债表的分析，资产负债表分析有助于分析和评价企业的偿债能力，有助于分析和评价企业的营运能力和盈利能力，有助于解释、评价和预测企业的财务状况质量和未来发展趋势，有助于了解和判断企业有关战略的制定与实施情况，通过它可透视企业的管理质量。

▶ 2. 利润表

微课堂 1-8
利润表

利润表又称损益表，是总括地反映企业一定期间内经营成果的财务报表。它反映了企业一定时间的效益，是一种动态的时期报表，体现了企业的盈利能力。通俗地讲，它代表了企业的"面子"。

具体来讲，利润表主要揭示企业在一定时期（月、季、年）的收入、费用、利润情况。它主要揭示企业一定时期的收入、费用、利润情况。当然这个时期最常见的是月、季、年。利润表的编制原理是"收入－费用＝利润"。利润表一般也有表首、正表两部分。正表有单步式和多步式两种列示形式，而我国企业采用的是多步式结构。

利润表的简化结构如图 1-3 所示。利润表的主体内容自上而下，分别列示了营业收入、营业利润、利润总额和净利润。它们之间是什么样的关系呢？营业收入减去营业成本、税金及附加、各项费用后，再加上公允价值变动收益、投资收益等项目，能够得到营业利润；营业利润加上营业外收入、减去营业外支出，可以得到利润总额；利润总额再扣除掉应向国家缴纳的所得税费用后，就得到净利润。这就是利润表的简化结构，利润表所列示的项目，体现了它的编制原理：收入－费用＝利润。

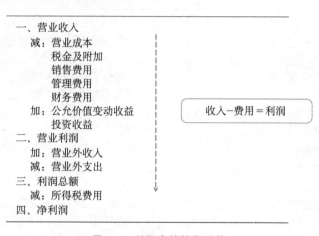

图 1-3 利润表的简化结构

利润表的具体项目中的收入是指企业在日常活动中形成的、会导致所有者权益增加的、与所有者投入资本无关的经济利益的总流入，不包括为第三方或者客户代收的款项。费用是指企业在日常活动中发生的、会导致所有者权益减少的、与向所有者分配利润无关的经济利益的总流出。利润是收入扣除费用后的余额。

利润表分析是投融资决策分析中的重要一环。利润表分析有助于解释、评价和预测企业的经营成果和盈利能力，有助于解释、评价和预测企业的偿债能力，有助于评价企业经营战略的实施效果，有助于评价和考核经营者的经营业绩。

▶ 3. 现金流量表

对于经济快速发展的今天来说，现金流量表越来越引起分析者的注意，它直接反映了企业的资金来自哪里，又流向何处，体现了企业的活力，记载了企业日常经营情况。

准确来讲，现金流量表是指反映企业在一定期间现金和现金等价物流入和流出情况的报表。它是反映企业财务动态变化的会计报表。

现金流量表反映了企业会计期间内经营活动、投资活动和筹资活动等对现金和现金等价物所产生的影响。现金流量表是以现金为基础进行编制的。现金流量表一般也有表首、正表两部分。正表部分我国企业采用直接法列示。

如图 1-4 所示，现金流量表直接列示了企业经营活动产生的现金流量、投资活动产生的现金流量和筹资活动产生的现金流量，具体包括相应的现金流入量、现金流出量，以及现金流入量减去流出量得到的现金流量净额。

现 金 流 量 表

财会年企03表

编制：　　　　　　　　　　　　　　　　　　年度

项　　　目	行次	金额	项　　　目	行次	金额
一、经营活动产生的现金流量：	1	—	现金流入小计	18	—
销售商品、提供劳务收到的现金	2		购建固定资产、无形资产和其他长期资产所支付的现金	19	
收到的税费返还	3		投资所支付的现金	20	
收到的其他与经营活动有关的现金	4		其中：购买子公司所支付的现金	21	
现金流入小计	5	—	支付的其他与投资活动有关的现金	22	
购买商品、接受劳务支付的现金	6		现金流出小计	23	—
支付给职工以及为职工支付的现金	7		投资活动产生的现金流量净额	24	—
支付的各项税费	8		**三、筹资活动产生的现金流量：**	25	—
支付的其他与经营活动有关的现金	9		吸收投资所收到的现金	26	
现金流出小计	10	—	借款所收到的现金	27	
经营活动产生的现金流量净额	11	—	收到的其他与筹资活动有关的现金	28	
二、投资活动产生的现金流量：	12	—	现金流入小计	29	—
收回投资所收到的现金	13		偿还债务所支付的现金	30	
其中：出售子公司所收到的现金	14		分配股利、利润或偿付利息所支付现金	31	
取得投资收益所收到的现金	15		支付的其他与筹资活动有关的现金	32	
处置固定资产、无形资产和其他长期资产所收回的现金净额	16		现金流出小计	33	—
收到的其他与投资活动有关的现金	17		筹资活动产生的现金流量净额	34	—

图 1-4　现金流量表样表

现金流量表中的现金是指企业的库存现金以及可以随时支付的存款，包括库存现金、银行存款、其他货币资金。需要注意的是，银行存款和其他货币资金中有些不能随时用于支付存款，如存款保证金、已冻结资金等不能作为"现金"。而现金等价物是指企业持有的期限短、流动性强、易于转换为已知金额的现金、价值变动风险很小的投资，一般是指期限 3 个月内的短期债券投资。现金流量是指某一段时间内企业现金和现金等价物流入和流出的数量，这里需要注意的是，企业货币资金不同形态之间的转换不会产生现金的流入和流出，现金与现金等价物之间的转换也不属于现金流量。

本书以我国一般企业现金流量表基本结构为基础进行分析。我国企业通常将现金流量分为三类，即经营活动产生的现金流量、投资活动产生的现金流量、筹资活动产生的现金流量。企业由于所处的行业特点不同,对各类活动的认知存在一定差异。因此,在对现金流量表进行分析时,应特别关注企业所处行业的不同特点和实际情况,考察企业现金流量的类别。

综合以上情况,在主要基本报表中,资产负债表反映企业的财务状况,利润表反映的是企业在一个会计期间的经营成果,而现金流量表反映的是在相应的会计期间内企业的现金流量的过程及结果,也就是现金流入量、现金流出量以及现金流量净额(现金流入量-现金流出量)。这就是企业的主要财务报表。

1.3.3 财务报表与财务活动

由上节可知,企业的基本财务报表由资产负债表,利润表和现金流量表组成,企业的各项财务活动都直接或间接地通过财务报表来体现。

微课堂 1-10
财务报表与
财务活动

资产负债表是反映企业在某一特定日期财务状况的报表,它是企业筹资活动和投资活动的具体体现。利润表是反映企业在一定会计时期经营成果的报表,它是企业经营活动和分配活动的具体体现。所有者权益变动表是反映企业在一定会计期间所有的权益变动情况的报表,它是企业股权筹资活动的具体体现。

现金流量表是反映企业在一定会计期间现金和现金等价物流入和流出的报表,它以现金流量为基础,是企业财务活动总体状况的具体体现。

可见,财务报表从静态到动态,从权责发生制到收付实现制,对于企业财务活动中的筹资活动、投资活动、经营活动和分配活动进行了全面、系统、综合的反映。

企业追求财务目标的过程正是企业进行财务活动的过程。这个过程包括筹资活动、投资活动、经营活动和分配活动。而企业这些活动如何通过财务报表来体现的呢?

根据图1-5,我们从资产负债表说起,资产负债表左侧列示了企业各种不同形式的资产项目,企业要用这些资产去创造相应的收益和价值。所以它反映的是企业投资活动造成的结果,而投资活动产生的现金流入量、现金流出量以及现金净流量(现金流入量减去现金流出量得到的现金流量净额)都体现在了现金流量表中。这样就把资产负债表中的资产项目跟企业投资活动以及现金流量表中的相应现金流量联系在了一起。

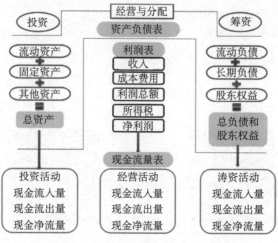

图1-5 财务报表与财务活动的关系

而资产负债表的右侧列示了负债和所有者权益，反映的是企业资金的来源，实际上就是企业的筹资活动，它是企业一切活动的起点，而筹资活动产生的现金流入量、现金流出量以及现金净流量同样也体现在现金流量表中。所以资产负债表的右侧项目跟企业的筹资活动以及现金流量表中的相应现金流量也有了直接的关联。

利润表反映的是企业在一定会计期间内形成的经营成果。具体来说，它体现了企业的经营活动，这样就与现金流量表中的经营活动产生的现金流量有了内在的联系。

至此，在明白了财务报表与财务活动的关系的基础之上，可以进行偿债能力分析、营运能力分析、盈利能力分析、发展能力分析和综合财务分析，也就是企业的财务效率分析，然后对企业有一个合理的评价和判断。

应该特别注意的是，报表上的数字只是一个结果的呈现，通过数据透视企业的财务活动才是企业创造价值的关键。所以在分析的时候，就不能单纯地只看数字，更重要的是还要看到产生数字的财务活动是什么，在这个基础之上分析这些活动引起的相应的企业经营变动方向以及变动幅度，进而还原企业经营的真相，从而为投融资决策者提供相应的信息支持或信息服务。

本章小结

从性质上来讲，投融资决策分析是解决如何运用报表来还原企业经营真相的一门工具性学科；从价值上来讲，投融资决策分析是帮助决策者进行企业价值评估的一门实用性学科。无论从哪方面来讲，投融资决策分析都是一门值得学习和研究的学科。

通过本章的学习，了解了投融资决策分析的概念、内涵和意义，理解了投融资决策分析的主体、目标和作用，掌握了投融资决策分析的信息基础等相关知识点，最终对投融资决策分析有了初步的认识和理解，为后面章节的学习打下基础。

复习思考题

1. 投融资决策分析的必要性在哪里？
2. 不同主体进行投融资决策分析时的侧重点在哪里？
3. 投融资决策分析的作用是什么？
4. 如何理解财务报表与财务活动的关系？

线上课堂

实操练习

扫描封底刮刮卡获取答题权限

在线自测

第2章　投融资决策分析程序与方法

学习目标

1. 知识目标：了解投融资决策分析的基本程序，理解投融资决策分析的基本方法，掌握战略分析和会计分析、比率分析和因素分析等知识。

2. 能力目标：能够提升分析者的逻辑能力，能够培养其全面分析能力。

3. 素质目标：培养分析者的基本逻辑素养，提升投融资决策的实务素养。

4. 价值目标：建立规则意识，培养分析者尊重客观事实的思维，树立正确的世界观。

知识框架

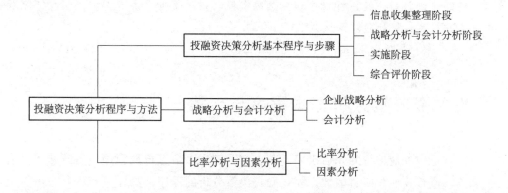

导语

路线正确是到达目的地的关键。在投融资实务中需要提前明确分析的路径，因而熟悉投融资决策分析的程序与方法就至关重要。通过本章的学习，使读者从宏观角度认知投融资决策分析过程，以期在实操过程中能够做到有的放矢。

引例

在2021年的河南暴雨洪灾中，鸿星尔克竭力捐赠5 000万元，此次的善举让这个具有年代感的民族鞋业品牌再次回到大众的视线中。近年来，它的经营状况如何呢？

2021年8月，在世界品牌实验室发布的2021年"中国500最具价值品牌"中，安踏稳坐体育用品"头把交椅",品牌价值达到507.93亿元,排在全国第162位。值得关注的是,体育用品类品牌价值排名第二的并非大家认为的"国潮代表"李宁,而是拥有让大家耳熟能详"TO BE No.1"广告语的鸿星尔克,其品牌价值达到400.65亿元。具体如表2-1所示。

表 2-1 2021 年"中国 500 最具价值品牌"排行榜(体育用品类)

排名	品牌	品牌拥有机构	品牌价值(亿元)	影响力	发源地	上市
162	安踏	安踏(中国)有限公司	507.93	中国	福建	是
180	鸿星尔克	鸿星尔克(厦门)实业有限公司	400.65	中国	福建	是
233	李宁	李宁(中国)体育用品有限公司	327.12	中国	北京	是
359	361°	三六一度(中国)有限公司	181.52	中国	福建	是

如果要进一步了解鸿星尔克近年来的经营状况,就需要分析该企业近年来的财务报告。投资大师巴菲特曾经说过:"你必须了解财务报告,它是企业与外界交流的语言,是一种完美无瑕的语言。只有你愿意花时间去学习它,学习如何分析它,你才能够独立地选出投资标的。你在股市赚钱的多少,跟你对投资对象的了解程度成正比。"

上市公司的财务报告就如同卸妆水,把企业原本的优势和问题展现给投资者,帮助投资者排除"坏"公司,识别"好"公司。那么,如何分析财报,挖掘值得投资的公司呢?你知道作为分析者应该熟知一般分析程序和应熟练掌握的必备分析方法有哪些吗?接下来就手把手来教大家财务分析的程序和方法。

资料来源:前瞻经济学人. https://www.qianzhan.com/analyst/detail/220/210830-59b1546b.html.

2.1 投融资决策分析基本程序与步骤

程序通常是指事情进行的先后次序。若事前了解到事情进行的程序,就意味着拥有了导航,可以快速有效地驶向目的地。而投融资决策分析的程序,具体是指进行投融资决策分析时一般应进行的相关分析事项及通常应遵循的先后次序。同样道理,熟悉投融资决策分析的程序就可以避免走不必要的弯路。

因此,研究投融资决策分析程序非常必要。它是实现有效分析的基础与前提,同时也为开展投融资决策分析工作、掌握投融资决策分析技术指明了方向。在实务中,不同的决策者或分析师在进行投融资决策分析时,所遵循的程序不尽相同,但其在收集信息、分析信息、得出分析结论等步骤上是基本一致的,区别主要体现在面对不同企业或在不同环境中进行具体分析时的细节上。为方便广大投融资决策分析者进行实务操作时便于遵循,本书结合中外投融资决策分析步骤与特点以及中国金融市场的实际情况,将投融资决策分析的程序与步骤大致分为四个阶段十个步骤。

2.1.1 信息收集整理阶段

投融资决策分析是以财务信息以及相关信息为基础的。信息收集的及时性、准确性和全面性，将直接影响到投融资决策分析的合理性和正确性。因此，信息收集整理阶段是做好投融资决策分析的前提。通常，投融资决策分析信息收集整理阶段可以分为以下三个步骤来完成。

微课堂 2-1
信息收集
整理阶段

▶ **1. 明确分析目的**

古人以眼睛为目，以箭靶的中心目标为的。由此可见，"目的"是行动和努力最终要达到的地点或境界。因此，进行投融资决策分析首先要明确的就是分析目的。实务中常见的分析目的有：①评价企业经营业绩，进行投资决策；②了解企业经营状况，制定未来经营策路；③披露企业成长轨迹，供需求者参考。无论基于哪种目的进行分析，都表明了明确分析目的必要性。只有明确了投融资决策分析的目的，选择正确的分析方法，才能得出正确的结论。

▶ **2. 制订分析计划**

科学的计划可以有效保障分析的顺利进行。在明确投融资决策分析目的的基础上制订投融资决策分析的计划，包括投融资决策分析的人员构成及分工、时间进度安排、分析内容及采用的分析方法等，投融资决策分析计划是投融资决策分析顺利进行的保证。

▶ **3. 收集分析信息**

由第1章的学习可知，投融资决策分析信息是投融资决策分析的基础。信息收集整理的及时性、完整性和准确性，对分析过程的完善性以及分析结论的正确性，有着直接的影响。分析信息的收集和整理应根据分析目的和具体计划来进行，同时也需要注意对一般信息的收集与整理，因为往往一些一般信息却能对分析过程起到启发或辅助性的作用。只有平日留心收集，才可以实现不同的分析目的对应不同的信息需求。

2.1.2 战略分析与会计分析阶段

战略分析与会计分析是投融资决策分析的重要环节，该阶段主要由以下两个步骤组成。

微课堂 2-2
战略分析与
会计分析阶段

▶ **1. 企业战略分析**

战略是有关全局的计划和策略。企业战略是指企业根据环境变化，选择合适的经营领域和产品，形成自己的核心竞争力，从而在竞争中取胜。对企业战略进行分析有利于了解企业在市场竞争中的整体规划，也可了解和分析企业财务数据变化的原因。

企业战略分析可通过对企业所在行业或拟进入行业的分析，了解企业自身地位及应采取的竞争战略。迈克尔·波特（Michael Porter）于 20 世纪 80 年代初提出了五力模型。他认为行业中存在着决定竞争规模和程度的五种力量，这五种力量综合起来影响着产业的吸引力以及现有企业的竞争战略决策。五种力量分别为同行业内现有竞争者的竞争能力、潜在竞争者进入的能力、替代品的替代能力、供应商的讨价还价能力以及购买者的议价能力。因此，企业战略分析可从这五个方面进行分析，从而了解企业的市场竞争力和盈利潜力。

企业战略分析是会计分析和财务效率分析的导向。通过企业战略分析，分析人员能深入分析企业的竞争环境；同时也可了解企业的经济状况和经济环境，进而能进行客观、正确的会计分析与财务效率分析。

▶ 2. 会计分析

会计分析的目的在于评价企业财务报表所反映的财务状况与经营成果的真实程度。会计分析的作用：一方面通过对会计政策、会计方法、会计披露的评价，揭示会计信息的质量；另一方面通过对会计政策、会计估计变更的调整，修正会计数据，为财务效率分析奠定基础，并保证投融资决策分析结论的可靠性。进行会计分析，一般可按以下步骤进行：①阅读会计报表；②比较会计报表；③解释会计报表；④修正会计报表信息。会计分析是财务效率分析的基础，通常对企业内部分析者而言，通过会计分析，对发现的因会计原则、会计政策等引起的会计信息差异，应通过一定的方式加以说明或调整，消除会计信息的失真问题。对于企业外部分析者而言，会计分析主要侧重于前三个步骤，即在阅读会计报表基础上，比较会计报表，解释会计报表，读懂会计语言，从而透过会计报表上的数字来还原企业经营的实质。

2.1.3 实施阶段

投融资决策分析的实施阶段是在战略分析与会计分析的基础上进行的。它是为实现分析目的，进行财务指标计算与分析，该阶段主要包括以下两个步骤。

微课堂 2-3
实施阶段

▶ 1. 财务指标分析

财务指标分析是投融资决策分析的一种重要方法。财务指标分析是指总结和评价企业财务状况与经营成果的分析指标，包括偿债能力指标、运营能力指标、盈利能力指标和发展能力指标。进行财务指标分析，应根据分析的目的和要求选择正确的财务指标。债权人要进行企业偿债能力分析，必须选择偿债能力指标进行分析，这样才能反映企业的偿债能力或流动性情况，如流动比率指标、速动比率指标、资产负债率指标等。而一个潜在投资者在进行企业投资的决策分析时，则应选择盈利能力指标进行分析，这样才能反映企业的盈利能力，如总资产报酬率、净资产收益率、股利支付率和市盈率等。正确选择与计算财务指标是正确判断与评价企业财务状况的关键所在。

▶ 2. 因素分析

投融资决策分析不仅要解释现象，还应分析这种现象形成的原因，只有这样才能为投融资决策分析提供扎实的信息基础。因素分析法就是在财务报表整体分析和财务指标分析的基础上，对一些主要指标的完成情况，从其影响因素角度进行深入的分析，确定各因素对其影响的方向或者程度，从而为投融资决策者正确进行企业评价和决策提供最基本的依据。

2.1.4　综合评价阶段

综合评价阶段是投融资决策分析实施阶段的延续。该阶段应根据不同的分析目标，形成相应的分析结论。该阶段具体又可分为三个步骤。

微课堂 2-4
综合评价阶段

▶ 1. 综合分析与评价

综合分析与评价是在应用各种投融资决策分析方法进行分析的基础上，将定量分析结果、定性分析判断以及实际调查情况结合起来，得出最终分析结论的过程。分析结论是投融资决策分析的最终归宿，结论的正确与否是判断投融资决策分析质量的唯一标准。一个正确的分析结论的得出，往往需要经过多次反复分析与论证。

▶ 2. 预测与价值评估

对企业经营者来讲，投融资决策分析既是一个财务管理循环的结束，又是另一个财务管理循环的开始。应用历史或现实的分析结果来预测未来的财务状况与企业价值，对企业经营者管理企业有着业绩评价与方向指引的作用，也是投资者进行投资决策的重要参考。因此，投融资决策分析不但要事后分析原因，得出结论，更要对企业未来的发展及价值状况进行分析与评价。

▶ 3. 分析报告

分析报告是投融资决策分析的最后一步。它将投融资决策分析中的基本问题、分析过程、分析结论以及针对问题提出的措施、建议以书面的形式表示出来，为投融资决策分析主体及投融资决策分析报告的其他受益者提供决策依据。投融资决策分析报告是对投融资决策分析工作的总结，还可作为历史信息供后来的投融资决策分析者参考。

2.2　战略分析与会计分析

2.2.1　企业战略分析

▶ 1. 企业战略分析的内涵与作用

战略分析即通过资料的收集和整理分析组织的内外环境，其实质在于通过对企业所处环境变化的分析，明确企业自身地位及应采取的竞争策略，以权衡风险与收益，了解与掌握企业的发展潜力，特别是在企业价值创造或盈利方面的潜力。企业战略分析是在明确投融资决策分析目的、搜

微课堂 2-5
企业战略分析

集整理投融资决策分析信息的基础上进行的。因此，企业战略分析通常包括行业分析和企业竞争策略分析。企业战略分析是会计分析和财务效率分析的导向。通过企业战略分析，分析人员能深入了解企业的内外环境，从而能进行客观、正确的会计分析。

▶ 2. 企业战略分析的基础

合理的投融资决策分析必须以战略分析为逻辑出发点，而进行企业战略分析，一要了解企业战略制定的步骤，二要明确企业所处的宏观环境。

（1）企业战略制定的步骤。进行企业战略分析，首先要明确企业战略制定的步骤。企业战略制定的程序大体上分为三步，如图 2-1 所示。

图 2-1　企业战略制定的步骤

其中，第二步"制订战略实施计划"对于我们分析者来说尤为重要。因为只有了解企业制订战略计划时所考虑的方方面面，我们才可以更加深入地了解企业会计数据产生的背景及原因。通常，企业战略计划的制订既要通过对外部环境的分析明辨机会与威胁，又要通过企业内部活动分析并明确优势与劣势，辨别企业核心竞争力。清楚地确定公司的资源优势和缺陷，了解公司所面临的机会和挑战，对于制定公司未来的发展战略有着至关重要的意义。

同时，企业战略的制定还应考虑企业类型。对于企业集团，其战略制定通常包括两个或更多的层次，如企业集团整体战略、各事业部或子公司的单位战略等。不同层级的战略在制定与分析时要考虑的因素是不同的。如，集团整体战略的制定更重视对行业的分析和经营多样性的分析；各事业部或子公司战略的制定则更侧重于对竞争策略等方面的分析。

企业战略的制定过程，既是明确理解企业战略目标的过程，也是查找目标影响因素的过程。了解企业战略的制定，使投融资决策分析者更加理解企业财务数据的呈现以及这么呈现的原因。

（2）宏观环境分析

企业宏观环境主要包括企业所处的政治和法律环境、经济环境、社会文化环境、科技环境等方面。

1）政治和法律环境

政治和法律环境是指那些制约和影响企业的政治要素和法律系统，以及其运行状态。政治环境包括国家的政治制度、权力机构、颁布的方针政策、政治团体和政治形势等因素。法律环境包括国家制定的法律、法规、法令以及国家的执法机构等因素。政治和法律环境是保障企业经营活动的基本条件。

2）经济环境

经济环境是指经济运行周期性波动等规律性因素和政府实施的经济政策等政策性因素。具体包括经济周期、货币政策、财政政策、汇率等。

经济周期。市场经济从来不是单向运动的，它的运行具有周期性和波动性的特征。人们对未来经济形势的预期，使得证券市场的变动一般先于经济周期的变动，由此起到经济

"晴雨表"的作用。当经济繁荣接近顶峰时,明智的投资者意识到这一点,便开始少量抛售股票,致使股价上涨减缓;当更多的投资者支持同样观点时,股票市场的供求关系由平衡逐渐过渡到供大于求,股价开始下跌;到经济衰退时,股市将加速下跌。不过,经济周期对不同行业的影响会有差异,有些行业(公用事业、生活必需品行业等)受经济周期影响较小,有些行业(钢铁、能源、房地产等)受经济周期影响比较明显。

货币政策。货币政策是指政府为实现一定的宏观经济目标所制定的关于货币供应和货币流通组织管理的基本方针和基本准则。中央银行的货币政策对证券市场价格有非常重要的影响,从整体来说,宽松的货币政策使得证券市场价格上涨,紧缩的货币政策使得证券市场价格下跌。具体而言,中央银行主要通过利率、准备金率等货币政策工具对证券市场产生影响。从投资者角度来看,利率上升会影响投资者对金融资产的选择,较高的利率使更多的资金流入银行或债市,从而分流股票市场的资金,使股票价格下跌;利率下降,资金流向的方向则相反。从上市公司角度来看,利率的升降使公司的融资成本相应增加或减少,进而影响盈利和股价水平。如果利率的升降伴随着金融紧缩或扩张政策,则会导致社会投资的减少或增加,影响经济增长速度,从而对股市形成长期向下的压力或向上的动力。

财政政策。财政政策是政府依据客观经济规律制定的指导财政工作和处理财政分配关系的一系列方针、准则和措施的总称。财政政策的手段主要包括国家预算、税收、国债、财政支出、财政补贴、转移支付等。财政政策对证券市场的影响是多方面的,其中财政收支状况和税收调节政策所产生的影响最重要。

汇率。汇率是外汇市场上一国货币与他国货币相互交换的比率。汇率变化一方面会影响资本市场的外国资本流量,另一方面会影响本国企业的进出口。一般来说,如果一个国家的汇率上升,将导致外国资本流入本国,本国的证券市场将因需求旺盛而价格上涨;汇率下降、则资本流出本国,本国证券市场因需求减少而价格下跌。汇率的高低对本国进出口贸易的影响表现在:本国汇率上升将导致更多的外币兑换本币,本国产品的竞争力下降,出口型企业受损,因而汇率上升对此类公司的证券价格将产生不利的影响;相反,进口型企业将因汇率上升、成本下降而受益,因此汇率上升对此类公司的证券价格会产生有利的影响。

3)社会文化环境

社会文化环境是指企业所处的社会结构、社会风俗和习惯、信仰和价值观念、行为规范、生活方式、文化传统、人口规模与地理分布等因素的形成和变动。

4)自然环境

自然环境是指企业所处的自然资源与生态环境,包括土地、森林、河流、海洋、生物、矿产、能源、水源、环境保护、生态平衡等方面的发展变化。这些因素关系到企业确定投资方向、产品改进与革新等重大经营决策问题。

5)科技环境

科技环境是指企业所处的环境中科技要素以及与该要素直接相关的各种社会现象的集

合，包括国家科技体制、科技政策、科技水平和科技发展趋势等①。技术环境影响到企业能否及时调整战略决策，以获得新的竞争优势。

宏观环境分析对企业投融资决策分析相当重要，企业财务活动的各个环节都受到宏观环境的影响，只有将宏观环境因素与企业经营活动有机结合起来，才能准确分析企业的财务状况和经营成果的真实水平。

▶ 3. 行业分析

行业分析为企业投融资决策分析指明方向，即通过对企业所在行业的分析，明确企业所处行业的竞争程度与地位，有利于分析者进行正确的决策。行业分析主要包括行业竞争程度分析和市场议价能力分析两个方面。

(1) 行业竞争程度分析

一个行业中的竞争程度和盈利能力水平主要受三个因素影响：一是现有企业间的竞争；二是新加入企业的竞争威胁；三是替代产品或服务的威胁。

1) 现有企业间的竞争程度分析。现有企业间的竞争程度影响着行业整体的盈利水平。通常竞争程度越高，产品价格越接近于边际成本，盈利水平也越低。行业现有企业间的竞争程度分析主要应从影响企业间竞争的因素入手，通常包括以下内容：

行业增长速度分析。行业增长速度越快，现有企业间越不必为相互争夺市场份额而展开价格战；反之，如果行业增长较慢或停滞不前，则竞争势必加剧。

行业集中程度分析。如果行业市场份额主要集中在少数企业，即集中程度高，则竞争程度较低；反之，则竞争程度较高。

差异程度与替代成本分析。行业间企业要避免正面价格竞争，关键在于其产品或服务的差异程度，差异程度越大，竞争程度越低。当然，差异程度与替代成本相关，当替代成本较低时，企业间仍可进行价格竞争。

规模经济性分析。具有规模经济性的行业，其固定成本与变动成本之比往往较高，此时企业为争夺市场份额进行的价格竞争就更为激烈。

退出成本分析。当行业生产能力大于市场需求，而行业退出成本又较高时，势必会引起激烈的价格竞争，以充分使用生产能力；如果退出成本较低，则竞争将减弱。

2) 新加入企业的竞争威胁分析。当行业平均利润率超过社会平均利润率，即行业取得超额利润时，行业必然面临新企业加入的威胁。影响新企业加入的因素有许多，其主要因素有以下三个。

规模经济性因素。规模经济性程度越高，新企业进入难度越大。因为要进入该行业，企业必须进行大规模投资。否则，如果投资规模小而达不到规模经济性，企业很难取得竞争优势，因此增加了新企业进入的难度。

先进入优势因素。新进入企业与行业现有企业在竞争上总是处于相对不利的地位。因为先进入的企业为防止新企业进入，在制定行业标准或规则方面总是偏向于现有企业；同

① 邹昭晞. 企业战略分析[M]. 北京：首都经济贸易大学出版社，2011：20-21.

时现有企业通常具有成本优势，这也增加了新企业进入的难度。

销售网与关系网因素。新进入企业要生存与发展，必然要进入现有企业的销售网与关系网。因此，现有企业销售网与关系网的规模与程度将影响着新企业进入的程度。

3）替代产品或服务的威胁分析。替代产品与替代服务对行业竞争程度有着重要的影响。行业存在许多替代产品或替代服务时，其竞争程度加剧。反之，替代产品或服务少，则竞争性较小。消费者在选择替代产品或服务时，通常考虑产品或服务的效用和价格两个因素。如果替代效用相同或相似，价格竞争就会激烈。

（2）市场议价能力分析

虽然行业竞争能力是行业盈利能力的决定因素，但行业实际盈利水平的高低，还取决于本行业企业与供应商和消费者（客户）的议价能力。

1）企业与供应商的议价能力分析。影响企业与供应商议价能力的因素主要包括以下几种。

供应商的数量对议价能力的影响。当企业的供应商数量越少，可供选择的产品或服务也越少时，供应商方面的议价能力就越强；反之，则企业的议价能力越强。

供应商的重要程度对议价能力的影响。供应商对企业的重要程度取决于其供应产品对企业产品的影响程度。如果供应商的产品是企业产品的核心部件，且替代产品较少，则供应商的议价能力增强；否则，企业具有更好的议价能力。

单个供应商的供应量。单个供应商对企业的供应量越大，往往对企业的影响与制约程度越大，其议价能力也越强。

2）企业与消费者（客户）的议价能力分析。影响企业与消费者（客户）议价能力的因素有很多，如替代成本、产品差异、成本与质量的重要性、客户数量等。将这些因素归纳起来主要体现在以下两个方面。

价格敏感程度的影响。价格敏感程度取决于产品差别程度及替代成本水平。产品差别越小，替代成本越低，价格敏感度越强，客户的议价能力越强。另外，客户对价格的敏感程度还取决于企业产品对客户的成本构成的影响程度。如果企业产品在客户成本中占较大比重，客户将对其价格十分敏感；反之，则敏感程度下降。

相对议价能力的影响。价格敏感程度虽然会对价格产生影响，但实际价格还取决于客户相对议价能力。影响其议价能力的因素有：企业（供应商）与客户的供需平衡状况，单个客户的购买量，可供选择的替代产品数量，客户选择替代产品的成本水平，客户的逆向合并威胁等。

▶ 4．企业竞争策略分析

企业为适应不断变化的市场竞争环境而制定实施企业竞争策略：夺取或者保持市场领先地位或竞争优势。根据波特理论，成本领先策略和差异化策略是企业在市场竞争中的常用策略。

（1）成本领先策略分析

成本领先战略也称低成本策略，它是指企业强调以低成本为用户提供低价格的产品。这是一种先发制人的策略，它要求企业有持续的资本投入和融资能力，生产技能在该行业处于领先地位。低成本竞争策略通常是取得竞争优势最明显的方式。企业要使其成本低于同行业其他企业，即取得低成本竞争优势，需要在降低成本方面下工夫：

1）优化企业规模，降低产品成本；

2）改善资源利用率，降低产品成本；

3）运用价值工程，降低产品成本；

4）提高与供应商的议价能力，降低采购成本；

5）强化管理控制，降低各项费用。

当企业所处行业替代产品威胁较小、新企业进入威胁较大时，企业往往愿意选择低成本竞争策略。

（2）差异化策略分析

差异化策略是指企业通过其产品或服务的独特性与其他企业竞争，以争取在相同价格或较高价格的基础上占领更大市场份额，取得竞争优势与超额利润。产品或服务差异化包括较高的产品或服务质量、较多的产品或服务类别、良好的销售或售后服务、独特的品牌形象等。

企业选择差异化策略，必须做好以下工作：

1）明确企业的产品或服务差异将满足哪些目标客户群的需求；

2）使企业的产品或服务差异（特色）与消费者的要求完全一致；

3）企业提供的差异产品或服务，其成本应低于消费者愿意接受的价格。

而要做好这些工作，企业要在研究与开发、工程技术和市场容量等方面进行投资，同时要鼓励创造与革新。

传统的竞争策略分析认为，低成本竞争策略和产品差异策略是相互排斥的，处于两种策略中间的企业是危险的。实际上，成功的企业在选择某一竞争策略时，不应完全忽视另一种竞争策略，即追求产品差异，不能忽视成本；追求低成本竞争策略，不能完全忽视产品或服务差异。

企业采取不同的竞争策略，其财务状况和财务成果的反映是不同的，对财务状况和财务成果的评价标准也是不同的。因此，企业竞争策略分析与财务报表会计分析、财务效率分析是紧密相关的。

案例

海尔智家及其战略分析

海尔智家创立于1984年，属于家电行业，主要是为用户提供衣食住娱的智慧全场景解决方案，目前已成为全球白色家电领先品牌，2020年实现营收2 097亿元，同比增长4.46%。根据海尔智家年报和其他已披露的信息，海尔智家在三个战略层次上分别选择了如下战略。

生态品牌战略。2019年海尔开始推进生态品牌战略，主要是借助物联网等介质，以客户需求为导向，在物联网语境下根据用户日常生活的动态需求及时提供个性化的场景服务，持续不断地满足用户的日常需要。

产品差异竞争战略。海尔智家主要为用户提供成套家电产品与家庭场景解决方案。海尔智家进行海外高端品牌并购，引进先进的技术做支持，打造海尔智家高端品牌的全屋定制业务，其独有的智慧家庭发展、差异化服务是竞争的优势。

共享财务战略。在财务方面，海尔智家采用共享财务系统，将财务信息在平台中共享，并建立了标准的业务流程，使得海尔智家采用统一的会计科目、会计账套等，将分散的业务统一在一个平台上进行处理，提高了财务的工作质量和工作效率，并在一定程度上减少了会计差错，降低了财务成本。

海尔智家如果在生态品牌战略和差异化竞争战略以及财务方面同时实现战略目标，那么海尔智家的发展将会上升一个新台阶。

资料来源：汪艳涛，盛童. 基于企业战略视角的财务报表分析——以海尔智家为例[J]. 会计之友，2022(7)：87-92.

2.2.2　会计分析

会计分析的作用，一方面通过对会计政策、会计方法、会计披露的评价，揭示会计信息的质量；另一方面通过对会计灵活性、会计估价的调整，修正会计数据，为投融资决策分析奠定基础，并保证分析结论的可靠性。会计分析是投融资决策分析的重要步骤之一。进行会计分析，一般可按以下步骤进行。

▶ **1. 阅读会计报告**

阅读会计报告是会计分析的第一步。关于会计报告的内容在第1章中已有较详细的介绍，此处不再赘述。应当指出的是，在全面阅读会计报告的基础上还应注意以下几点：

(1) 注册会计师审计意见与结论；

(2) 企业采用的会计原则、会计政策、会计估计及其变更情况；

(3) 会计信息披露的完整性、真实性；

(4) 会计报告附注中涉及的重大事项、表外资产情况、会计报表事后事项等；

(5) 财务情况说明书及管理层讨论。

总之，在会计分析的这个步骤，一定要抓住年度财务报告中的重要信息、关键信息、敏感信息等信息，为后面的分析积累信息基础。

▶ **2. 比较会计报表**

在阅读会计报告的基础上，重点对会计报表进行比较。比较的方法包括水平分析法、垂直分析法和趋势分析法。通过各种比较，揭示财务会计信息的差异及变化，找出需要进一步分析与说明的问题。

(1) 水平分析法

水平分析法是将反映企业报告期财务状况的信息(特别指会计报表信息资料)与反映企业前期或历史某一时期财务状况的信息进行对比，研究企业各项经营业绩或财务状况的发展变动情况的一种投融资决策分析方法。水平

微课堂 2-6
水平分析法

分析法所进行的对比,一般而言,不仅仅是指标对比,而是对反映某方面情况的报表的全面、综合的对比分析,尤其在会计报表分析中应用较多,因此,通常也将水平分析法称为会计报表分析法。水平分析法的基本要点是,将报表资料中不同时期的同项数据进行对比,对比的指标有以下几种。

1)绝对值变动量,其计算公式为:

$$绝对值变动数量=分析期某项指标实际数-基期同项指标实际数$$

2)变动率(%),其计算公式为:

$$增减变动率=\frac{绝对值变动数量}{基期实际数量}\times100\%$$

3)变动比率,其计算公式为:

$$变动比率=\frac{分析期实际数值}{基期实际数值}$$

式中所提到的基期,可指上年度,也可指以前某年度。

下面举例说明水平分析法的应用,如表 2-2 所示。

表 2-2 A 企业部分项目水平分析表　　　　　　　　　　　单位:元

项　　目	2021 年	2020 年	增减变动情况	
			变　动　额	增减变动率
货币资金	50 000.00	40 000.00	10 000.00	25.00%
交易性金融资产	20 000.00	28 000.00	-8 000.00	-28.57%
应收票据及应收账款	28 500.00	15 500.00	13 000.00	83.87%
存货	85 000.00	97 000.00	-12 000.00	-12.37%

从表 2-2 的水平分析可以看出,A 企业 2021 年与 2020 年相比,货币资金、应收票据及应收账款项目有所增长,交易性金融资产、存货项目有所下降,但其增减变动率是有所不同的。通过进一步分析可判断造成各指标增长率不同的可能的原因,从而为深入分析指明方向。

应当指出,水平分析法通过将企业报告期的财务会计资料与前期进行对比,揭示各方面存在的问题,为全面深入分析企业财务状况奠定了基础。因此可以说,水平分析法是会计分析的基本方法。水平分析法还可用于一些可比性较高的同类企业之间的对比分析,以找出企业间存在的差距。但是,水平分析法在不同企业应用时,一定要注意其可比性问题,即使在同一企业应用,对于存在差异的评价也应考虑其对比基础。另外,在水平分析中,应将两种对比方式结合运用,仅用变动量,或仅用变动比率都可能得出片面的甚至是错误的结论。

(2)垂直分析法

垂直分析法与水平分析法不同,它的基本点是通过计算报表中各项目占总体的比重或结构,反映报表中项目与总体的关系情况及其变动情况。会计报表经过垂直分析法处理后,通常称为同度量报表,或称总体结构报表、共

微课堂 2-7
垂直分析法

同比报表等，如同度量资产负债表、同度量利润表等，都是应用垂直分析法得到的。垂直分析法的一般步骤是：

1）确定报表中各项目占总额的比重或百分比，其计算公式为：

$$某项目的比重 = \frac{该项目金额}{各项目总金额} \times 100\%$$

2）通过各项目的比重，分析各项目在企业经营中的重要性。一般情况下，项目比重越大，说明其重要程度越高，对总体的影响越大。

3）将分析期各项目的比重与前期同项目比重进行对比，研究各项目的比重变化情况。当然，也可将本企业报告期各项目比重与同类企业的可比项目比重进行对比，研究本企业与同类企业的不同，以及经营成果的差异和可能存在的问题。具体应用如表 2-3 所示。

表 2-3　A 企业部分项目垂直分析表　　　　　　　　　　　　　单位：元

项　　目	2021 年	2020 年	2021 年	2020 年	变 动 情 况
货币资金	50 000.00	40 000.00	4.84%	4.07%	0.77%
交易性金融资产	20 000.00	28 000.00	1.94%	2.85%	−0.91%
应收票据及应收账款	28 500.00	15 500.00	2.76%	1.58%	1.18%
存货	85 000.00	97 000.00	8.24%	9.87%	−1.63%
其他流动资产	45 010.00	37 910.00	4.36%	3.86%	0.50%
流动资产合计	228 510.00	218 410.00	22.14%	22.23%	−0.09%
非流动资产合计	803 500.00	764 200.00	77.86%	77.77%	0.09%
资产总计	1 032 010.00	982 610.00			

从表 2-3 的垂直分析可以看出，A 企业 2021 年与 2020 年相比，货币资金、应收票据及应收账款等项目占总体的比重有所增加，交易性金融资产、存货项目占总体的比重有所下降。这些项目比重的变化正好与水平分析的变化结果相对照，其具体原因可进一步分析。

（3）趋势分析法

趋势分析法是根据企业连续几年或几个时期的分析资料，通过指数或完成率的计算确定分析期各有关项目的变动情况和趋势的一种投融资决策分析方法。趋势分析法既可用于对会计报表的整体分析，即研究一定时期报表各项目的变动趋势，也可对某些主要指标的发展趋势进行分析。趋势分析法的一般步骤是：

微课堂 2-8
趋势分析法

1）计算趋势比率或指数。通常，指数的计算有两种方法：一是定基指数；二是环比指数。定基指数就是指各个时期的指数都是以某一固定时期为基期来计算的。环比指数则是指各个时期的指数都是以前一期为基期来计算的。趋势分析法通常采用定基指数。

2）根据指数计算结果，评价与判断企业各项指标的变动趋势及其合理性。

3）预测未来的发展趋势。根据企业以前各期的变动情况，研究其变动趋势或规律，从而可预测企业未来的发展变动情况。

下面举例说明趋势分析法的应用。B公司2017—2021年有关营业收入、净利润、每股收益及每股股息资料如表2-4所示。

表2-4　B公司部分财务指标表

项　　目	2021年	2020年	2019年	2018年	2017年
营业收入(万元)	71 514.52	71 136.85	49 417.68	29 418.22	22 383.42
净利润(万元)	10 946.32	10 822.24	6 296.38	4 006.86	2 936.40
每股收益(元)	1.07	1.18	0.98	0.66	0.50
每股股息(元)	0.28	0.43	0.22	0.12	0.08

根据表2-4的资料，运用趋势分析法中的定基指数算法，即以2017年数据为基数，将2018—2021年的数据分别与之相比，可得出趋势分析表，如表2-5所示。

表2-5　B公司趋势分析表

项　　目	2021年	2020年	2019年	2018年	2017年
营业收入(%)	319.50	317.80	220.80	131.40	100.00
净利润(%)	372.80	368.60	214.40	136.50	100.00
每股收益(%)	214.00	236.00	196.00	132.00	100.00
每股股息(%)	350.00	537.50	275.00	150.00	100.00

从表2-4可以看出，B公司的营业收入和净利润呈逐年增长态势，特别是2020年和2021年增长较快；每股收益和每股股息在2019年和2020年有较大幅度增长，在2021年有所下降。从总体状况看，该公司自2017年以来，盈利状况呈现上升趋势，尤其是2020年和2021年每股股息的平均增长速度最快，高于营业收入、净利润和每股股息的平均增长速度。B公司近几年来的发展趋势说明，该公司的经营状况和财务状况不断改善，如果这个趋势能保持下去，2022年的状况也将会较好。

▶ **3. 解释会计报表**

解释会计报表是指在比较会计报表的基础上，考虑企业采取的会计原则、会计政策、会计核算方法等，说明会计报表差异产生的原因，包括会计原则变化影响、会计政策变更影响、会计核算失误影响等，特别重要的是要发现企业经营管理中存在的潜在"危险"信号。

解释会计报表是会计分析的重要环节，通过对会计报表差异或变化的解释，着重分清财务报表数据变化的主观原因影响与客观原因影响，可持续影响与临时性影响，实质性影响与盈余管理影响，等等。

▶ **4. 修正会计报表信息**

在解释会计报表的基础上，依据会计相关性与可靠性的原则，对于与投融资决策分析目的不相关、不可靠的会计信息进行调整或剔除，保证会计报表中信息的质量，为投融资决策分析(如比率分析、因素分析等)奠定相关、可靠的基础。

2.3　比率分析与因素分析

2.3.1　比率分析

▶ **1. 比率分析的定义**

比率分析是投融资决策分析最基本、最重要的方法。比率分析实质上是将影响财务状况的两个或多个相关因素联系起来，通过计算比率，反映它们之间的关系或联系，借以评价企业财务状况和经营状况的一种投融资决策分析方法。比率分析的形式有三种：百分率，如现金比率为 20%；比率，如流动比率为 2∶1；分数，如负债为总资产的 1/2。

微课堂 2-9
比率分析法

比率分析法以其简单、明了、可比性强等优点在投融资决策分析实践中被广泛采用。

▶ **2. 比率分析指标**

由于分析的目的不同、角度不同等，比率分析法中的比率有许多分类形式。有的根据财务报表的种类来划分比率，有的根据分析主体来划分比率，有的从反映财务状况的角度来划分比率，等等。比率划分方法主要有以下几种。

(1) 按分析主体或目的划分

根据投融资决策分析主体或目的的不同，分析的比率可分别从投资者、债权者、政府管理者及经营者的角度进行划分。

(2) 按分析内容划分

根据分析内容划分比率，通常是站在企业整体立场上，或者说是站在企业经营者的立场上，根据不同的管理目的和要求而产生的。

(3) 按财务报表划分

根据财务报表划分的比率，主要包括资产负债表比率、利润表比率、现金流量表比率、所有者权益变动表比率，以及资产负债表、所有者权益变动表、利润表和现金流量表结合比率等。

比率指标通常是反映企业经济效率的指标，经济效率是企业经营管理所追求的核心目标。基于企业目标和财务目标角度，比率分析指标通常包括盈利能力指标(盈利能力比率)、营运能力指标(营运能力比率)、偿债能力指标(偿债能力比率)和增长能力指标(增长能力比率)。投融资决策分析常用的财务比率如图 2-2 所示。

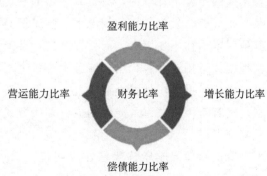

图 2-2　常用的财务比率种类

▶ 3. 比率分析的局限性

虽然比率分析被认为是投融资决策分析的最基本或最重要的方法。但应用比率分析法时须了解它的不足及局限性。

（1）财务指标分析的主观局限性

财务指标是相对数，其原始数据来源于企业的财务报表。但由于财务报表是由企业的财务人员根据有关的法规、制度、准则等编制的，有时不可避免地会出现一些人为的差错和失误，甚至恶意隐瞒，这样就会直接影响到分析的结果。

（2）分析者分析能力的局限性

不同的财务分析人员对财务报表的认知程度、解读能力与判断能力以及掌握财务分析理论和方法的深度和广度等各方面都存在着差异，他们对财务分析计算指标结果的理解会有所不同。如果缺乏实践经验，就很可能出现理解偏差，这样必定会影响财务指标分析结果的正确性。

（3）比率本身的局限性

① 比率的变动可能仅仅被解释为两个或多个相关因素之间的变动；

② 很难综合反映比率与计算它的会计报表的联系；

③ 比率给人们不保险的最终印象；

④ 比率不能给出会计报表关系的综合观点。

2.3.2 因素分析

因素分析是依据分析指标与其影响因素之间的关系，按照一定的程序和方法，确定各因素对分析指标差异影响程度的一种技术方法。因素分析法是经济活动分析中最重要的方法之一，也是投融资决策分析的方法之一。因素分析根据其分析特点可分为连环替代法和差额计算法两种。

▶ 1. 连环替代法

连环替代法是进行因素分析的最基本形式，亦称连锁替代法。它是指在经济活动分析中，确定引起某个经济指标变动的各个因素的影响程度的一种数值计算方法。这种方法是在假定一个因素发生变动时，其他因素保持不变的条件下计算的，故带有一定的假定性。其特点是：在许多因素对某一指标综合发生作用的情况下，顺序把其中一个因素当作可变因素，把

微课堂 2-10
连环替代法

其他因素当作不变因素，而后逐个进行替换计算，确定各个因素变动对该指标变动的影响程度。运用连环替代法，能够测定各个因素对综合经济指标的影响程度，有利于判断经济责任，进一步加强企业管理。应用连环替代法的前提条件：经济指标与它的构成因素之间有着因果关系，能够构成一种代数式。注意这个代数式不一定是乘积关系，加减乘除都可以。

为正确理解连环替代法，应明确连环替代法的一般程序或步骤，以及应注意的问题。

（1）连环替代法的分析程序

连环替代法的分析程序由以下几个步骤组成。

1）确定分析指标与其影响因素之间的关系。确定分析指标与其影响因素之间的关系，通常用指标分解法，即将经济指标在计算公式的基础上进行分解或扩展，从而得出各影响因素与分析指标之间的关系式。比如净资产收益率，要确定它与影响因素之间的关系，可按下式进行分解：

$$净资产收益率 = \frac{净利润}{股东权益} \times 100\%$$

$$= \frac{净利润}{总资产} \times \frac{总资产}{股东权益}$$

$$= \frac{净利润}{营业收入} \times \frac{营业收入}{总资产} \times \frac{总资产}{股东权益}$$

$$= 销售净利率 \times 总资产周转率 \times 权益乘数$$

分析指标与影响因素之间的关系式，既说明哪些因素影响分析指标，又说明这些因素与分析指标之间的关系及顺序。如上式中影响净资产收益率的销售净利率、资产周转率和权益乘数三个因素；它们都与净资产收益率成正比例关系；它们的排列顺序是销售净利率在先，其次是总资产周转率，最后是权益乘数。

2）确定分析对象。根据分析指标的报告期数值与基期数值列出两个关系式或指标体系，确定分析对象。如对于净资产收益率而言，两个指标体系分别是：

基期净资产收益率 = 基期销售净利率 × 基期总资产周转率 × 基期权益乘数

实际净资产收益率 = 实际销售净利率 × 实际总资产周转率 × 实际权益乘数

分析对象 = 实际净资产收益率 − 基期净资产收益率

3）连环替顺序替代，计算替代结果。所谓连环顺序替代，就是以基期指标体系为计算基础，用实际指标体系中的每一因素的实际数顺序地替代其相应的基期数，每次替代一个因素，替代后的因素被保留下来。计算替代结果，就是在每次替代后，按关系式计算其结果。有几个因素就替代几次，并相应确定计算结果。

4）比较各因素的替代结果，确定各因素对分析指标的影响程度。比较替代结果是连环进行的，即将每次替代的计算结果与这一因素被替代前的结果进行对比，二者的差额就是替代因素对分析对象的影响程度。

5）检验分析结果。将各因素对分析指标的影响额相加，其代数和应等于分析对象。如果二者相等，说明分析结果可能是正确的；如果二者不相等，则说明分析结果一定是错误的。

在实际应用中，可概括地将连环替代法简化为四个步骤，具体如下：①分解指标体系，确定分析对象；②连环顺序替代，计算替代结果；③比较替代结果，确定影响程度；④加总影响数值，验算分析结果。

连环替代法的程序或步骤是紧密联系、缺一不可的，尤其是前三个步骤，其中任何一步出现错误，都会导致错误结果。

下面举例说明连环替代法的步骤和应用。

【例 2-1】B 企业 2×22 年 3 月某原材料费用的实际数是 462 000 元，而其基期数是 400 000 元。实际比基期增加 62 000 元，其他有关资料如表 2-6 所示。试分析材料费用超计划的原因。

表 2-6　B 企业材料费用登记表

项　　　　目	单　　位	基　期　数	实　际　数
产品产量	件	10 000	11 000
单位产品材料消耗量	kg	8	7
单位产品材料费用	元	5	6
材料费用总额	元	400 000	462 000

由于材料费用总额是由产品产量、单位产品材料消耗量和单位产品材料费用三个因素的乘积决定的，即：

材料费用总额＝产品产量×单位产品消耗量×单位产品材料费用

因此，可以将材料费用总额这一总指标分解为三个因素，然后逐个分析它们对材料费用总额的影响程度和影响绝对额。

根据连环替代法的简化程序，进行第一步，分解指标体系，确定分析对象：

实际数：11 000×7×6＝462 000(元)

基期数：10 000×8×5＝400 000(元)

分析对象：462 000－400 000＝62 000(元)

在此基础上，进行第二步，连环顺序替代，计算替代结果：

基期数：10 000×8×5＝400 000(元)　　　　①

第一次替代：11 000×8×5＝440 000(元)　②

第二次替代：11 000×7×5＝385 000(元)　③

第三次替代：11 000×7×6＝462 000(元)　④

三次替代完成，计算替代结果。根据以上替代情况，进行第三步，比较替代结果，确定影响程度。

由于产量增加而增加的材料费用

②－①＝440 000－400 000＝40 000(元)

由于单位耗材降低而节约的材料费用

③－②＝385 000－440 000＝－55 000(元)

由于价格提高而增加的材料费用

④－③＝462 000－385 000＝77 000(元)

第四步，加总影响数值，验算分析结果。

全部因素变动影响之和为：

④－①＝40 000＋(－55 000)＋77 000＝62 000(元)

经验算，分析结果与分析对象一致，说明在该案例中因素分析法应用正确。

因素分析法既可以全面分析各因素对某一经济指标的影响，又可以单独分析某个因素对经济指标的影响，在投融资决策分析中应用颇为广泛。

如何确定正确的替代顺序，这一问题在理论上和实践中都没有定论。但一般认为：先主要指标，后次要指标；先数量指标，后质量指标；先基准指标，后附带指标。

（2）连环替代法应用过程中应注意的问题

连环替代法作为因素分析法的主要形式，在实践中应用比较广泛。但是，在连环替代法的应用过程中必须注意以下几个问题。

1）要注意因素分解的关联性。所谓因素分解的关联性，是指分析指标与其影响因素之间必须真正相关，即有实际经济意义。各影响因素的变动确实能说明分析指标差异产生的原因。这就是说，经济意义上的因素分解与数学上的因素分解不同，不是在数学算式上相等就行，而要看经济意义。例如，将影响材料费用的因素分解为下面两个等式，从数学上都是成立的：

$$材料费用总额＝产品产量×单位产品消耗量×单位产品材料费用$$
$$材料费用总额＝工人人数×每人消耗材料费用$$

但是从经济意义上说，只有前一个因素分解式是正确的，而后一个因素分解式在经济上没有任何意义。因为工人人数和每人消耗材料费用到底是增加有利还是减少有利，这个式子无法说清楚。当然，有经济意义的因素分解式并不是唯一的，一个经济指标从不同角度看，可分解为不同的有经济意义的因素分解式。这就需要分析者在因素分解时，根据分析的目的和要求，确定合适的因素分解式，以找出分析指标变动的真正原因。

2）分析前提的假定性。所谓分析前提的假定性，是指分析某一因素对经济指标差异的影响时，必须假定其他因素不变。否则就不能分清各单一因素对分析对象的影响程度。但是实际上，有些因素对经济指标的影响是共同作用的结果。如果共同影响的因素越多，那么这种假定的准确性就越差，分析结果的准确性也就越低。因此，在因素分解时，并非分解的因素越多越好，而应根据实际情况，具体问题具体分析，尽量减少对相互影响较大的因素进行再分解，使之与分析前提的假设基本相符；否则，因素分解过细，从表面看有利于彻底查明影响根源，但是在共同影响因素较多时，反而影响了分析结果的正确性。

3）因素替代的顺序性。因素分解不仅因素确定要准确，而且因素排列顺序也不能交换，这里特别要强调的是不存在乘法交换律问题。因为分析的前提是假定性的，所以按不同顺序计算的结果是不同的。那么，如何确定正确的替代顺序呢？这是一个理论上和实践中都没有很好解决的问题。传统的方法是依据数量指标在前、质量指标在后的原则进行排列；现在也有人提出依据重要性原则排列，即主要的影响因素排在前面，次要影响因素排在后面。但是无论哪一种排列方法，都缺少坚实的理论基础。正因为如此，许多人对连环替代法提出异议，并试图加以改善，但至今仍无公认的好的解决方法。一般来说，替代顺序排列在前的因素对经济指标影响的程度不受其他因素影响或影响较小，排列在后的因素中含有其他因素共同作用的成分，从这个角度看问题，为分清责任，将对分析指标影响较大的并能明确责任的因素放在前面可能要好一些。

4）顺序替代的连环性。顺序替代的连环性是指在确定各因素变动对分析对象的影响时，都是将某一因素替代后的结果与该因素替代前的结果对比，一环套一环。这样才既能保证各因素对分析对象影响结果的可分性，又便于检验分析结果的准确性。因为只有连环替代并确定各因素影响程度，才能保证各因素对经济指标的影响之和与分析对象相等。

▶ **2. 差额计算法**

差额计算法是连环替代法的简化形式，也属于因素分析法。它是直接利用各影响因素的实际数与基准数的差额，在其他因素不变的假定条件下，计算各因素对分析指标的影响程度。

（1）差额计算法的分析程序

作为连环替代法的简化形式，差额计算法在因素分析的原理上与连环替代法是相同的。区别只在于分析程序上，差额计算法比连环替代法简单，即差额计算法是将连环替代法简化步骤中的第二步和第三步合并成一个步骤来进行。

这个步骤的基本点就是：确定各因素实际数与基期数之间的差额，并在此基础上乘以排列在该因素前面各因素的实际数和排列在该因素后面各因素的基期数，所得出的结果就是该因素变动对分析指标的影响数。

下面根据表 2-5 提供的数据，运用差额计算法分析各因素变动对材料费用总额的影响程度。

分析对象：$462\,000 - 400\,000 = 62\,000$（元）

因素分析：

由于产量增加而增加的材料费用

$(11\,000 - 10\,000) \times 8 \times 5 = 40\,000$（元）

由于单位耗材降低而节约的材料费用

$11\,000 \times (7 - 8) \times 5 = -55\,000$（元）

由于价格提高而增加的材料费用

$11\,000 \times 7 \times (6 - 5) = 77\,000$（元）

全部因素变动对材料费用总额的影响额

$40\,000 + (-55\,000) + 77\,000 = 62\,000$（元）

可见，最后检验的结果与分析对象吻合，说明该因素分析程序正确。

（2）差额计算法应用过程中应注意的问题

除在连环替代法应用时应注意的问题之外，在差额计算法应用时还应注意的是，并非所有连环替代法都可按上述差额计算法的方式进行简化，特别是在各影响因素之间不是连乘的情况下，运用差额计算法必须慎重。下面举例加以说明。

【例 2-2】 C 企业有关产量及成本的资料如表 2-7 所示。

要求：确定各因素变动对产品总成本的影响程度。

微课堂 2-11
差额计算法

表 2-7　C企业产量及成本资料表

项　目	单　位	基　期　数	实　际　数
产品产量	件	1 000	1 200
单位变动成本	元	12	11
固定总成本	元	9 000	10 000
产品总成本	元	21 000	23 200

（1）应用连环替代法

产品总成本与其影响因素之间的关系式是：

产品总成本＝产品产量×单位变动成本＋固定总成本

运用连环替代法进行分析如下：

分析对象：23 200－21 000＝2 200（元）

因素分析：

基期数：1 000×12＋9 000＝21 000（元）　　①

第一次替代：1 200×12＋9 000＝23 400（元）　　②

第二次替代：1 200×11＋9 000＝22 200（元）　　③

第三次替代：1 200×11＋10 000＝23 200（元）　　④

三次替代完成，已得实际数。根据以上替代情况，比较替代结果，确定影响程度。

产品产量变动的影响：

②－①＝23 400－21 000＝2 400（元）

单位变动成本的影响：

③－②＝22 200－23 400＝－1 200（元）

固定总成本影响：

④－③＝23 200－22 200＝1 000（元）

各因素变动影响之和为

④－①＝2 400＋（－1 200）＋1 000＝＋22 000（元）

经验算，分析结果与分析对象一致，说明在该案例中因素分析法应用连环替代法是正确的。

（2）应用差额计算法

如果直接运用差额计算法，则得到：

产品产量变动的影响

（1 200－1 000）×12＋9 000＝11 400（元）

单位变动成本的影响

1 200×（11－12）＋9 000＝7 800（元）

固定总成本变动的影响

1 200×11＋（10 000－9 000）＝14 200（元）

各因素影响之和为

11 400＋7 800＋14 200＝33 400(元)

可见，运用差额计算法的各因素分析结果之和不等于 2 200 元的分析对象，显然该分析是错误的。错误的原因在于产品总成本的因素分解式中各因素之间不是纯粹相乘的关系，而是相加的关系。这时运用差额计算法对连环替代法进行简化应为：

产品产量变动的影响

(1 200－1 000)×12＝2 400(元)

单位变动成本的影响

1 200×(11－12)＝－1 200(元)

固定总成本变动的影响

10 000－9 000＝＋1000(元)

各因素变动影响之和为

2 400＋(－1 200)＋1 000＝＋22 000(元)

此时，分析结果与分析对象一致，说明在此次差额计算法应用正确。

因此，在因素分解式中存在加、减、除法的情况下，一定要注意这个问题，否则将得出错误的分析结果。

本章小结

投融资决策分析的程序，亦称投融资决策分析的一般方法，是指进行投融资决策分析所应遵循的一般程序。投融资决策分析的程序可以归纳为四个阶段十个步骤。

(1) 投融资决策分析信息搜集整理阶段，主要由三个步骤组成：一，明确分析目的；二，制订分析计划；三，搜集整理分析信息。

(2) 战略分析与会计分析阶段，主要由两步组成：一，战略分析。战略分析通过对企业所在行业或企业拟进入行业进行分析，明确企业自身地位以及应采取的竞争战略。战略分析通常包括行业分析和竞争策略分析。二，会计分析。会计分析的目的在于评价企业会计所反映的财务状况与经营成果的真实程度。会计分析的作用，一方面通过对会计政策、会计方法、会计披露的评价，揭示会计信息的质量；另一方面通过对会计灵活性、会计估价的调整，修正会计数据，为投融资决策分析奠定基础，并保证投融资决策分析结论的可靠性。进行会计分析，一般可按以下步骤进行：①阅读会计报告；②比较会计报表；③解释会计报表；④修正会计报表信息。

(3) 投融资决策分析实施阶段，主要包括比率分析和因素分析两步。一是比率分析。比率分析是投融资决策分析的一种重要方法。财务比率或称指标能准确反映某方面的财务状况。进行比率分析，应根据分析的目的和要求选择正确的分析指标。二是因素分析。投融资决策分析不仅要解释现象，还应分析原因。因素分析法就是在会计分析和比率分析的基础上，对一些主要指标的完成情况，从其因素角度，深入进行定量分析，确定各因素对其影响的方向和程度，为企业正确进行财务评价提供最基本的依据。

（4）投融资决策分析综合评价阶段，其主要由投融资决策分析综合评价、预测分析和评价评估、分析报告三步组成：①综合分析与评价。综合分析与评价是在应用各种投融资决策分析方法进行分析的基础上，将定量分析结果、定性分析判断及实际调查情况结合起来，以得出投融资决策分析结论的过程。②预测分析和价值评估。投融资决策分析不能仅满足于事后分析原因，得出结论，而且要对企业未来发展及价值状况进行分析与评价。③分析报告。分析报告是投融资决策分析的最后一步。它将分析的基本问题、分析结论，以及针对问题提出的措施、建议以书面的形式表示出来，为投融资决策分析主体及分析报告的其他受益者提供决策依据。

通过本章的学习，了解了投融资决策分析的基本程序，理解了投融资决策分析的基本方法，掌握了企业战略分析与会计分析技术、比率分析与因素分析方法等相关知识点，最终对投融资决策分析有了宏观的把握，并建立了规则意识。

▎复习思考题▎

1. 投融资决策分析一般包括哪些程序与步骤？
2. 低成本竞争策略与产品差异化策略是相斥还是相容的，为什么？
3. 水平分析法与垂直分析的区别是什么？
4. 如何理解连环替代法与差额分析的区别与联系？

▎线上课堂▎

实操练习

在线自测

第2部分 财务报告分析篇

第3章 资产负债表分析

学习目标

1. 知识目标：了解资产负债表的结构；理解资产负债表各项目的含义；掌握资产负债表的分析方法和分析思路。

2. 能力目标：能够准确编制资产负债表水平分析表和结构分析表；能够熟练应用资产负债表分析思路对资产负债表进行分析；能够准确利用所学分析方法对资产负债表项目进行分析评价。

3. 素质目标：树立资产负债表分析为投融资决策服务的意识；提高以解读报表、分析报表为核心的专业素养；培养以问题为导向的分析问题、解决问题的专业思维。

4. 价值目标：树立学生的岗位责任意识；提高学生对所学专业的认同感；引导学生利用专业知识服务社会的价值导向。

知识框架

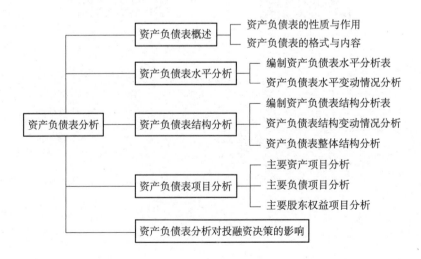

导语

资产负债表是会计报表的核心，要想了解企业的财务状况必须从资产负债表分析入手。本章的学习目的在于让大家了解资产负债表的性质、作用、格式和内容。通过对资产负债表的水平分析、垂直分析和项目分析，能够掌握资产负债表分析的基本思路、评价企业的财务状况，为企业进行投融资决策提供有益的参考。

引例

光伏产业链的利润聚集在上游材料市场，这一波光伏核心受益股也大多聚焦在上游。例如通威股份(600438)，2022年5月以来股价直线上升。从供需结构看，多晶硅的紧缺并没有改变，光伏上游材料仍处于高度景气之中，通过资产负债表的分析可知一二。

（一）资产配置聚焦业务

资产负债表的左边表示资金的去向。通过对资产结构进行分析，了解公司的资金都用到了什么地方；通过对各项资产质量进行分析，了解公司各项资产产生价值的能力。

2021年12月31日，通威股份资产总额882.50亿元，从合并报表的资产结构来看，资产配置聚焦业务，具有较强的战略发展意义。与2020年12月31日相比，公司资产增加239.98亿元，资产规模快速增长。主要是由于经营资产的增长，经营资产占比明显增长，货币资金占比明显降低，公司在资产配置上表现出向经营资产倾斜的趋势。2021年经营资产报酬率15.58%，较2020年，经营资产报酬率增长9.16个百分点，增幅达142.59%，有所改善。

（二）资本引入均衡利用经营负债、股东入资和金融负债

资产负债表的右边代表资金的来源，通过对资本结构进行分析，了解是谁以什么样的形式为公司提供资源，并据此推测公司未来扩张的潜在动力。

从通威股份合并报表的负债及所有者权益结构来看，集团的资本引入均衡利用经营负债、股东入资、金融负债。其中，资产的增长来源于多种资金来源的联合推动。与2020年12月31日相比，股东入资占比明显降低。从总资产的变动和结构入手，再对经营资产、投资资产、货币资金、商誉和其他资产的占比、变动和构成进行分析，还原企业资产配置现状、趋势与风险。

资料来源：通威股份：北上大买，光伏上游材料依然处于景气之中-股票频道-和讯网［EB/OL］.［2022-06-13］. http://stock. hexun. com/2022-06-13/206135586.html.

思考：资产负债表反映的是企业某一时点的财务状况，资产负债表的右边代表资金的来源和筹资的渠道，资产负债表的左边代表资金的占用，也代表投资的方向。如何通过资产负债表的分析帮助企业做出正确的投融资决策呢？本章通过资产负债表分析的学习将对以上问题给出答案。

3.1 资产负债表概述

3.1.1 资产负债表的性质与作用

资产负债表是反映企业在某一特定日期财务状况的会计报表。它是根据"资产＝负债十所有者权益"这一会计基本等式，按照一定的分类标准和一定的顺序，把企业一定日期的资产、负债和所有者权益各项目予以适当排列，并对日常工作中形成的大量数据进行整理后编制而成的。它表明企业在某一特定日期的财务状况：一方面揭示了企业在特定日期所持有的不同形态资产的价值存量，代表着企业所拥有或控制的经济资源；另一方面反映了企业在特定日期对不同债权人承担的偿债责任和所有者对净资产的要求权。

微课堂 3-1
资产负债表的
性质与作用

对于报表使用者来说，资产负债表是企业最重要的报表之一，发挥着以下三方面的重要作用。

▶ 1. 反映企业拥有或控制的经济资源及其分布情况，表明投资方向

资产负债表左方提供了企业所拥有或控制的经济资源的总量，也就是资产总额的信息，同时也反映企业投资的方向。企业对内投资形成固定资产、无形资产等长期资产，对外投资形成长期股权投资等金融资产。资产根据流动性的强弱分为流动资产和非流动资产，根据流动资产和非流动资产在资产总额中所占的比重，可以分析企业的资产结构是否合理，从而评价企业的财务状况及投资状况。

▶ 2. 反映企业某一特定日期的资本总额及其结构，为融资决策提供参考

资产负债表的右边反映资金的来源，也反映企业的融资渠道及融资方式。负债总额表示企业承担的债务的多少，负债和所有者的比重反映了企业的财务安全程度。负债结构反映了企业偿还负债的紧迫性和偿债压力的大小，通过资产负债表可以了解企业负债的基本信息。实收资本和留存收益是所有者权益的重要内容，反映了企业投资者对企业的初始投入和资本累计的多少，也反映了企业的财务实力。

通过对资产负债表的分析有助于报表使用者分析、预测企业生产经营安全程度和抗风险能力，同时为后期企业的融资决策提供参考。

▶ 3. 预测企业的财务状况及发展趋势，为投融资决策提供信息

通过资产负债表各项目年末和年初数值的对比，可以了解企业财务状况的变动趋势，通过资产负债表的比较分析，还可以对变动的原因做出进一步的分析和评价，进而评价企业投融资决策的方向和效果，为进一步的决策提供信息基础。

3.1.2 资产负债表的格式与内容

资产负债表各类项目在表中的排列结构不同，形成了不同的资产负债表格式。资产负

债表的格式主要有两种：账户式和报告式。我国《企业会计制度》规定：企业的资产负债表采用账户式格式，账户式资产负债表的表体分为左右两方，按照"资产＝负债＋所有者权益"进行编制，左边列示资产各项目，右边列示负债和所有者权益各项目，其中，负债项目列示在报表右方的上半部分，所有者权益项目列示在报表右下部分，左右两边平衡，又称为平衡资产负债表。以 A 公司为例，其格式如表 3-1 所示。

微课堂 3-2
资产负债表的
格式与内容

表 3-1 A 公司合并资产负债表

编制单位：A 公司　　　　　　　　2021 年 12 月 31 日　　　　　　　　单位：元

项　　目	期末余额	期初余额	项　　目	期末余额	期初余额
流动资产：			流动负债：		
货币资金	19 470 276 224.53	18 469 618 237.41	短期借款	8 265 729 653.03	5 869 008 916.96
交易性金融资产	4 000 000.00	—	交易性金融负债	—	—
应收票据及应收账款	13 524 471 570.00	14 081 106 061.52	应付票据及应付账款	14 159 357 617.39	13 681 377 894.83
应收票据	1 134 815 993.39	1 526 081 541.94	应付票据	3 284 549 237.79	3 982 425 654.37
应收账款	12 389 655 576.61	12 555 024 519.58	应付账款	10 874 808 379.60	9 698 952 240.46
应收款项融资	2 164 978 925.29	1 515 914 114.01	预收款项	—	—
预付款项	1 032 533 165.54	673 352 793.02	应付手续费及佣金	—	—
其他应收款（合计）	765 711 481.37	1 173 360 042.04	应付职工薪酬	846 778 208.52	839 640 308.29
应收利息	4 477 916.67	1 666 666.70	应交税费	316 109 068.00	248 014 970.03
应收股利	37 938 523.45	316 706 053.45	其他应付款（合计）	4 013 915 065.13	3 227 385 632.70
其他应收款	723 295 041.25	904 685 208.63	应付利息	17 844 845.53	34 840 834.22
买入返售金融资产	—	—	应付股利	57 512 041.85	47 933 025.07
存货	9 764 531 363.80	9 490 040 264.05	其他应付款	3 938 558 177.75	3 144 611 773.41
其他流动资产	670 115 291.06	578 841 623.65	一年内到期的非流动负债	236 106 690.45	229 361 467.97
流动资产合计	47 396 618 021.59	45 982 233 135.70	其他流动负债	155 979 889.85	606 814 819.73
非流动资产：			流动负债合计	29 243 231 777.82	29 376 965 809.97
发放贷款及垫款	—	—	非流动负债：		
可供出售金融资产	—	—	长期借款	497 550 000.00	4 500 000.00
持有至到期投资	505 069 444.73	—	应付债券		
长期应收款	—	—	租赁负债	561 824 454.28	546 994 554.21
长期股权投资	1 865 866 171.60	1 599 025 192.41	长期应付职工薪酬	302 723.26	329 428.98

续表

项　　目	期末余额	期初余额	项　　目	期末余额	期初余额
投资性房地产	213 001 989.80	218 199 149.16	长期应付款(合计)	22 846 772.00	25 229 042.00
在建工程(合计)	1 276 251 488.95	667 402 454.68	长期应付款	20 464 502.00	20 464 502.00
在建工程	1 276 251 488.95	667 402 454.68	专项应付款	2 382 270.00	4 764 540.00
工程物资	—	—	预计非流动负债	104 528 196.76	53 205 872.32
固定资产及清理(合计)	2 912 513 169.84	2 923 584 939.66	递延所得税负债	286 359 056.86	266 908 733.88
固定资产净额	2 912 513 169.84	2 923 584 939.66	长期递延收益	784 074 821.24	575 837 179.25
固定资产清理	—	—	其他非流动负债	54 078 462.71	54 201 557.40
生产性生物资产	3 153 885.00	3 503 295.00	非流动负债合计	2 311 564 487.11	1 527 206 368.04
公益性生物资产	—	—	负债合计	31 554 796 264.93	30 904 172 178.01
油气资产	—	—	所有者权益:		
使用权资产	909 338 251.24	842 077 052.31	实收资本(或股本)	1 625 790 949.00	1 625 790 949.00
无形资产	2 443 588 248.17	2 485 288 578.20	资本公积	9 885 011 185.13	9 865 084 049.39
开发支出	6 735 587.41	2 011 139.26	减: 库存股	—	—
商誉	825 573 066.90	825 573 066.90	其他综合收益	−17 673 498.70	−138 960.56
长期待摊费用	111 306 370.33	115 785 234.75	专项储备	—	—
递延所得税资产	751 722 372.84	594 992 161.76	盈余公积	1 720 302 768.39	1 526 241 180.49
其他非流动资产	159 429 328.02	289 535 847.27	一般风险准备	—	—
非流动资产合计	12 363 444 857.53	10 911 425 990.50	未分配利润	12 931 411 564.72	11 167 819 445.53
			归属于母公司股东权益合计	26 144 842 968.54	24 184 796 663.85
			少数股东权益	2 060 423 645.65	1 804 690 284.34
			所有者权益合计	28 205 266 614.19	25 989 486 948.19
资产总计	59 760 062 879.12	56 893 659 126.20	负债和所有者权益总计	59 760 062 879.12	56 893 659 126.20

资产负债表的内容包括表首、正表和补充资料三部分。

资产负债表的表首部分是报表的标志，应具有报表名称、编制单位、编制日期、金额单位等要素。资产负债表是静态报表，编制日期应填列报告期末最后一天的日期。

资产负债表的正表部分是报表的主体，是核心所在。应按"期末余额""期初余额"分项目列示金额。资产类、负债类和所有者权益类项目按流动性的高低顺序排列。资产负债表左右两方存在着对应关系：左方反映企业在某个特定日期持有的不同形态的资产价值；右方反映企业对不同的债权人所应承担的偿付责任和属于投资人的资产价值。企业左方"资产"总计等于右方"负债"总额加上"所有者权益"总额的总计。

　　在资产负债表的下端，可以根据行业特点和报表充分揭示的需要，列上补充资料。补充资料是报表附注的重要内容，主要反映某些报表使用者需要了解但在报表的基本部分无法反映或难以单独反映的信息内容。它是对资产负债表的补充说明，其目的是帮助报表使用者更好地阅读、理解报表项目，分析企业财务状况。

3.2　资产负债表水平分析

3.2.1　编制资产负债表水平分析表

微课堂 3-3
编制资产负债
表水平分析表

　　资产负债表水平分析的目的就是从总体上概括资产、权益的变动情况，揭示资产、负债、所有者权益变动的差异，以便对资产负债表各个项目的变动原因做出解释。资产负债表水平分析的依据是资产负债表，通过水平分析的方法编制资产负债表水平分析表，在此基础上进行分析评价。资产负债表水平分析表的编制思路如下。

　▶ 1. 选定比较的标准

　　资产负债表水平分析要根据分析的目的来选择比较的标准（基期），当分析的目的在于揭示资产负债表实际变动情况，并分析产生实际差异的原因时，其比较的标准应选择资产负债表的上年实际数。当分析的目的在于揭示资产负债表预算或计划执行情况，并分析影响资产负债表预算或计划执行情况的原因时，其比较的标准应选择资产负债表的预算数或计划数。

　▶ 2. 计算某项目的变动额和变动率

　　变动额和变动率的计算公式如下：

$$某项目的变动额＝该项目本期数－该项目基期数$$

$$某项目的变动率＝\frac{某项目的变动额}{该项目的基期数}×100\%$$

　▶ 3. 计算该项目变动对资产总额或权益总额的影响

　　资产负债表水平分析除了要计算某项目的变动额和变动率外，还应进一步计算出该项目的变动对资产总额和权益总额的影响程度，以便确定影响资产总额和权益总额的重点项目，为进一步的项目分析奠定基础。某项目变动对资产总额和权益总额的影响程度可按下列公式计算：

$$某项目变动对资产总额（权益总额）的影响（\%）＝\frac{某项目的变动额}{基期资产总额（权益总额）}×100\%$$

　　根据表 3-1 的资料，编制 A 公司资产负债表水平分析表，如表 3-2 所示。

表 3-2　A公司资产负债表水平分析表　　　　　　单位：元

项　　目	2021 年	2020 年	变　动　额	变动率（％）	对总额的影响（％）
流动资产：					
货币资金	19 470 276 224.53	18 469 618 237.41	1 000 657 987.12	5.42	1.76
交易性金融资产	4 000 000.00	—	4 000 000.00	—	0.01
应收票据及应收账款	13 524 471 570.00	14 081 106 061.52	−556 634 491.52	−3.95	−0.98
应收票据	1 134 815 993.39	1 526 081 541.94	−391 265 548.55	−25.64	−0.69
应收账款	12 389 655 576.61	12 555 024 519.58	−165 368 942.97	−1.32	−0.29
应收款项融资	2 164 978 925.29	1 515 914 114.01	649 064 811.28	42.82	1.14
预付款项	1 032 533 165.54	673 352 793.02	359 180 372.52	53.34	0.63
其他应收款（合计）	765 711 481.37	1 173 360 042.04	−407 648 560.67	−34.74	−0.72
应收利息	4 477 916.67	1 666 666.70	2 811 249.97	168.67	0.00
应收股利	37 938 523.45	316 706 053.45	−278 767 530.00	−88.02	−0.49
其他应收款	723 295 041.25	904 685 208.63	−181 390 167.38	−20.05	−0.32
存货	9 764 531 363.80	9 490 040 264.05	274 491 099.75	2.89	0.48
其他流动资产	670 115 291.06	578 841 623.65	91 273 667.41	15.77	0.16
流动资产合计	47 396 618 021.59	45 982 233 135.70	1 414 384 885.89	3.08	2.49
非流动资产					
持有至到期投资	505 069 444.73	—	505 069 444.73	—	0.89
长期股权投资	1 865 866 171.60	1 599 025 192.41	266 840 979.19	16.69	0.47
投资性房地产	213 001 989.80	218 199 149.16	−5 197 159.36	−2.38	−0.01
在建工程	1 276 251 488.95	667 402 454.68	608 849 034.27	91.23	1.07
固定资产及清理（合计）	2 912 513 169.84	2 923 584 939.66	−11 071 769.82	−0.38	−0.02
固定资产净额	2 912 513 169.84	2 923 584 939.66	−11 071 769.82	−0.38	−0.02
生产性生物资产	3 153 885.00	3 503 295.00	−349 410.00	−9.97	−0.00
使用权资产	909 338 251.24	842 077 052.31	67 261 198.93	7.99	0.12
无形资产	2 443 588 248.17	2 485 288 578.20	−41 700 330.03	−1.68	−0.07
开发支出	6 735 587.41	2 011 139.26	4 724 448.15	234.91	0.01
商誉	825 573 066.90	825 573 066.90			
长期待摊费用	111 306 370.33	115 785 234.75	4 478 864.42	3.87	0.01
递延所得税资产	751 722 372.84	594 992 161.76	156 730 211.08	26.34	0.28

续表

项　目	2021 年	2020 年	变　动　额	变动率（%）	对总额的影响（%）
其他非流动资产	159 429 328.02	289 535 847.27	−130 106 519.25	−44.94	−0.23
非流动资产合计	12 363 444 857.53	10 911 425 990.50	1 452 018 867.03	13.31	2.55
资产总计	59 760 062 879.12	56 893 659 126.20	2 866 403 752.92	5.04	5.04
流动负债			—	—	
短期借款	8 265 729 653.03	5 869 008 916.96	2 396 720 736.07	40.84	4.21
应付票据及应付账款	14 159 357 617.39	13 681 377 894.83	477 979 722.56	3.49	0.84
应付票据	3 284 549 237.79	3 982 425 654.37	−697 876 416.58	−17.52	−1.23
应付账款	10 874 808 379.60	9 698 952 240.46	1 175 856 139.14	12.12	2.07
应付职工薪酬	846 778 208.52	839 640 308.29	7 137 900.23	0.85	0.01
应交税费	316 109 068.00	248 014 970.03	68 094 097.97	27.46	0.12
其他应付款（合计）	4 013 915 065.13	3 227 385 632.70	786 529 432.43	24.37	1.38
应付利息	17 844 845.53	34 840 834.22	−16 995 988.69	−48.78	−0.03
应付股利	57 512 041.85	47 933 025.07	9 579 016.78	19.98	0.02
其他应付款	3 938 558 177.75	3 144 611 773.41	793 946 404.34	25.25	1.40
一年内到期的非流动负债	236 106 690.45	229 361 467.97	6 745 222.48	2.94	0.01
其他流动负债	155 979 889.85	606 814 819.73	−450 834 929.88	−74.30	−0.79
流动负债合计	29 243 231 777.82	29 376 965 809.97	−133 734 032.15	−0.46	−0.24
非流动负债					
长期借款	497 550 000.00	4 500 000.00	493 050 000.00	10 956.67	0.87
租赁负债	561 824 454.28	546 994 554.21	14 829 900.07	2.71	0.03
长期应付职工薪酬	302 723.26	329 428.98	−26 705.72	−8.11	−0.00
长期应付款（合计）	22 846 772.00	25 229 042.00	−2 382 270.00	−9.44	−0.00
长期应付款	20 464 502.00	20 464 502.00	—	—	—
专项应付款	2 382 270.00	4 764 540.00	−2 382 270.00	−50.00	−0.00
预计非流动负债	104 528 196.76	53 205 872.32	51 322 324.44	96.46	0.09
递延所得税负债	286 359 056.86	266 908 733.88	19 450 322.98	7.29	0.03
长期递延收益	784 074 821.24	575 837 179.25	208 237 641.99	36.16	0.37
其他非流动负债	54 078 462.71	54 201 557.40	−123 094.69	−0.23	−0.00

续表

项　　　目	2021 年	2020 年	变　动　额	变动率（%）	对总额的影响（%）
非流动负债合计	2 311 564 487.11	1 527 206 368.04	784 358 119.07	51.36	1.38
负债合计	31 554 796 264.93	30 904 172 178.01	650 624 086.92	2.11	1.14
所有者权益					
实收资本（或股本）	1 625 790 949.00	1 625 790 949.00	—	—	—
资本公积	9 885 011 185.13	9 865 084 049.39	19 927 135.74	0.20	0.04
其他综合收益	−17 673 498.70	−138 960.56	−17 534 538.14	12 618.36	−0.03
盈余公积	1 720 302 768.39	1 526 241 180.49	194 061 587.90	12.72	0.34
未分配利润	12 931 411 564.72	11 167 819 445.53	1 763 592 119.19	15.79	3.10
归属于母公司股东权益合计	26 144 842 968.54	24 184 796 663.85	1 960 046 304.69	8.10	3.45
少数股东权益	2 060 423 645.65	1 804 690 284.34	255 733 361.31	14.17	0.45
所有者权益（或股东权益）合计	28 205 266 614.19	25 989 486 948.19	2 215 779 666.00	8.53	3.89
负债和所有者权益（或股东权益）总计	59 760 062 879.12	56 893 659 126.20	2 866 403 752.92	5.04	5.04

3.2.2　资产负债表水平变动情况分析

微课堂 3-4 资产负债表 水平分析

资产负债表的左边资产代表着企业资金的占用，亦代表着企业的投资方向和投资规模。资产负债表的右边负债和所有者权益代表着企业资金的来源，亦代表着企业资金融通的渠道。通过资产负债表水平分析找出资产负债表项目的增减变动趋势及变动原因，可以为企业进一步进行投融资决策提供信息基础和参考依据。

▶ 1. 资产状况的分析

资产代表着企业资金的占用，资产总额也代表着企业资产规模的大小，规模太小意味着企业投资不足，难以满足企业经营的需要，影响企业经营活动和收益的增加；资产规模太大，意味着企业投资过度，可能造成资金的闲置，从而影响资金的使用效率。对资产进行水平分析主要从以下两方面进行。

第一，分析资产总额的变化，从总量上分析经过一定时期之后资产规模的变化。

第二，分析资产中各个项目的变化，分析引起资产总额变动的原因及企业的投资方向。在分析时既要考虑到项目自身变动幅度的大小，还要考虑到该项目的变动对总额的影响，因为有些项目自身的变动幅度较大，但是在整体中所占比重较小，所以对总额的影响也就较小。

由表 3-2 可对 A 公司资产负债表中资产的变动情况做出如下分析。

该公司总资产规模本期增加 2 866 403 752.92 元，增长幅度为 5.04%，说明 A 公司本期的资产规模有一定幅度的增长。在此基础上，做进一步分析。

1）流动资产本期增加 1 414 384 885.89 元，增长幅度 3.08%，使总资产规模增长了 2.49%。非流动资产本期增加了 1 452 018 867.03 元，增长幅度为 13.31%，使总资产规模增加了 2.55%，两者合计使总资产规模增加了 2 866 403 752.92 元，增长幅度为 5.04%，可见本期流动资产和非流动资产的增长规模基本一致。

2）本期流动资产各项目都有不同幅度的增减变动，但其增长主要表现为货币资金的增长，货币资金本期增长了 1 000 657 987.12 元，增长幅度为 5.42%，对资产总额的影响幅度为 1.76%。货币资金的增长可以提高企业的偿债能力、增加资金的流动性，对企业来说是有利的方面，但是货币资金的增加也给管理人员提供了更多可支配的资源，从而产生浪费行为。因此，对货币资金的分析还应结合公司的现金需求量，从资金的利用效率方面来研究。此外，货币资金的增加还应结合利润表和现金流量表项目来分析，以了解资金的来源，明确资金是来源于企业的经营活动、投资活动或筹资活动，以此才能做出恰当的评价。本期应收账款略有减少，减少额为 556 634 491.52 元，减少幅度为 3.95%，使资产总额下降 0.98%，说明本期应收账款的规模有所减少，同时，应收账款融资有所增加，增加了 649 064 811.28 元，增长幅度 42.82%，使资产总额增加 1.14%。查阅报表附注可知，应收账款融资增加主要是因为企业将部分应收账款分类为以公允价值计量且其变动计入其他综合收益的金融资产，同时这也是导致应收账款减少的原因。

3）本期非流动资产均有一定规模的增减变动，但变动幅度均不太大。其中非流动资产变动幅度相对较大的是以下三个项目。一是在建工程的增加。在建工程跟上期相比增加了 608 849 034.27 元，增长幅度是 91.23%，使总资产规模增长了 1.07%，在建工程的增加说明该企业本期对内的投资增加；二是持有至到期投资的增加。持有至到期投资本期增加 505 069 444.73 元，该项目为本期新增项目，使总资产规模增长了 0.89%。三是长期股权投资的增加。本期长期股权投资增加了 266 840 979.19 元，增长幅度 16.69%，使资产规模增长 0.47%。持有至到期投资和长期股权投资的增加说明企业对外投资规模有一定幅度的增加。

▶ **2. 权益状况的分析**

资产负债表的右边即权益，权益是负债和所有者权益的统称，它代表着企业资金的来源。当企业有一定的投资机会时就会有资金需求，从资产负债表右边来看，资金的来源主要有两个方面——举债或吸收投资，因此产生了债权人和投资者对企业资产的不同要求权，即负债和所有者权益。

对权益进行分析和评价主要从以下两方面进行。

第一，分析权益总额的变动状况以及各类、各项筹资的变动状况，揭示出权益总额变动的主要方面，从总体上了解企业经过一定时期经营后权益总额的变动情况。

第二，发现变动幅度较大或对权益总额变动影响较大的重点类别和重点项目，为进一步分析指明方向。

根据表 3-2，对 A 公司权益变动情况做出以下分析评价。

该公司权益总额本期增加 2 866 403 752.92 元，增长幅度为 5.04%，说明 A 公司本期的权益总额有一定幅度的增长。进一步分析发现：

1）本期负债增加 650 624 086.92 元，增长幅度 2.11%，使权益总额增加了 1.14%。其中流动负债总额有所减少，减少 133 734 032.15 元，使权益总额减少 0.24%，但流动负债内部各项目均有不同幅度的增减变动，变动较大的项目有短期借款、应付账款和应付票据以及其他应付款四项。其中，短期借款增加 2 396 720 736.07 元，增长幅度 40.81% 使权益总额增加了 4.21%；应付账款增加 1 175 856 139.14 元，增长幅度 12.12%，使权益总额增加 2.07%；应付票据有所减少，减少 697 876 416.58 元，降低幅度为 17.52%，使权益总额降低 1.23%；其他应付款有所增加，增加额 793 946 404.34 元，增加幅度 25.25% 使权益总额增加 1.40%。非流动负债项目有所增加，主要增加项目是长期借款，本期增加 493 050 000.00 元，增长幅度 10956.67%，使权益总额增加 0.87%。

通过对负债项目的分析可以看到 A 公司本期的负债筹资主要以银行借款为主，本期短期借款及长期借款均有较大幅度增加，说明企业的偿债压力有所加大。此外，应付账款的增加幅度也较大，说明企业对其上游供应商的议价能力较强。

2）所有者权益本期增加了 2 215 779 666.00 元，增长幅度 8.53%，使权益总额增加了 3.89%。本期所有者权益的增加主要是盈余公积和未分配利润的增加，其中盈余公积本期增加 194 061 587.90 元，增长幅度 12.72%，使权益总额增加 0.34%。本期未分配利润增加 1 763 592 119.19 元，增长幅度 15.79%，使权益总额增加了 3.10%。未分配利润的增加有利于增强企业的财务实力，有利于保全企业财务资本、降低财务风险，为企业的可持续发展提供源源不断的资金来源。

在对资产负债表进行分析时，水平分析仅考虑了资产负债表各项目在不同期间的变动，没有考虑各项目的内部结构，以及该项目占总体的比重。因此，对资产负债表水平分析表的分析评价还应结合资产负债表垂直分析、资产负债表附注分析和资产负债表项目分析进行，同时还应注意与利润表、现金流量表结合进行分析评价。

3.3 资产负债表结构分析

资产负债表结构分析又叫垂直分析，资产负债表结构反映了资产负债表各项目的相互关系及各项目所占的比重。资产负债表结构分析是通过计算资产负债表中各项目占总资产或权益总额的比重，分析评价企业资产结构和权益结构的变动情况。

微课堂 3-5
编制资产负债
表结构分析表

3.3.1 编制资产负债表结构分析表

资产负债表结构分析表的编制思路如下。

▶ 1. 选定比较的标准

资产负债表结构分析要根据分析的目的来选择比较的标准（基期），对比的标准可以是上期实际数、预算数和同行业的平均数或可比企业的实际数。对比标准的选择视分析目的而定。

▶ 2. 计算各项目所占比重

计算当期以及基期各资产项目在资产总额中所占的比重，并计算当期以及基期各权益项目在权益总额中所占的比重。

▶ 3. 分析各项目变动情况

将当期各项目所占比重及基期各项目所占比重进行对比，分析各项目所占比重的变动情况。

根据表3-1提供的资料，编制A公司资产负债表结构分析表，如表3-3所示。

表 3-3　A公司资产负债表结构分析表　　　　　单位：元

项　　目	2021 年	2020 年	2021（％）	2020（％）	变动情况（％）
流动资产：					
货币资金	19 470 276 224.53	18 469 618 237.41	32.58	32.46	0.12
交易性金融资产	4 000 000.00	—	0.01	—	0.01
应收票据及应收账款	13 524 471 570.00	14 081 106 061.52	22.63	24.75	−2.12
应收票据	1 134 815 993.39	1 526 081 541.94	1.90	2.68	−0.78
应收账款	12 389 655 576.61	12 555 024 519.58	20.73	22.07	−1.34
应收款项融资	2 164 978 925.29	1 515 914 114.01	3.62	2.66	0.96
预付款项	1 032 533 165.54	673 352 793.02	1.73	1.18	0.54
其他应收款（合计）	765 711 481.37	1 173 360 042.04	1.28	2.06	−0.78
应收利息	4 477 916.67	1 666 666.70	0.01	0.00	0.00
应收股利	37 938 523.45	316 706 053.45	0.06	0.56	−0.49
其他应收款	723 295 041.25	904 685 208.63	1.21	1.59	−0.38
存货	9 764 531 363.80	9 490 040 264.05	16.34	16.68	−0.34
其他流动资产	670 115 291.06	578 841 623.65	1.12	1.02	0.10
流动资产合计	47 396 618 021.59	45 982 233 135.70	79.31	80.82	−1.51
非流动资产：					
持有至到期投资	505 069 444.73	—	0.85	—	0.85
长期股权投资	1 865 866 171.60	1 599 025 192.41	3.12	2.81	0.31
投资性房地产	213 001 989.80	218 199 149.16	0.36	0.38	−0.03
在建工程（合计）	1 276 251 488.95	667 402 454.68	2.14	1.17	0.96
在建工程	1 276 251 488.95	667 402 454.68	2.14	1.17	0.96

续表

项 目	2021 年	2020 年	2021(%)	2020(%)	变动情况(%)
固定资产及清理（合计）	2 912 513 169.84	2 923 584 939.66	4.87	5.14	−0.27
固定资产净额	2 912 513 169.84	2 923 584 939.66	4.87	5.14	−0.27
生产性生物资产	3 153 885.00	3 503 295.00	0.01	0.01	−0.00
使用权资产	909 338 251.24	842 077 052.31	1.52	1.48	0.04
无形资产	2 443 588 248.17	2 485 288 578.20	4.09	4.37	−0.28
开发支出	6 735 587.41	2 011 139.26	0.01	0.00	0.01
商誉	825 573 066.90	825 573 066.90	1.38	1.45	−0.07
长期待摊费用	111 306 370.33	115 785 234.75	0.19	0.20	−0.02
递延所得税资产	751 722 372.84	594 992 161.76	1.26	1.05	0.21
其他非流动资产	159 429 328.02	289 535 847.27	0.27	0.51	−0.24
非流动资产合计	12 363 444 857.53	10 911 425 990.50	20.69	19.18	1.51
资产总计	59 760 062 879.12	56 893 659 126.20	100.00	100.00	0
流动负债：					
短期借款	8 265 729 653.03	5 869 008 916.96	13.83	10.32	3.52
应付票据及应付账款	14 159 357 617.39	13 681 377 894.83	23.69	24.05	−0.35
应付票据	3 284 549 237.79	3 982 425 654.37	5.50	7.00	−1.50
应付账款	10 874 808 379.60	9 698 952 240.46	18.20	17.05	1.15
应付职工薪酬	846 778 208.52	839 640 308.29	1.42	1.48	−0.06
应交税费	316 109 068.00	248 014 970.03	0.53	0.44	0.09
其他应付款（合计）	4 013 915 065.13	3 227 385 632.70	6.72	5.67	1.04
应付利息	17 844 845.53	34 840 834.22	0.03	0.06	−0.03
应付股利	57 512 041.85	47 933 025.07	0.10	0.08	0.01
其他应付款	3 938 558 177.75	3 144 611 773.41	6.59	5.53	1.06
一年内到期的非流动负债	236 106 690.45	229 361 467.97	0.40	0.40	−0.01
其他流动负债	155 979 889.85	606 814 819.73	0.26	1.07	−0.81
流动负债合计	29 243 231 777.82	29 376 965 809.97	48.93	51.63	−2.70
非流动负债：					
长期借款	497 550 000.00	4 500 000.00	0.83	0.01	0.82
租赁负债	561 824 454.28	546 994 554.21	0.94	0.96	−0.02
长期应付职工薪酬	302 723.26	329 428.98	0	0	0

续表

项　目	2021 年	2020 年	2021(%)	2020(%)	变动情况(%)
长期应付款(合计)	22 846 772.00	25 229 042.00	0.04	0.04	−0.01
长期应付款	20 464 502.00	20 464 502.00	0.03	0.04	−0.00
专项应付款	2 382 270.00	4 764 540.00	0.00	0.01	
预计非流动负债	104 528 196.76	53 205 872.32	0.17	0.09	0.08
递延所得税负债	286 359 056.86	266 908 733.88	0.48	0.47	0.01
长期递延收益	784 074 821.24	575 837 179.25	1.31	1.01	0.30
其他非流动负债	54 078 462.71	54 201 557.40	0.09	0.10	−0.00
非流动负债合计	2 311 564 487.11	1 527 206 368.04	3.87	2.68	1.18
负债合计	31 554 796 264.93	30 904 172 178.01	52.80	54.32	−1.52
所有者权益					
实收资本(或股本)	1 625 790 949.00	1 625 790 949.00	2.72	2.86	−0.14
资本公积	9 885 011 185.13	9 865 084 049.39	16.54	17.34	−0.80
其他综合收益	−17 673 498.70	−138 960.56	−0.03	−0.00	−0.03
盈余公积	1 720 302 768.39	1 526 241 180.49	2.88	2.68	0.20
未分配利润	12 931 411 564.72	11 167 819 445.53	21.64	19.63	2.01
归属于母公司股东权益合计	26 144 842 968.54	24 184 796 663.85	43.75	42.51	1.24
少数股东权益	2 060 423 645.65	1 804 690 284.34	3.45	3.17	0.28
所有者权益(或股东权益)合计	28 205 266 614.19	25 989 486 948.19	47.20	45.68	1.52
负债和所有者权益(或股东权益)总计	59 760 062 879.12	56 893 659 126.20	100.00	100.00	0

3.3.2　资产负债表结构变动情况分析

资产负债表结构分析可以从资产结构和资本结构两方面进行分析。

▶ 1. 资产结构的分析评价

资产结构的分析可以从静态和动态两方面进行。

静态分析是从本期出发观察资产的构成，主要是流动资产及非流动资产各自所占的比重，流动资产流动性强、风险小；非流动资产流动性差、风险大。当企业流动资产所占比重较大时，说明企业资产流动性强、风险小；当非流动资产所占比重较大时，说明企业资产弹性较小，不利于资金的灵活调动，资产风险大。因此，分析者可以根据流动资产和非流动资产在资产中的比重分析企业资产风险的大小。

动态分析是指把本期资产中各项目所占的比重与对比期各资产项目所占的比重进行对

微课堂 3-6
资产负债表
结构分析

比，分析各项资产所占比重的变动情况，进而判断资产结构的稳定性。

通过表3-3可以看出：①从静态方面来看，本期流动资产所占的比重为79.31%，非流动资产所占比重为20.69%，可见该公司本期流动资产所占比重较大，企业资产的流动性强，风险较小；②从动态方面来看，本期流动资产所占的比重为79.31%，非流动资产所占比重为20.69%；上期流动资产所占比重为80.82%，非流动资产所占比重为19.18%，流动资产比重略有降低，降低了1.51%，非流动资产比重提高了1.51%，从整体来看，资产结构相对稳定。

▶ 2. 资本结构的分析评价

资本结构的分析评价也可以从静态和动态两个方面进行。

静态分析是从本期出发，观察资本结构中负债和所有者权益各自所占的比重。一般来说，负债所占比重越大，企业所面临的财务风险也就越大；所有者权益所占比重越大，企业的财务实力就越强。通过静态分析，可以衡量企业的财务风险，评价企业的财务实力。

动态分析是通过本期与比较期负债和所有者权益进行对比，分析其各自所占比重的变化，分析资本结构的变动情况及其稳定性。

通过表3-3可以看出：①从静态方面来看，本期负债所占比重为52.80%，所有者权益所占比重为47.20%，负债所占比重较高，财务风险较大；②从动态方面来看，本期负债所占比重为52.8%，所有者权益所占比重为47.2%；上期负债所占比重为54.32%，所有者权益所占比重为45.68%，负债比重下降了1.52%，所有者权益上升了1.52%，资本结构较为稳定。

3.3.3 资产负债表整体结构分析

根据资产与资本的匹配关系，可以把资产负债表整体结构分为稳健型和风险型两种结构。

▶ 1. 稳健型资产负债表

稳健型资产负债表的主要标志是企业流动资产的一部分资金需要使用流动负债来满足，另一部分资金需要则由非流动负债来满足。这种结构的企业财务信誉较高，企业通过流动资产的变现就足以满足偿还短期债务的需要，企业风险较小，且具有一定的弹性，特别是当临时性资产需要降低或消失时，可通过偿还短期债务或进行短期证券投资来调整，一旦临时性资产需要再产生时，又可以重新举借短期债务或出售短期证券来满足其所需，其形式如表3-4所示。

微课堂3-7
资产负债表
整体结构

表3-4 稳健型资产负债表

	临时性占用流动资产	流动负债
流动资产	永久性占用流动资产	非流动负债
非流动资产		所有者权益

▶ **2. 风险型资产负债表**

风险型资产负债表的主要标志是流动负债不仅用于满足流动资产的资金需要，而且还用于满足部分长期资产的资金需要。在这种资产负债表结构中，财务风险较大、较高的资产风险与较高的筹资风险不能匹配，流动负债和长期资产在流动性上并不对称，如果通过长期资产的变现来偿还短期内到期的债务，必然给企业带来沉重的偿债压力，从而需要企业大大提高资产的流动性，其形式如表 3-5 所示。

表 3-5　风险型资产负债表

流动资产	流动负债
非流动资产	非流动负债 所有者权益

根据 A 公司的资产负债表结构分析表(表 3-3)可以发现，该公司本年流动资产的比重为 79.31%，流动负债的比重为 48.93%，属于稳健型结构。该公司上年流动资产的比重为 80.82%，流动负债的比重为 51.63%。从动态方面看，相对于上年，虽然该公司的资产结构和资本结构都有所改变，但该公司资产结构与资本结构相适应的性质并未改变。

3.4　资产负债表项目分析

3.4.1　主要资产项目分析

▶ **1. 货币资金**

货币资金是企业流动性最强的资产，包括现金、银行存款和其他货币资金。货币资金具有流动性强、收支活动频繁等特点。货币资金分析应关注以下两个方面。

微课堂 3-8
货币资金

(1) 货币资金的规模

为维持企业经营活动的正常运转，企业必须持有一定量的货币资金。从财务管理的角度来看，货币资金越多，企业偿债能力就越强。但是如果一个企业货币资金经常处于比重较大的状况，则很可能是企业不能有效利用资金的表现；如果比重过低，则意味着企业缺乏必要的资金，可能会影响企业的正常经营，并制约着企业的发展。企业货币资金规模是否合理，主要受下列因素影响。

1) 资产规模与业务量。一般来说，企业资产规模越大，相应的货币资金规模也就越大；业务量越大，处于货币资金形态的资产也就越多。

2) 筹资能力。如果企业有良好信誉，筹资渠道通畅，就没必要长期持有大量的货币资金，因为货币资金的盈利性通常较低。

3) 运用货币资金的能力。货币资金如果仅停留在货币形态，则只能用于支付，这意味着企业正在丧失潜在的投资机会，也可能表明企业的管理人员生财无道。如果企业经营者利用货币资金能力较强，则货币资金比重可维持较低水平，将货币资金从事其他经营活动，企业的获利水平有可能提高。

4）行业特点。一般来讲，企业业务规模越大，业务收支越频繁，持有的货币资金也就越多。处于不同行业的企业，其合理的货币资金比重也会有较大差异。

（2）货币资金的质量

货币资金质量的分析要点如下。

1）判断货币资金与企业的规模和行业特点是否相匹配。一般而言，企业的资产规模越大，相应的货币资金规模应当越大；业务收支越频繁，处于货币形态的资产也应越多。在相同的总资产规模条件下，不同行业（如制造业、商业、金融业）的企业货币资金的规模也不同，同时，它还受企业对货币资金运用能力的影响。企业过大的货币资金规模，可能意味着企业错过了良好的投资机会，也可能表明企业的管理人员对货币资金的运用仍有不足。

2）分析企业筹资能力。如果企业信誉好，在资本市场上就能够较容易地筹集资金，向金融机构借款也较方便，企业就能应付突发事件而降低风险，此时就没有必要持有大量的货币资金；反之，如果企业信誉不好，借款能力有限，就不得不储存较多的货币资金来应对各种可能发生的突发性资金需求。

3）分析货币资金的构成内容。企业的银行存款和其他货币资金中有些不能随时用于支付的存款，例如不能随时支取的一年期以上的定期存款、有特定用途的信用证存款、商业汇票存款等，它们必将减弱货币资金的流动性，对此，应在报表附注中加以列示，以正确评价企业资产的流动性及其支付能力。

4）分析货币资金内部控制制度的完善程度以及实际执行质量，包括企业货币资金收支的全过程，如客户的选择、销售折扣与购货折扣的谈判与决定、付款条件的决定、具体收款付款环节以及会计处理等。

如表 3-6 所示，A 公司货币资金项目主要由现金、银行存款、其他货币资金构成。其中银行存款所占比重最大，为 91.10%。与上期相比，货币资金项目总额有所提高，提高幅度 5.42%，其中银行存款变动幅度最大，本期增长了 982.18%。通过查阅资产负债表附注可知，在期末货币资金的构成中使用受限的资金总额为 1 705 143 450.43 元，占货币资金总额的 8.76%，对货币资金的支付能力影响不大。

表 3-6　A 公司货币资金项目构成及变动表　　　　　　　　　　单位：元

类　　别	年 末 余 额	年 初 余 额	增长率（%）	年末占比（%）
现金	814 579.91	883 955.59	−7.85	0.00
银行存款	17 738 141 398.59	1 639 115 457.94	982.18	91.10
其他货币资金	1 731 320 246.03	1 639 115 457.94	5.63	8.90
合计	19 470 276 224.53	18 469 618 237.41	5.42	100.00

▶ 2. 应收账款

应收账款是因为企业提供商业信用产生的。应收账款就其性质来讲，是企业的一项资金垫支，是为了扩大销售和增加盈利而发生的，它不会给企业带来直接利益，占用数额过大，又会使存货及其他资产占用资金减少，使企业失去获得收益的机会，造成机会成本、坏账损失和收款费用的增加。因此，应尽量减少其占用数额。应收账款应控制在多大数额为宜，这要取决于销售中赊销的规模、信用政策、收款政策及市场经济情况等因素。

应收账款的分析可从以下几个方面进行。

（1）应收账款时间构成分析

应收账款时间构成分析就是对客户所欠账款时间的长短进行分析。具体做法就是将各项应收账款首先分为信用期内的和超过信用期的两大类，然后再对超过信用期的应收账款按照拖欠时间长短进行分类。通过分类，一方面可以了解企业应收账款的结构是否合理；另一方面为企业组织催账工作和估计坏账损失提供依据。

（2）应收账款变动分析

应收账款变动分析是将应收账款期末数与期初数进行比较，看其发展变化情况。在流动资产和销售收入不变的情况下，应收账款的绝对额增加了，表明企业变现能力在减弱，承担的风险增大，其占用比重并不合理；如果应收账款的增长与流动资产增长和销售收入增长相适应，表明应收账款占用相对合理。对应收账款变动的分析，应重点分析应收账款的增加是否正常，影响应收账款增加的因素主要有以下几方面。

1）企业信用政策发生了变化，企业希望通过放松信用政策来增加销售收入。

2）企业销售量增长导致应收账款增加。

3）收账政策不当或者收账工作执行不力。

4）应收账款质量不高，存在长期挂账且难于收回的账款，或者客户发生财务困难，暂时难于偿还所欠货款。

5）企业会计政策变更。如果一个企业在有关应收账款方面的会计政策发生变更，应收账款也会发生相应变化。

对应收账款变动的分析，还应注意一些企业利用应收账款调节利润的行为。首先应特别注意企业会计期末突发性产生的与应收账款相对应的营业收入。其次，要特别关注关联企业之间的业务往来，观察是否存在与关联企业交易操纵利润的现象。

由表 3-2 及表 3-7 可知，A 公司应收账款本期与上期相比略有减少，减少了165 368 942.97元，减少幅度 1.32%，变动幅度不大。通过账龄分析表可知，该公司的应收账款以 1 年以内为主，所占比重为 97.35%，与上期相比略有减少，减少幅度不大。其次，该公司坏账准备所占比重为 3.76%，占比较少，可见该公司应收账款减值较小，坏账风险不大。

表 3-7　A 公司应收账款账龄分析表　　　　　　　　　　　　单位：元

账　　龄	年 末 余 额	年 初 余 额	年末占比（%）	年初占比（%）
1 年以内	12 061 337 011.07	12 279 203 329.97	97.35	97.80
1～2 年	393 436 764.62	281 873 461.22	3.18	2.25

续表

账　　龄	年末余额	年初余额	年末占比(%)	年初占比(%)
2～3 年	60 706 620.53	165 330 048.12	0.49	1.32
3～4 年	148 699 324.24	12 655 288.53	1.20	0.10
4～5 年	7 790 540.34	15 509 462.78	0.06	0.12
5 年以上	184 115 980.53	181 864 903.62	1.49	1.45
小计	12 856 086 241.33	12 936 436 494.24	103.76	103.04
减坏账准备	466 430 664.72	381 411 974.66	3.76	3.04
合计	12 389 655 576.61	12 555 024 519.58	100.00	100.00

▶ 3. 应收账款融资

应收账款融资是指企业以自己的应收账款转让给银行并申请贷款，银行的贷款额一般为应收账款面值的 50%～90%，企业将应收账款转让给银行后，应向买方发出转让通知，并要求其付款至融资银行。

应收账款融资具有以下特点：缩短企业应收账款收款天数；降低了买卖双方的交易成本；提高了资金的周转速度；提高人力运用效率，免除人工收账的困扰；优化企业应收账款管理，为企业活化除固定资产以外的资产科目；通过应收账款增加营运周转金，强化财务调度能力。

通过 A 公司报表附注可知该公司本期应收账款融资增加主要是一部分应收账款的业务模式是既以收取合同现金流量为目标又以出售应收账款(资产证券化)为目标，故将该部分应收账款分类为以公允价值计量且其变动计入其他综合收益的金融资产，列示于应收款项融资。

▶ 4. 在建工程

在建工程是指企业进行基建工程、安装工程、技术改造工程、大修理工程等所发生的实际支出，包括需要安装设备的价值。在建工程占用的资金属于长期资金，但是投入前属于流动资金，如果工程管理出现问题，会导致大量的流动资金沉淀，甚至造成企业流动资金周转困难。因此，企业在增加在建工程时需要考虑以下几个方面：①是否有足够的资金来源；②建设项目的预期收益率及其风险程度；③企业的经营环境或市场前景是否看好；④在分析该项目时，应深入了解工程的管理，及时发现存在的问题，加快工程资金的周转速度。

由表 3-2 可知，A 公司本期在建工程项目有所增加，增加了 608 849 034.27 元，增长幅度 91.23%。通过查阅报表附注可知，本期在建工程无计提减值准备的情况，在建工程项目的增加主要是新增工程项目所致。

3.4.2　主要负债项目分析

▶ 1. 短期借款

短期借款数额的多少，往往取决于企业生产经营和业务活动对流动资金的需要量。企业应结合短期借款的使用情况和使用效果分析该项目。为了满足流动资产的资金需求，一定数额的短期借款是必需的，但如果数额过大，

微课堂 3-9
主要负债
项目分析

超过企业的实际需要，不仅会影响资金利用效果，还会因超出企业的偿债能力而给企业的持续发展带来不利影响。短期借款适度与否，可以根据流动负债的总量、当前的现金流量状况和对未来会计期间现金流量的预期来确定。

由表3-2可知，A公司本期短期借款增加了2 396 720 736.07元，增长幅度达40.84%，使权益总额增加4.21%。虽然短期借款有助于降低资金成本，但偿债压力的加大和财务风险的增加应引起分析者的注意。

▶ 2. 应付票据及应付账款

在市场经济条件下，企业之间相互提供商业信用是正常的。利用应付票据及应付账款进行资金融通，基本上可以说是无代价的融资方式，但企业应注意合理使用，以避免造成企业信誉损失。

应付账款及应付票据因商品交易而产生，其变动原因有以下几方面。

（1）企业销售规模的变动。当企业销售规模扩大时，会增加存货需求，使应付账款及应付票据等债务规模扩大；反之，会使其降低。

（2）为充分利用无成本资金。应付账款及应付票据是因商业信用产生的一种无资金成本或资金成本极低的资金来源，企业在遵守财务制度、维护企业信誉的条件下对其充分加以利用，可减少其他筹资方式的筹资数额，节约利息支出。

（3）提供商业信用企业的信用政策发生变化。如果其他企业放宽信用政策和收账政策、企业应付票据及应付账款的规模就会大些；反之，就会小些。

（4）企业资金的充裕程度。企业资金相对充裕，应付票据及应付账款规模会相对缩减一些；当企业资金比较紧张时，就会影响到应付票据及应付账款的清偿。

由表3-2可知，A公司本年应付票据及应付账款增加477 979 722.56元，增长幅度3.49%，通过查看该公司财务报表附注，可知本年应付款项的增加主要是因为涉及诉讼导致一笔一年以上的应付账款尚未支付。

▶ 3. 其他应付款

与其他应收款类似，其他应付款也属于往来类别的科目。但是，其他应付款与生产经营行为并不直接相关，因而规模通常较小，变动幅度有限。对其他应付款的分析应注意以下两点：①其他应付款的规模与变动是否正常；②是否存在企业长期占用关联方企业资金的现象。

本例中，A公司本期其他应付款余额较上年增加了786 529 432.43元，增长率为24.37%应对其合理性做进一步分析。此外，应付股利也属于其他应付款。应付股利反映企业应向投资者支付而未付的现金股利，是因企业宣告分派现金股利而形成的一项负债。支付股利需要大量现金，企业应在股利支付日之前做好支付准备。通过查阅财务报表附注可知，A公司本期应付股利金额较小，对公司的支付能力不会造成太大的压力。

▶ 4. 长期借款

长期借款是企业利用负债获得长期资金来源的方式。长期借款属于企业重要的融资决策，对于企业生产经营将产生深远影响。影响长期借款变动的原因有以下几方面。

（1）银行信贷政策及资金市场的资金供求状况。

（2）为了满足企业对资金的长期需要。

（3）保持企业权益结构的稳定性。

（4）调整企业负债结构和财务风险。

根据表 3-1、表 3-2 提供的资料，A 公司本年长期借款增加 10 956.67 元，增加幅度 0.87％，变动幅度不大，通过查阅财务报表附注可知，该公司本年无已逾期且尚未偿还的长期借款，可知该公司偿债压力不大。

3.4.3 主要股东权益项目分析

▶ 1. 未分配利润

未分配利润是指企业留待以后分配的结存利润。它是企业实现的利润扣除交纳的所得税、分发利润（或股利）和提取公积金后的余额，是留于以后年度分配的利润或者尚未分配的利润。相对于所有者权益的其他部分来说，企业对于未分配利润的使用和分配有较大的自主权。从数量上看，未分配利润是期初未分配利润加上本期实现的税后利润，减去提取的各种盈余公积和分配利润后的余额。这部分利润越多，说明企业当年和以后年度的积累能力、股利分配能力以及应付风险的能力就越强。分析时应注意企业当年的利润分配政策是否有改变。在资产负债表中，如果该项目金额为负数，则表示企业有尚未弥补的亏损，必将冲减所有者权益的数额。

由表 3-2 可知，A 公司本期增加未分配利润 1 763 592 119.19 元，增长幅度 15.79％。通过查阅财务报表附注可知，该公司本年度的利润分配方案为每 10 股派发现金股利 5.38 元，共计分配现金股利 874 675 530.56 元，占当年合并利润表中归属于本公司股东净利润的 30.00％，可见，该公司自身创造利润的能力较强，可以为企业提供源源不断的资金来源。

▶ 2. 盈余公积

盈余公积是指企业按照规定从税后利润中提取的积累资金。盈余公积按其用途分为法定盈余公积和任意盈余公积。法定盈余公积在其累计提取额未达到注册资本的 50％时，均应按税后利润（扣除被没收的财产损失、支付各项税费的滞纳金和罚款、弥补企业以前年度亏损）的 10％提取。在股份有限公司，除了按规定提取法定盈余公积外，还要在支付优先股股利后，根据公司章程或者股东大会决议，提取任意盈余公积。按规定，这部分公积金可以转增资本，也可以弥补亏损。

盈余公积金的数量越多，反映企业资本积累能力、弥补亏损能力和股利分配能力以及应对风险的能力越强。对盈余公积进行分析时：一要注意盈余公积的计提是否及时、足额；二要注意盈余公积的使用是否合理、合法。

3.5 资产负债表分析对投融资决策的影响

▶ 1. 资产负债表分析有助于企业做出正确的投资决策

资产负债表数据是企业财务活动的直接结果，也是资金运动过程的体

微课堂 3-10
主要权益
项目分析

微课堂 3-11
资产负债表
分析对投融资
决策的影响

现。资产负债表的左边代表着企业所拥有和控制的资源，同时也代表着企业的投资方向，右边是负债和所有者权益，代表着资金的来源，也代表着融资的渠道。资产按照流动性的强弱分为流动资产和非流动资产，企业对内进行固定资产、无形资产和其他长期资产的投资形成非流动资产的一部分。企业固定资产、无形资产等长期资产的增加并非是越多越好，虽然资产的增加代表着企业所拥有和控制的资源的增加，但是如果资产的增加不能带来产品和收入的增加，说明资产的增加并没有带来相应的效益，资产的增加是无效的、不合理的。因此，通过资产负债表和利润表的分析可以帮助企业做出正确的投资决策。

▶ **2. 资产负债表分析帮助企业选择正确的融资方向**

资本是企业生存和发展的根本，融资是企业根据资本的需求通过各种渠道和方式取得资本的过程。资本分为债权人投入的资本和所有者投入的资本，这些资金形成了资产负债表的右边。负债因其到期必须偿还，不能形成企业稳定的资本基础，因此，负债越多，企业的财务风险越大。所有者权益没有固定的到期日，无须偿还，是企业的永久性资本，因此，所有者权益越多，企业的财务实力越强。通过分析企业资本的构成，判断企业目前面临的财务风险，并可以通过采用不同的筹资方式来调整资本结构，优化资本结构，降低财务风险。同时，资产负债表左边的资产项目中的流动资产周转速度快、变现能力强，是企业短期偿债能力的重要保障。流动资产的比重越大，资产的风险越小，企业的短期偿债能力也就越强。因此，通过对资产负债表的分析可以帮助企业做出正确的筹资决策。

▌ 本章小结 ▌

资产负债表是反映企业在某一特定日期财务状况的会计报表。它是根据"资产＝负债＋所有者权益"这一会计基本等式，按照一定的分类标准和一定的顺序，把企业一定日期的资产、负债和所有者权益各项目予以适当排列，并对日常工作中形成的大量数据进行整理后编制而成的。对于报表使用者来说，资产负债表是企业最重要的报表之一，发挥着以下四方面的重要作用：①反映企业拥有或控制的经济资源及其分布情况；②反映企业某一特定日期的负债总额及其结构；③反映企业所有者权益的情况，了解企业现有投资者在企业投资总额中所占的份额；④预测企业的财务状况及发展趋势。

资产负债表的内容包括表首、正表和补充资料三个部分。资产负债表的表首部分是报表的标志，应具有报表名称、编制单位、编制日期、金额单位及报表编号五个要素。资产负债表是静态报表，编制日期应填列报告期末最后一天的日期。资产负债表的正表部分是报表的主体，是核心所在。

资产负债表水平分析是在运用水平分析法编制资产负债表水平分析表的基础上，从投资和筹资两方面对其进行分析评价。从投资角度对资产进行水平分析主要从以下两方面进行：①分析资产总额的变化，从总量上分析经过一定时期之后资产规模的变化；②分析资产中各个项目的变化，分析引起资产总额变动的原因及企业的投资方向。

基于筹资视角对权益进行分析评价。资产负债表的右边代表着企业资金的来源。当企业有一定的投资机会时就会有资金需求，从资产负债表的右边来看，资金的来源主要有两个方面——举债或吸收投资，因此产生了债权人和投资者对企业资产的不同要求权，即负债和所有者权益。从筹资的角度对权益进行分析和评价主要从以下几方面进行：①分析权益总额的变动状况以及各类、各项筹资的变动状况，揭示出权益总额变动的主要方面，从总体上了解企业经过一定时期经营后权益总额的变动情况；②发现变动幅度较大或对权益总额变动影响较大的重点类别和重点项目，为进一步分析指明方向。

资产负债表结构分析又叫垂直分析，资产负债表结构反映了资产负债表各项目的相互关系及各项目所占的比重。资产负债表结构分析是通过计算资产负债表中各项目占总资产或权益总额的比重，分析评价企业资产结构和权益结构的变动情况。资产负债表结构分析首先需要编制资产负债表结构分析表，然后从资产结构、资本结构、资产负债表整体结构进行分析和评价。

资产负债表项目分析主要是依据资产负债表水平分析和结构分析的结果，找出重点项目或者变动幅度对总额影响较大的项目进行具体分析和评价，分别从重点资产项目、重点负债项目、重点所有者权益项目三个方面进行。

资产负债表分析有助于企业做出正确的投资决策，资产负债表分析帮助企业选择正确的融资方向。

▌复习思考题▐

1. 资产负债表的含义是什么？内容有哪些？
2. 该如何对资产负债表进行水平分析？
3. 该如何对资产负债表进行结构分析？
4. 货币资金的分析要点是什么？货币资金的分析要注意哪些事项？
5. 应收账款的分析要点是什么？
6. 如何对在建工程项目进行分析？在建工程项目分析要注意哪些事项？
7. 如何对未分配利润进行分析和评价？未分配利润的分析要点是什么？

▌线上课堂▐

实操练习

扫描封底刮刮卡

获取答题权限

在线自测

第4章 利润表分析

学习目标

1. 知识目标：了解利润表的结构和作用，理解利润表各项目的内涵，掌握利润表分析的基本思路。

2. 能力目标：能够对利润表分析有准确的理解和认识，并能够对企业的利润表进行准确的解读，分析利润表对投融资决策的影响。

3. 素质目标：培养学生的专业认同感和自主学习的能力，为正确进行投融资决策打下坚实的基础。

4. 价值目标：明确职业道德、提高社会责任感，引导学习者树立正确的人生观和价值观。

知识框架

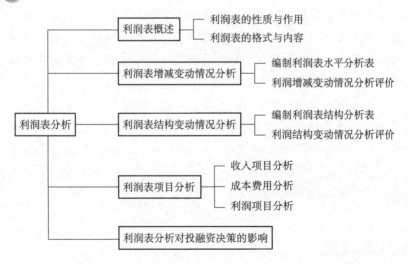

导语

投资者开办企业的目的是为了赚钱，没有利润再多的资产投资也是无效的。因此，对企业经济利益的分析就至关重要。如何通过利润表来分析企业的经济效益？企业为什么会盈利或者亏损？企业有利润盈利质量一定就好吗？通过本章利润表分析的学习，可以识别利润表信息的质量、判断企业经营成果，为信息使用者进行投融资决策提供有用的信息。

引例

据悉，股神巴菲特分析利润表的第一个指标，就是营业收入。营业收入是利润表的第一个指标，也是最重要的一个指标。之所以说最重要，是因为营业收入是所有盈利的基础，是分析财务报表的起点。你到任何一所大学学习会计学及相关专业，分析预测公司未来的盈利，起点是分析预测营业收入。我们一般只看营业收入一年的短期增长率，而巴菲特更关注的是长期增长率，他要看过去 5～10 年，甚至 20 年营业收入增长率是多少。

巴菲特会从两个方面来分析营业收入增长率。

第一，对营业收入增长率与盈利增长率进行比较，分析增长的含金量。

营业收入只是手段，企业的真正目的是盈利。收入增长率与税前利润增长率相比较，如果营收率增长很快，但利润增长率并不快，这可能就有问题了。巴菲特最喜欢的投资类型是税前利润比营业收入增长的速度更快的企业，巴菲特关注营业收入，但更关注其含金量。他如此讽刺那些过于偏重于收入规模增长的大企业："大部分机构，包括商业机构及其他机构，衡量自己或者被别人衡量，以及激励下属管理人员，所使用的标准绝大部分是营业收入规模大小。问问那些名列《财富》500 强的大公司的经理人他们的公司排名第几位，他们回答的排名数字肯定是营业收入排名。他们可能根本都不知道，如果营业收入《财富》500 强企业根据盈利能力进行排名的话，自己的公司会排名在第几位。"

第二，对营业收入增长率与市场占有率增长进行比较，分析竞争优势的变化。

巴菲特非常重视当公司营业收入增长时市场占用率有没有同步提高这一点。衡量市场占有率，一是用营业收入，二是用销量。如果公司营业收入增幅相当大，但市场占有率下降，反而说明公司营业收入增长率低于行业增长水平；相反如果行业销售大幅下滑，公司销售照样大幅增长，市场占有率肯定会大幅提升。

可见，巴菲特分析利润表，不仅分析营业收入，而且还通过分析过去 10 年甚至更久的利润变动趋势及竞争优势，那么，当拿到一个公司利润表的时候又该如何对利润表进行分析和评价，从而做出正确的决策呢？通过本章利润表分析的学习，可以从中找到答案。

资料来源：巴菲特如何分析营业收入．[2021-09-10]．https://xueqiu.com/2014265372/197399605?page=2.

4.1 利润表概述

4.1.1 利润表的性质与作用

利润表又称为损益表，是反映企业在一定会计期间经营成果的财务报表。它是根据"收入－费用＝利润"的会计等式编制而成的动态报表。按现行制度规定，企业每个月都应该编制当月的利润表，用以反映当期企业利润的组成以及所得与所耗之间配比效果方面的信息。对利润表的

微课堂 4-1
利润表的性质
与作用

分析，不仅能够了解企业的盈利能力和发展趋势，而且将之与资产负债表结合起来分析，还能评价企业的营运能力、发展能力以及长期偿债能力。同时，将利润表的有关项目与现金流量表的净流量进行比较，还可以了解企业盈利与收现的真实性，判断企业当期的收益质量。

对于财务报表使用者来说，利润表通常能发挥出以下四个方面的作用。

▶ 1. 反映企业的盈利水平，评价企业的经营业绩和投资效果

经营管理者通过对利润表的分析，可以了解企业一定会计期间内的收入实现情况和本期费用的支出情况，进而了解企业生产经营活动的成果，即净利润的实现情况，据以判断资本保值增值情况和企业投资的效果。将利润表中的信息与资产负债表中的信息结合起来分析，还可以了解和掌握企业资金周转情况以及资产增加的合理性和有效性，便于判断企业未来的发展趋势，评价企业的管理水平和投资效果。

▶ 2. 发现企业经营管理中的问题，为经营决策提供参考

分析企业利润的形成过程及构成，可以为企业的经营决策提供依据。通过分析比较利润表中各项构成要素，并与以前各期相比较，可以了解企业各项收入、费用和利润的升降趋势及其变化幅度，找出原因所在，发现经营管理中存在的问题，以便做出经营与管理决策，促进企业全面改善经营管理，保持利润的稳定增长。

▶ 3. 帮助投资者和债权人做出正确的投资与融资决策

由于企业产权关系及管理体制的变动，越来越多的人从经济利益的角度关心企业的利润。企业经营者如此，投资者和债权人更是如此。他们通过对企业利润的分析，揭示出企业的经营潜力及发展前景，从而做出正确的投资与信贷决策。除此之外，利润分析对于国家宏观管理者分析评价企业对国家的贡献也有着极其重要的意义。

▶ 4. 为分析预测企业未来的发展能力和盈利能力提供重要依据

利润表反映了企业经营成果的形成过程及各项经营成果的具体构成，提供了包括营业利润、投资净收益和营业外收支等企业损益的明细情况。据此可以分析企业损益形成的原因，了解企业利润的构成。通过对利润表的分析，可以预测企业损益的发展变化趋势，预测企业未来的盈利能力。

4.1.2　利润表的格式与内容

▶ 1. 利润表的格式

利润表的格式主要有单步式利润表和多步式利润表两种。我国企业大多采用多步式利润表，如表4-1所示。

微课堂 4-2
利润表的格式
与内容

多步式利润表对项目进行了详细分类，分步骤地反映了利润总额的形成情况，层次清楚，便于企业前后各期报表及不同企业间报表的对比，有利于分析企业的盈利水平，评估企业的管理绩效，并据此找出利润增加或减少的原因，使企业经营者能采取相应措施，提高企业经济效益。

表 4-1 A 公司合并利润表

编制单位：A 公司　　　　　　　　　　2021 年度　　　　　　　　　　单位：元

项　　目	本　年　数	上　年　数
一、营业收入	61 673 702 450.01	64 951 777 641.83
减：营业成本	51 233 326 115.24	52 729 242 257.44
税金及附加	257 593 330.50	298 087 171.25
销售费用	4 575 995 568.24	5 736 793 789.43
管理费用	1 844 423 667.84	1 978 870 482.38
研发费用	611 934 929.42	576 511 023.23
财务费用	5 151 929.67	117 117 328.52
其中：利息费用	336 411 783.76	374 224 115.91
利息收入	373 868 381.65	303 216 899.66
加：其他收益	327 985 438.11	430 019 889.08
投资收益（损失以"－"号填列）	344 170 979.46	198 458 982.24
其中：对联营企业和合营企业的投资收益	355 657 716.27	144 486 150.48
公允价值变动收益（损失以"－"号填列）	－8 469 244.97	31 623 136.01
信用减值损失（损失以"－"号填列）	－115 551 971.54	－110 033 777.85
资产减值损失（损失以"－"号填列）	－23 949 972.06	－11 485 403.86
资产处置收益（损失以"－"号填列）	2 954 109.08	1 274 043.27
二、营业利润（亏损以"－"号填列）	3 672 416 247.18	4 055 012 458.47
加：营业外收入	157 615 896.44	109 179 829.49
减：营业外支出	90 950 431.33	35 658 815.35
三、利润总额（亏损总额以"－"号填列）	3 739 081 712.29	4 128 533 472.61
减：所得税费用	647 453 872.83	687 246 274.38
四、净利润（净亏损以"－"号填列）	3 091 627 839.46	3 441 287 198.23
五、其他综合收益的税后净额	－18 800 542.58	338 178.54
六、综合收益总额	3 072 827 296.88	3 441 625 376.77
（一）归属于母公司股东的综合收益总额	2 897 710 037.91	3 189 222 817.45
（二）归属于少数股东的综合收益总额	175 117 258.97	252 402 559.32
七、每股收益：		
（一）基本每股收益	1.793	1.961
（二）稀释每股收益	1.793	1.961

▶ 2. 利润表的内容

利润表的内容一般由表首、基本部分和补充资料三部分组成。

（1）表首部分

表首部分主要填制报表名称、编制单位、计量单位以及报表编制的期间。需要强调的是，利润表的编表日期，一般填写"×年×月"，或"×会计年度"，因为利润表是反映某一期间的损益的动态报表。

（2）基本部分

基本部分是利润表的主体，列示其具体项目，主要反映收入、成本费用和利润各项目的具体内容及其相互关系，揭示了企业财务成果的形成过程。我国利润表栏目一般设有"本月数"和"本年累计数"两栏。"本月数"栏反映表中各项目的本月实际发生数，"本年累计数"栏反映各项目自年初起至本月止的累计实际发生数。

我国《企业会计制度》规定利润表基本部分应提供以下信息。

1）与企业正常生产经营活动相关的收益及成本耗费情况。这是企业经常性经营损益的主要来源，这部分损益应较为稳定或具有可持续性。

2）企业相应的资本利得与损失以及营业外收支情况，如投资净收益、营业外收入与营业外支出等，了解这些情况有助于分析企业当期的利润构成以及企业利用全部资产的经营效果。

3）其他综合收益的税后净额。该项目的构成有助于全面披露企业当期所有者权益变动的真实情况，有助于客观评价企业的经营业绩。

4）本年数与上年数。利润表通过提供不同时期的数据，有助于分析和预测企业未来的经营成果、净利润以及综合收益的发展变动趋势，为企业经营决策提供有用的信息。

（3）补充资料

这部分主要列示那些影响本期财务报表金额或未来经营活动，以及有助于报表使用者准确地分析企业经营成果的事项等，而在本期利润表中无法或不便于表达，均列于报表的补充资料进行揭示。

4.2　利润表增减变动情况分析

4.2.1　编制利润表水平分析表

根据利润额增减变动水平分析法，编制利润表水平分析表，可以采用增减变动额和增减变动百分比两种方法表示，主要分析目的在于分析利润表各项目增减变动的幅度。

根据表4-1提供的资料，编制A公司利润表水平分析表如表4-2所示。

微课堂4-3
利润表增减
变动情况分析

表 4-2　A 公司利润表水平分析表　　　　　　　　单位：元

项　目	2021 年	2020 年	变　动　额	变动率（%）
一、营业收入	61 673 702 450.01	64 951 777 641.83	−3 278 075 191.82	−5.05
减：营业成本	51 233 326 115.24	52 729 242 257.44	−1 495 916 142.20	−2.84
税金及附加	257 593 330.50	298 087 171.25	−40 493 840.75	−13.58
销售费用	4 575 995 568.24	5 736 793 789.43	−1 160 798 221.19	−20.23
管理费用	1 844 423 667.84	1 978 870 482.38	−134 446 814.54	−6.79
研发费用	611 934 929.42	576 511 023.23	35 423 906.19	6.14
财务费用	5 151 929.67	117 117 328.52	−111 965 398.85	−95.60
其中：利息费用	336 411 783.76	374 224 115.91	−37 812 332.15	−10.10
利息收入	373 868 381.65	303 216 899.66	70 651 481.99	23.30
加：其他收益	327 985 438.11	430 019 889.08	−102 034 450.97	−23.73
投资收益	344 170 979.46	198 458 982.24	145 711 997.22	73.42
其中：对联营企业和合营企业的投资收益	355 657 716.27	144 486 150.48	211 171 565.79	146.15
公允价值变动收益	−8 469 244.97	31 623 136.01	−40 092 380.98	−126.78
信用减值损失	−115 551 971.54	−110 033 777.85	−5 518 193.69	5.01
资产减值损失	−23 949 972.06	−11 485 403.86	−12 464 568.20	108.53
资产处置收益	2 954 109.08	1 274 043.27	1 680 065.81	131.87
二、营业利润	3 672 416 247.18	4 055 012 458.47	−382 596 211.29	−9.44
加：营业外收入	157 615 896.44	109 179 829.49	48 436 066.95	44.36
减：营业外支出	90 950 431.33	35 658 815.35	55 291 615.98	155.06
三、利润总额	3 739 081 712.29	4 128 533 472.61	−389 451 760.32	−9.43
减：所得税费用	647 453 872.83	687 246 274.38	−39 792 401.55	−5.79
四、净利润	3 091 627 839.46	3 441 287 198.23	−349 659 358.77	−10.16
五、其他综合收益的税后净额	−18 800 542.58	338 178.54	−19 138 721.12	−5 659.35
六、综合收益总额	3 072 827 296.88	3 441 625 376.77	−368 798 079.89	−10.72
（一）归属于母公司股东的综合收益总额	2 897 710 037.91	3 189 222 817.45	−291 512 779.54	−9.14
（二）归属于少数股东的综合收益总额	175 117 258.97	252 402 559.32	−77 285 300.35	−30.62
七、每股收益：				
（一）基本每股收益	1.79	1.96	−0.17	−8.57
（二）稀释每股收益	1.79	1.96	−0.17	−8.57

4.2.2 利润增减变动情况分析评价

由于多步式利润表对项目进行了详细分类，分步骤地反映了利润总额的形成情况，层次清楚，因此，针对利润表的分析应"从下往上看"，即从净利润—利润总额—营业利润—营业毛利，一步一步分析引起利润变动的因素。

▶ 1. 净利润

净利润是指企业所有者最终取得的财务成果，或可供企业所有者分配或使用的财务成果。表 4-2 中数据可以计算出 A 公司的营业毛利和毛利率。其中，A 公司 2021 年实现净利润 3 091 627 839.46 元，本期减少 349 659 358.77 元，与上期相比，减少幅度为 10.16%。其中归属于母公司股东的净利润本期减少 291 512 779.54 元，降低了 9.14%；少数股东综合收益本期减少 77 285 300.35 元，降低了 30.62%。从水平分析表来看，公司净利润减少的主要原因是由于利润总额的减少，这是利润减少的主要原因。

▶ 2. 利润总额

利润总额是反映企业全部财务成果的指标，它反映企业的营业利润以及营业外收支情况。表 4-2 中，A 公司 2021 年利润总额本期减少 389 451 760.32 元，降低了 9.43%，究其原因是公司营业利润本期减少了 382 596 211.29 元，降低幅度为 9.44%，这是影响利润总额的主要因素。同时，营业外收入本期增加 48 436 066.95 元，增长了 44.36%，这是影响利润总额的有利因素；营业外支出本期增加 55 291 615.98 元，增长了 155.06%，这是影响利润总额的不利因素。

▶ 3. 营业利润

营业利润反映企业一定时期内自身的经营成果，是企业计算利润的第一步，通常也是一定时期内企业盈利最主要、最稳定的来源。它既包括企业在销售商品、提供劳务等日常经营活动中所产生的营业毛利，又包括企业公允价值变动净收益、对外投资的净收益，营业利润大致反映了企业自身生产经营业务的财务成果。表 4-2 中，A 公司营业利润降低了 9.44%，主要原因是营业收入减少，研发费用增加以及公允价值变动损益、资产减值损失、信用减值损失带来的损失增加。营业收入本期减少 3 278 075 191.82 元，降低了 5.05%；营业成本也有所减少，减少了 1 495 916 142.20 元，降低幅度达 2.84%，低于营业收入的减少幅度。伴随着营业收入的减少，税金及附加、销售费用、管理费用都有一定规模的减少，财务费用也相应减少，但是研发费用有所增加，增加了 35 423 906.19 元，增长幅度 6.14%。研发费用的增加本期会造成利润的减少，但未来会增加企业的竞争优势，创造新的利润增长点。此外，资产减值损失增加 12 464 568.20 元，增长了 108.53%；公允价值变动收益减少 40 092 380.98 元，下降 126.78%，上述各项目都是导致营业利润减少的不利因素。此外，投资收益有所增加，增加 145 711 997.22 元，增长幅度 73.42%，尤其是对联营企业和合营企业的投资收益增加，增长幅度达 146.15%，这是影响营业利润的有利因素，上述因素综合起来导致营业利润减少了 9.44%。

▶ 4. 营业毛利

营业毛利是指企业营业收入与营业成本之间的差额，毛利率是指营业毛利占营业收入

的比率。根据表 4-2 中的数据可以计算出 A 公司的营业毛利和毛利率。其中，

$$营业毛利＝营业收入－营业成本$$
$$毛利率＝营业毛利÷营业收入×100\%。$$

通过计算可知，A 公司 2021 年营业毛利是 10 440 376 334.77 元，毛利率 16.93%，2020 年营业毛利是 12 222 535 384.39 元，毛利率 18.82%。2021 年与 2020 年相比，毛利率水平有所下降，表明该企业产品的获利能力有所下降，究其原因是因为 2021 年的营业收入水平下降幅度较大，而营业成本虽然也有所下降，但下降的幅度低于营业收入的下降幅度。

拓展案例 4-1
家电三巨头的
集体突围

4.3 利润表结构变动情况分析

4.3.1 编制利润表结构分析表

利润表结构分析表主要以利润表为依据，利用结构分析的方法，通过计算各因素或各种财务成果在营业收入中所占的比重，分析财务成果的构成及其增减变动的合理性。

根据表 4-1 提供的资料，编制 A 公司利润表结构分析表如表 4-3 所示。

微课堂 4-4
利润表结构
变动情况分析

表 4-3 A 公司利润表结构分析表　　　　　　单位：元

项　　目	2021 年	2020 年	2021(%)	2020(%)	差　　异
一、营业收入	61 673 702 450.01	64 951 777 641.83	100.00	100.00	0.00
减：营业成本	51 233 326 115.24	52 729 242 257.44	83.07	81.18	1.89
税金及附加	257 593 330.50	298 087 171.25	0.42	0.46	−0.04
销售费用	4 575 995 568.24	5 736 793 789.43	7.42	8.83	−1.41
管理费用	1 844 423 667.84	1 978 870 482.38	2.99	3.05	−0.06
研发费用	611 934 929.42	576 511 023.23	0.99	0.89	0.10
财务费用	5 151 929.67	117 117 328.52	0.01	0.18	−0.17
其中：利息费用	336 411 783.76	374 224 115.91	0.55	0.58	−0.03
利息收入	373 868 381.65	303 216 899.66	0.61	0.47	0.14
加：其他收益	327 985 438.11	430 019 889.08	0.53	0.66	−0.13
投资收益	344 170 979.46	198 458 982.24	0.56	0.31	0.25
其中：对联营企业和合营企业的投资收益	355 657 716.27	144 486 150.48	0.58	0.22	0.35
公允价值变动收益	−8 469 244.97	31 623 136.01	−0.01	0.05	−0.06
信用减值损失	−115 551 971.54	−110 033 777.85	−0.19	−0.17	−0.02

续表

项 目	2021 年	2020 年	2021(%)	2020(%)	差 异
资产减值损失	−23 949 972.06	−11 485 403.86	−0.04	−0.02	−0.02
资产处置收益	2 954 109.08	1 274 043.27	0.00	0.00	0.00
二、营业利润	3 672 416 247.18	4 055 012 458.47	5.95	6.24	−0.29
加：营业外收入	157 615 896.44	109 179 829.49	0.26	0.17	0.09
减：营业外支出	90 950 431.33	35 658 815.35	0.15	0.05	0.09
三、利润总额	3 739 081 712.29	4 128 533 472.61	6.06	6.36	−0.29
减：所得税费用	647 453 872.83	687 246 274.38	1.05	1.06	−0.01
四、净利润	3 091 627 839.46	3 441 287 198.23	5.01	5.30	−0.29
五、其他综合收益的税后净额	−18 800 542.58	338 178.54	−0.03	0.00	−0.03
六、综合收益总额	3 072 827 296.88	3 441 625 376.77	4.98	5.30	−0.32
(一)归属于母公司股东的综合收益总额	2 897 710 037.91	3 189 222 817.45	4.70	4.91	−0.21
(二)归属于少数股东的综合收益总额	175 117 258.97	252 402 559.32	0.28	0.39	−0.10
七、每股收益：					
(一)基本每股收益	1.79	1.96			
(二)稀释每股收益	1.79	1.96			

4.3.2 利润结构变动情况分析评价

从表 4-3 可以看出 A 公司本年度各项经营财务成果的构成情况。其中，营业利润占营业总收入的比重为 5.95%，比上年度的 6.24% 相比有所下降，下降幅度 0.29%；本年度利润总额占营业收入的比重为 6.06%，上年度为 6.36%，下降了 0.29%；本年度净利润占营业总收入的比重为 5.01%，上年度为 5.30%，下降了 0.29%。从利润的构成情况上看，A 公司营业成本和研发费用的比重有所提高，销售费用、管理费用、财务费用的比重有所降低，投资收益、利息收入的比重有所增加。整体来看，A 公司 2021 年与 2020 年相比收入下降、成本提高，盈利能力有所下降。

4.4 利润表项目分析

4.4.1 收入项目分析

▶ 1. 收入的概念和特点

收入是指企业在日常经营活动中形成的、会导致所有者权益增加的、与所有者投入资本无关的经济利益的总流入。收入主要包括销售商品、提

微课堂 4-5
收入项目分析

供劳务、让渡资产使用权带来的收入。收入具有以下四个方面的特点：

1）收入形成于企业的日常活动当中，而不是从偶然的交易或事项中形成的；

2）收入可能表现为企业资产的增加或负债的减少，或者二者兼而有之；

3）收入能引起所有者权益的增加；

4）收入只包括本企业经济利益的流入，而不包括为第三方或客户代收的款项。

可见，这里的收入通常就是指营业收入。

▶ 2. 营业收入分析要点

企业收入分析不仅要研究其总量，而且应分析其结构及其变动情况，以了解企业的经营方向和会计政策选择。企业收入包括主营业务收入和其他业务收入。其他业务收入是指企业除了主营业务收入以外的其他销售或其他业务的收入，即与企业为完成其经营目标的经常性活动相关的活动所实现的收入。营业收入的分析应重点从以下三个方面进行。

（1）关注营业收入的增长幅度，以判断其收入增长的稳定性。只有收入较为稳定或稳步增长的企业，其生产和再生产才能正常进行，但也必须注意营业收入的增长是否在合理的范围内。

（2）分析企业营业收入的品类构成。对于从事多种经营的企业，不同产品营业收入的构成对报告使用者有十分重要的意义，营业收入比重大的产品是企业过去业绩的主要增长点。报表分析者可以对体现企业过去主要业绩的商品的未来发展趋势进行分析，以此判断企业未来的发展。

（3）分析企业营业收入的地区构成。企业在不同地区商品或劳务的营业收入构成对报告使用者也具有重要价值，营业收入比重大的地区是企业过去业绩的主要地区增长点。从消费者的心理与行为表现来看，不同地区消费者对不同商品具有不同的偏好和忠诚度，不同地区的市场潜力在很大程度上制约着企业的未来发展。

由表 4-4 中的数据生成 A 公司收入结构如图 4-1、图 4-2 所示。

表 4-4　A 公司营业收入构成表　　　　　　单位：元

类　别	本年发生额		上年发生额	
	收入	占比（%）	收入	占比（%）
主营业务收入	61 450 355 469.37	99.64	64 682 984 312.29	99.59
其他业务收入	223 346 980.64	0.36	268 793 329.54	0.41
合计	61 673 702 450.01	100.00	64 951 777 641.83	100.00

主营业务分行业情况						
分行业		本年发生额		上年发生额		同比增减（%）
		金额	占比（%）	主营业务收入	占比（%）	
主营业务收入	大南药	10 199 689 721.03	16.60	11 649 901 399.38	18.01	−1.41
	大健康	7 858 917 249.10	12.79	10 478 863 955.00	16.20	−3.41
	大商业	43 177 116 784.05	70.26	42 388 828 859.77	65.53	4.73
其他		214 631 715.19	0.35	165 390 098.14	0.26	0.09

续表

主营业务分地区情况					
地区	主营业务收入	占比(%)	主营业务收入	占比(%)	同比增减(%)
华南	47 863 677 175.02	77.89	49 204 612 261.34	76.07	1.82
华东	4 762 568 994.32	7.75	5 951 592 811.13	9.20	−1.45
华北	2 385 185 138.18	3.88	2 596 095 619.64	4.01	−0.13
东北	534 272 743.17	0.87	560 691 170.36	0.87	0
西南	3 937 559 252.51	6.41	4 301 813 416.33	6.65	−0.24
西北	1 927 069 638.66	3.14	2 034 419 081.54	3.15	−0.01
出口	40 022 527.51	0.07	33 759 951.95	0.05	0.01

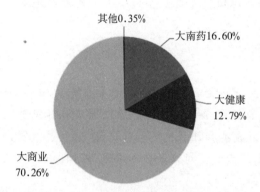

图 4-1　A 公司营业收入中的行业收入结构　　图 4-2　A 公司营业收入中的地区收入结构

从表 4-4 和图 4-1、图 4-2 可以看出，该公司营业收入与上年相比有所减少，通过查阅报表附注可知，2020 年，受新冠肺炎疫情期间医院就诊患者数量减少、物流配送受到限制、药品终端需求下降等因素的影响，大南药板块的医院销售品种及相关产品的销量呈现不同程度的下滑，致使大南药板块全年主营业务收入同比下降；另外，自 2020 年年初新冠肺炎疫情发生以来，全国各地采取了防控措施，凉茶及相关产品的市场需求受压，其 2020 年春节档期市场受到严重影响，使得大健康板块全年主营业务收入同比下降。但主营业务收入所占比重并没有降低，占比 99.64%，可见该公司主营业务非常突出。

分行业来看，该公司大南药和大健康在主营业务收入中所占比重较小，且与去年相比有所下降，大商业在主营业务收入中所占比重最高，占比 70.26%。与上年相比，该部分所占比重上升了 4.73%。

从分地区来看，该公司的主要业务集中在华南地区，该地区在主营业务收入中所占比重最高，占比 77.89%，且与去年相比，该地区所占比重有所上升，提高了 1.82%。此外，出口比重略有提升，其他地区略有下降，变动幅度不大。

4.4.2　成本费用分析

费用是指企业在日常活动中发生的，会导致所有者权益减少的、与向所有者分配利润无关的经济利益的总流出。产品（或劳务）成本是指企业为生产产品、提供劳务而发生的各种耗费，包括为生产产品、提供劳务而发生的直接材料费用、直接人工费用和各种间接费用。企业应当在确认收入时，将已销售产品或已提供劳务的成本等从当期收入中扣除，计入当期损益。在利润表中，成本主要是指营业成本；计入当期损益的费用一般是指

微课堂 4-6
成本费用分析

企业在日常活动中发生的税金及附加、销售费用、管理费用、财务费用和资产减值损失等。

▶ 1. 营业成本分析

营业成本是指与营业收入相关的，已经确定了归属期和归属对象的成本，反映企业经营主要业务和其他业务所发生的成本总额。本项目包括企业的主营业务成本和其他业务成本。

营业成本项目重点从以下两个方面进行分析。

（1）分析影响营业成本水平高低的因素

营业成本的影响因素既有企业不可控的因素，如受市场因素影响而引起的价格波动；也有企业可以控制的因素，如在一定的市场价格水平条件下，企业可以通过选择供货渠道、采购批量等来控制成本水平，还有企业通过成本会计系统的会计核算（如通过对发出存货采用不同的计价方法）来控制企业制造成本。因此，对营业成本水平进行评价，应结合多种因素来进行。

A 公司成本构成分析如表 4-5 所示。

表 4-5　A 公司成本构成　　　　　　　　单位：千元

分行业	构成项目	2021 年		2020 年		金额变动比例（%）
		金额	占比（%）	金额	占比（%）	
制造业务	原材料	8 326 095	78.39	9 881 184	76.98	−15.74
	燃料	116 484	1.10	132 655	1.03	−12.19
	人工费	320 179	3.01	378 685	2.95	−15.45
	其他	1 859 243	17.50	2 444 872	19.04	−23.95
医药流通业务	采购成本	40 407 599	100.00	39 712 291	100.00	1.75
其他	其他成本	147 176	100.00	118 890	100.00	23.79

表 4-5 中制造业务成本构成项目如图 4-3 所示。

由表 4-5 和图 4-3 可知，A 公司制造业务成本构成项目主要包括原材料、燃料、人工费用等。相较 2020 年，2021 年各项成本金额均有所下降。查阅报表附注可知，成本下降主要是 2020 年受新冠肺炎疫情影响收入下降所致。制造业中原材料、燃料、人工费在成

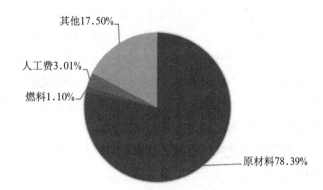

图 4-3 A 公司制造业务成本构成

本构成中所占的比重都有所上升，这也是本期收入下降幅度大，而成本下降幅度较小的主要原因。医药流通业务的成本主要是采购成本，该项成本与上期相比提高了 1.75％，其他成本与上期相比提高了 23.79％。

（2）分析营业收入与营业成本的配比

从企业利润的形成过程来看，企业的营业收入减去营业成本后的余额为毛利。企业必须有毛利，才有可能形成营业利润。因此，关注企业一定规模的毛利和较高的毛利率是报表分析者的普遍心态。毛利率主要取决于行业，竞争度不同，企业所处行业的毛利率就不同；此外，毛利率还与企业内部的运作效率和经营方式相关。

A 公司 2021 年的收入构成及毛利率变动情况如表 4-6 所示。

表 4-6 A 公司收入构成 单位：元

分 行 业				
行　业	主营业务收入	主营业务成本	主营业务毛利率（％）	同比增减（％）
大南药	10 199 689 721.03	6 510 321 449.89	36.17	−1.22
大健康	7 858 917 249.10	4 096 517 144.40	47.87	0.78
大商业	43 177 116 784.05	40 407 599 065.70	6.41	0.10
其他	214 631 715.19	162 338 015.09	24.36	−3.76
合计	61 450 355 469.37	51 176 775 675.08	16.72	−1.85
分 地 区				
地　区	主营业务收入	主营业务成本	主营业务毛利率（％）	同比增减（％）
华南	47 863 677 175.02	41 445 631 353.81	13.41	−0.46
华东	4 762 568 994.32	3 131 893 330.73	34.24	−4.82
华北	2 385 185 138.18	1 617 774 013.37	32.17	−4.52
东北	534 272 743.17	426 995 016.39	20.08	−7.29
西南	3 937 559 252.51	2 922 092 203.46	25.79	−4.38
西北	1 927 069 638.66	1 595 182 788.52	17.22	−5.36
出口	40 022 527.51	37 206 968.80	7.03	−3.41
合计	61 450 355 469.37	51 176 775 675.08	16.72	−1.85

由表 4-6 可知，分行业来看，A 公司大健康板块毛利率最高，为 47.87%，且与前期相比提高了 0.78%；大南药板块其次，毛利率为 36.17%，同比下降 1.22%；大商业板块毛利率最低，只有 6.41%。分地区来看，主营业务收入占比最高的地区华南地区的毛利率并不是最高的，与毛利率最高的华东地区的 34.24% 相比，华南地区毛利率只有 13.41%，毛利率第二高的是华北地区，为 32.17%。与前期相比，各地区的毛利率都有所下降。通过前述分析可知，毛利率下降的主要原因是成本中的原材料、人工、燃料成本的上涨。因此，企业应进一步分析成本变动的原因，做好成本控制，提升利润空间，同时细分板块和市场，准确把握利润增长点。

▶ 2. 研发费用分析

2018 年 6 月财政部下发《关于修订印发 2018 年度一般企业财务报表格式的通知》（财会〔2018〕15 号）中新增"研发费用"项目，并从"管理费用"中分拆出来。该项目反映企业进行研究与开发过程中发生的费用化支出。分析该项目时，应注意要将之与营业收入进行配比，同时注重企业是否将研发支出过度资本化，导致计入当期的研发费用较少，从而达到调节利润的目的。

▶ 3. 期间费用分析

期间费用是企业当期发生的费用中的重要组成部分，是指本期发生的、不能直接或间接归入某种产品成本的、直接计入损益的各项费用。期间费用容易确定发生的期间，而难以判别其所应归属的产品，因而在发生的当期便从当期的损益中扣除。期间费用包括销售费用、财务费用和管理费用。对企业来说，期间费用直接影响到当期利润的大小。

期间费用的分析应从以下几个方面入手。

1）分析销售费用、管理费用、财务费用与营业收入的配比。了解企业销售部门、管理部门的工作效率以及企业融资业务的合理性。

2）从销售费用的构成上看，有的与企业业务活动规模有关（如运输费、销售佣金、展览费等），有的与企业从事销售活动人员的待遇有关，也有的与企业未来发展、开拓市场、扩大品牌知名度有关。如果盲目控制销售费用的发生，可能会影响企业未来的销售。

3）片面追求在一定时期的管理费用降低，有可能对企业的长期发展不利。一方面，管理层可以对管理费用中诸如业务招待费、技术开发费、董事会会费、职工教育经费、管理人员工资及福利费等采取控制或降低其规模等措施，但是，这种控制或降低或许会影响有关人员的工作积极性对企业的长期发展不利。另一方面，折旧费、摊销费等是企业以前各个会计期间已经支出的费用，不存在控制其支出规模的问题，对这类费用的处理更多是受企业会计政策的影响。因此，在企业业务发展的条件下，不应当盲目降低企业的管理费用。

4）财务费用的主体是经营期间发生的利息支出，其大小主要取决于三个因素：贷款规模、贷款利息率和贷款期限。从总体上说，如果因贷款规模导致利润表中财务费用下降，企业会因此而改善盈利能力，但我们对此也要警惕，企业可能因贷款规模的降低而使发展受到限制，影响企业的长远目标。

A 公司各项费用情况如表 4-7 所示。

表 4-7 A公司费用变动表 单位：元

项目	2021年	2020年	同比增减（%）	占营业收入的比重（%）	占比变动（%）
销售费用	4 575 995 568.24	5 736 793 789.43	−20.23%	7.42	−1.41
管理费用	1 844 423 667.84	1 978 870 482.38	−6.79%	2.99	−0.06
财务费用	5 151 929.67	117 117 328.52	−95.6%	0.01	−0.17
研发费用	611 934 929.42	576 511 023.23	6.14%	0.99	0.10

由表 4-7 可知，A 公司销售费用、管理费用、财务费用与上期相比均有所降低，且占营业收入的比重也有所降低，尤其销售费用降低幅度较大。查阅报表附注可知，三大期间费用降低的主要原因是受新冠肺炎疫情管控的影响，营业收入减少。相比之下，研发费用有所增加，提高 6.14%，占营业收入的比重为 0.99%，与前期相比略有提升。值得注意的是，研发费用占营业收入比重是否合理还要结合同行业公司进行对比分析才能进一步说明。

拓展案例 4-2
趣睡科技

4.4.3 利润项目分析

利润表上有三个利润项目，即营业利润、利润总额和净利润，这三个利润项目具有不同的意义。

▶ **1. 营业利润**

营业利润以营业收入为基础，减去营业成本、税金及附加、销售费用、管理费用、财务费用、研发费用以及资产减值损失，加上公允价值变动净收益、投资净收益，即得到企业的营业利润。营业利润是企业在生产经营活动中实现的经营性利润，它是形成企业最终财务成果的核心部分。

微课堂 4-7
利润项目分析

企业营业利润的多少，代表了企业的总体经营管理水平和效果。通常营业利润越多的企业，效益越好。在进行具体分析时，还应注意以下问题。

1）营业利润不但包括主营业务利润，还包括其他业务利润。所以当企业多元化经营业务开展得较好时，其他业务利润会弥补主营业务利润低的缺陷；但如果企业其他业务利润长期高于主营业务利润，则企业应适当考虑产业结构的调整问题。

2）当企业营业利润较小时，应着重分析主营业务利润的大小、多种经营的发展情况和期间费用的多少。如果企业主营业务利润和其他业务利润均较大，但期间费用较高，也会出现营业利润较小的情况，此时应重点分析销售费用、管理费用和财务费用项目。

▶ **2. 利润总额**

利润总额是企业最终实现的财务成果，它反映了企业的投入产出效率与管理水平的高低。其公式为：

$$利润总额＝营业利润＋营业外收入－营业外支出$$

影响利润总额的因素主要是营业利润、营业外收入和营业外支出。一般情况下，营业利润反映了企业正常生产经营活动的成果,是利润总额的基本构成要素,在利润总额中应占最大比重,而营业外收支项目则反映了与经营活动无直接关系的偶然性收支,不具有持续性,若企业实现的利润总额中较长时期以营业外收入为主,则应引起报表使用者的注意。

A公司营业外收入变动表如表4-8所示。

表4-8 A公司营业外收入变动表   单位:元

项　　目	2021发生额	2020发生额	增减变动额	增减变动率(%)
非流动资产毁损报废利得	132 638.49	636 707.72	−504 069.23	−79.17
政府补助	132 077 223.67	52 209 823.46	79 867 400.21	152.97
罚款收入	436 416.35	767 268.62	−330 852.27	−43.12
废料收入	3 686 243.05	4 496 355.94	−810 112.89	−18.02
不用支付款项	2 372 963.49	8 963 389.00	−6 590 425.51	−73.53
赔偿收入	8 759 365.48	30 012 230.48	−21 252 865.00	−70.81
外派人员薪酬	708 269.12	1 817 509.48	−1 109 240.36	−61.03
其他	9 442 776.79	10 276 544.79	−833 768.00	−8.11
合计	157 615 896.44	109 179 829.49	48 436 066.95	44.36

由上表可知,A公司本期营业外收入与上期相比略有提高,提高幅度44.36%,在营业外收入总额中变动最大的是政府补助项目,该项目本期增加了79 867 400.21元,增长幅度152.97%,其他项目均有所减少。通过查阅报表附注,政府补助项目为拆迁补偿款。

▶ 3. 净利润

净利润又称税后净利,它是以利润总额为基础减去所得税费用后的余额。如果为净亏损则以"−"号填列到利润表当中。税后净利润归属于企业所有者,因此,企业若实现净利润就增加了所有者权益,而发生净亏损则减少了所有者权益。

净利润作为评价指标,分析时需要注意以下内容。

1) 它是一个总量绝对指标,不能反映公司的经营效率,缺乏公司之间的可比性。

2) 它作为评价指标,容易使公司追求眼前利益,产生短期行为,不利于公司的长远发展。比如,可能导致公司不进行技术改造及设备更新,不开发新产品,不处理积压商品,不进行正常的设备维修与保养,只注意价格竞争,不注意公司综合实力的提高等。

3) 就目前我国相当数量企业的现状来看,企业往往过分强调盈利能力,而忽视偿债能力,普遍对盈利能力与偿债能力的协调统一缺乏足够的认识。这些企业在短期内可能由于拖欠债务的偿还而增加生产经营的投入,表面上提高了企业的盈利能力,但实际的结果是,在生产经营过程中大量占用资金,削弱了资金的流动性,最后导致企业出现严重的债务危机,甚至会出现破产的危险。

4.5　利润表分析对投融资决策的影响

▶ 1. 利润表分析是评价投资效果的依据

利润是反映企业经营业绩最主要的指标，营业收入、投资收益、营业外收入是构成企业利润的重要来源，也是企业投资和经营的成果。企业投资的目的都是为了增加财富，创造利润，无论企业做出何种投资决策，利润都是评价其投资成果的重要依据。如果企业的投资金额和投资力度不断加大，但却不能带来相应的收入和利润的提高，则说明企业投资的效果并不显著，甚至造成资金的浪费。通过对利润

微课堂 4-8

利润表分析对

投融资决策的影响

实现过程的不同环节进行分析，可以评价企业经营业绩，并及时发现经营管理中存在的问题，为企业改善经营管理提供依据，并为企业下一步的投资决策提供参考。

▶ 2. 利润表分析为融资决策提供参考

利润是企业扩大规模、进行再生产的重要源泉。企业有了利润之后就要进行利润的分配，利润的分配方向主要是两种：一是分配给了股东，二是作为留存收益留在了企业。而留在企业的这部分资金就是企业扩大再生产重要的资金来源。按照优序融资理论，企业在进行融资时优先考虑自有资金的留存，然后才进行外部融资，在自有资金充足的情况下，企业会减少外部融资的数额，以降低成本、减少风险。同时，企业进行融资时，股利和利息的支付以及本金的偿还都需要利润来支撑。因此，利润表分析为企业进行融资决策提供重要信息与参考。

▎本章小结▎

企业利润，通常是指企业在一定会计期间的收入减去费用后的净额以及直接计入当期的利得和损失等，亦称财务成果或经营成果。在市场经济条件下，企业追求的根本目标是企业价值最大化或股东权益最大化。而无论是企业价值最大化，还是股东权益最大化，其基础都是企业利润。利润已成为现代企业经营与发展的直接目标。企业的各项工作最终都与利润的多少相关。利润分析可以正确评价企业各方面的经营业绩，可及时、准确地发现企业经营管理中存在的问题，为投资者、债权人的投资与信贷决策提供正确信息。利润表分析主要包括利润表水平分析、利润表结构分析以及利润表项目分析。

利润表水平分析主要是根据利润额增减变动水平分析法，编制利润表水平分析表，可以采用增减变动额和增减变动百分比两种方法表示，主要分析目的在于分析利润表各项目增减变动的幅度。通过对利润表的水平分析，从利润的形成角度，反映利润额的变动情况，揭示企业在利润形成过程中的管理业绩及存在的问题。

利润结构变动分析主要是以利润表为依据，利用结构分析的方法，通过计算各因素或各种财务成果在营业收入中所占的比重，分析财务成果的构成及其增减变动的合理性。通

过对利润表进行结构分析，揭示各项利润及成本费用与收入的关系，以反映企业的各环节的利润构成、利润及成本费用水平。

利润表项目分析包括收入项目分析、成本费用项目分析、利润项目分析。收入是影响利润的重要因素，企业收入分析的内容具体包括收入的特点、企业收入的构成分析等；成本费用分析包括产品营业成本分析和期间费用分析，营业成本分析包括主营业务成本和其他业务成本分析，尤其是主营业务成本的构成及变动；期间费用分析包括销售费用分析、财务费用分析和管理费用分析；利润项目分析包括营业利润、利润总额、净利润分析。营业利润以营业收入为基础，减去营业成本、税金及附加、销售费用、管理费用、财务费用、研发费用以及资产减值损失，加上公允价值变动净收益、投资净收益，即得到企业的营业利润。营业利润是企业在生产经营活动中实现的经营性利润，它是形成企业最终财务成果的核心部分；利润总额以营业利润为基础，加上营业外收入减去营业外支出得到利润总额。利润总额是企业最终实现的财务成果，它反映了企业的投入产出效率与管理水平的高低；净利润又称税后净利，它是以利润总额为基础减去所得税费用后的余额，如果为净亏损则以"－"号填列到利润表当中。税后净利润归属于企业所有者，因此，企业若实现净利润就增加了所有者权益，而发生净亏损则减少了所有者权益。此外，还可以根据不同企业利润表的资料，对一些重要项目进行深入分析，如投资收益、公允价值变动损益、资产处置收益与营业外收入等的变动情况进行分析。

利润表分析是评价企业投资效果的重要依据，同时为企业的融资决策提供参考。

复习思考题

1. 利润表有什么样的作用？
2. 如何对利润表进行水平分析？
3. 利润表水平分析的思路是什么？
4. 利润表结构分析的重点是什么？
5. 营业收入分析需要注意哪些事项？
6. 企业一定要控制期间费用的发生吗？
7. 对净利润的分析需要注意哪些事项？

线上课堂

实操练习

扫描封底刮刮卡 获取答题权限

在线自测

第5章 现金流量表分析

学习目标

1. 知识目标：了解现金流量表的结构和作用，理解现金流量表项目的内涵，掌握现金流量表分析的基本思路。

2. 能力目标：能够对现金流量表分析有准确的理解和认识，掌握现金流量表水平分析和结构分析的方法，并能够对企业现金流量表和利润表进行综合分析，对企业的现金流量状况进行综合评价。

3. 素质目标：培养学生的专业认同感和自主学习的能力，通过现金流量表与利润表和资产负债表的综合分析，评价企业的财务状况，并能够准确进行投融资决策。

4. 价值目标：树立诚信意识，强化社会责任感，引导学习者及时、准确识别虚假信息，为社会经济发展保驾护航。

知识框架

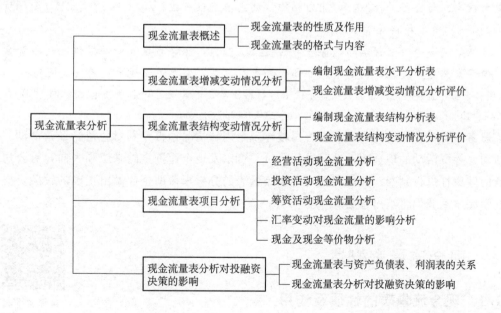

现金流量表分析
- 现金流量表概述
  - 现金流量表的性质及作用
  - 现金流量表的格式与内容
- 现金流量表增减变动情况分析
  - 编制现金流量表水平分析表
  - 现金流量表增减变动情况分析评价
- 现金流量表结构变动情况分析
  - 编制现金流量表结构分析表
  - 现金流量表结构变动情况分析评价
- 现金流量表项目分析
  - 经营活动现金流量分析
  - 投资活动现金流量分析
  - 筹资活动现金流量分析
  - 汇率变动对现金流量的影响分析
  - 现金及现金等价物分析
- 现金流量表分析对投融资决策的影响
  - 现金流量表与资产负债表、利润表的关系
  - 现金流量表分析对投融资决策的影响

导语

> 有句格言这样说：拥有十万利润，不如手握一万现金。对企业来说，盈利是必要的，但不能只顾盈利而忽视了现金的管理。看企业的收益，更要重视收益的质量，所以既要分析利润表，更要分析现金流量表。因为到了手的钱才算是自己的钱，没有现金的的富翁不算真正的富翁！

引例

公司可以亏损，却不可资金链断裂，现金流的健康情况日益受到投资者的关注。针对企业现金流量的分析重点集中在：现金流结构、经营活动"造血"能力、投资活动规模与去向、筹资活动来源与未来扩张潜力。

从通威股份 2021 年年报的现金流结构来看，期初现金 59.86 亿元，经营活动净流入 76.18 亿元，投资活动净流出 135.91 亿元，筹资活动净流入 29.02 亿元。2021 年核心利润 107.57 亿元，核心利润变现率 64.81%，2020 年核心利润变现率 73.61%，变现能力基本稳定。其中对下游客户的议价能力基本稳定、对供应商的议价能力基本稳定。

其投资绝大多数用于产能建设。2021 年投资活动流出 191.40 亿元，其中 139.75 亿元用于产能等建设，12.59 亿元用于具有一定战略意义的对外投资，33.99 亿元用于理财等其他股权投资，此外还有部分其他投资。公司的短期投资活动活跃。

该公司的生存发展仍对贷款有一定的依赖。2021 年筹资活动现金流入 162.47 亿元，其中股权流入 27.31 亿元，债权流入 131.72 亿元，债权净流入 38.62 亿元。公司金融负债水平较高，与公司资产"造血"能力相比，利息水平较可控。2021 年 12 月 31 日金融负债率 19.67%，贷款年化成本率 5.78%。

可见，通威股份经营活动具备一定的"造血"能力，能够为投资活动提供一定的资金支持，但并未能完全覆盖，仍需依赖外部资金支撑发展，需要关注现金流的安全问题。

资料来源：通威股份：北上大买，光伏上游材料依然处于景气之中-股票频道-和讯网［EB/OL］.［2022-06-13］. http://stock.hexun.com/2022-06-13/206135586.html.

思考： 从现金流结构出发分析公司整体现金周转情况，再分别对公司的经营活动、投资活动、筹资活动的现金流动情况进行分析，可以发现企业资金的来源和去向，对公司现金流的健康性进行判断。如何利用对现金流量表的分析来帮助企业做出正确的投融资决策呢？学完本章我们将给出答案。

5.1 现金流量表概述

5.1.1 现金流量表的性质及作用

现金流量表是以收付实现制为基础编制的，反映企业一定会计期间内现金及现金等价物流入和流出信息的动态报表。现金流量表中的现金是一

微课堂 5-1
现金流量表
的性质及作用

个广义的概念，它包括现金和现金等价物。其中，现金是指企业库存现金、银行存款、其他货币资金以及可以随时用于支付的存款。

现金流量表中的现金流量包括现金流入量和现金流出量，用来表示企业现金和现金等价物的增减变动情况。我国《企业会计准则》规定现金流量表主表的编制按经济活动的性质分别归集经营活动、投资活动和筹资活动产生的现金流入量、现金流出量和现金流量净额，最后得出企业净现金流量。对于报表使用者来说，现金流量表具有以下几方面的作用。

▶ 1. 能够反映一定时期内现金流入和流出的规模和原因

现金流量表将现金流量划分为经营活动、投资活动和筹资活动所产生的现金流量，并按照流入和流出项目分别反映，通过现金流量表能够反映企业现金流入和流出的规模及原因，即现金的流入规模有多大、流出规模有多大、现金从哪里来、又流到哪里去。

▶ 2. 能够说明企业的偿债能力和支付能力，为企业融资决策提供有用信息

现金流量表以收付实现制为基础，验证了利润表中收益的质量。通过现金流量分析，能够了解企业现金流入的构成，分析企业偿债和支付股利的能力。同时，通过现金流量表分析使投资者和债权人了解企业获取现金的途径和现金偿付的能力，为筹资提供有用的信息。

▶ 3. 能够分析企业获取现金的能力，为企业未来的投资指明方向

现金流量表按企业经营活动的性质分为经营活动产生的现金流量、投资活动产生的现金流量和筹资活动产生的现金流量。经营活动产生的现金流量代表企业经营活动创造现金的能力，投资活动产生的现金流量代表企业运用资金产生现金流量的能力。通过这些要素的分析可以分析企业各项活动创造现金的能力，为企业进一步的投资指明方向。

微课堂 5-2
现金流量表
的格式与内容

5.1.2　现金流量表的格式与内容

根据《企业会计准则第 31 号——现金流量表》第四条的规定，现金流量表应当分别按经营活动、投资活动和筹资活动列报现金流量。而每一类又进一步分为现金流入、现金流出及现金流量净额，如表 5-1 所示。

表 5-1　A 公司合并现金流量表

编制单位：A 公司　　　　　　　　　　2021 年度　　　　　　　　　　单位：元

项　　目	2021 年	2020 年
一、经营活动产生的现金流量：		
销售商品、提供劳务收到的现金	56 854 889 752.63	63 287 834 633.51
收到的税费返还	10 092 786.52	33 585 389.38
收到其他与经营活动有关的现金	2 128 307 787.51	1 314 306 416.08
经营活动现金流入小计	58 993 290 326.66	64 635 726 438.97
购买商品、接受劳务支付的现金	46 804 034 341.38	46 811 797 128.27

项　目	2021 年	2020 年
支付给职工以及为职工支付的现金	4 709 778 927.12	4 795 096 236.48
支付的各项税费	2 647 983 120.79	3 032 246 089.42
支付其他与经营活动有关的现金	4 246 308 914.28	4 974 220 102.46
经营活动现金流出小计	58 408 105 303.57	59 613 359 556.63
经营活动产生的现金流量净额	585 185 023.09	5 022 366 882.34
二、投资活动产生的现金流量：		
收回投资收到的现金	101 400 000.00	1 585 560 614.86
取得投资收益收到的现金	326 320 081.45	140 790 673.97
处置固定资产、无形资产和其他长期资产收回的现金净额	6 145 599.58	1 116 468.40
处置子公司及其他营业单位收到的现金净额	—	—
收到其他与投资活动有关的现金	101 163.83	45 408.50
投资活动现金流入小计	433 966 844.86	1 727 513 165.73
购建固定资产、无形资产和其他长期资产支付的现金	876 502 745.66	2 399 810 857.05
投资支付的现金	610 775 000.00	353 874 800.00
取得子公司及其他营业单位支付的现金净额	—	2 222 779.56
支付其他与投资活动有关的现金	34 745 591.46	
投资活动现金流出小计	1 522 023 337.12	2 755 908 436.61
投资活动产生的现金流量净额	−1 088 056 492.26	−1 028 395 270.88
三、筹资活动产生的现金流量：		
吸收投资收到的现金	213 714 660.64	121 017 847.48
其中：子公司吸收少数股东投资收到的现金	213 714 660.64	121 015 339.61
取得借款收到的现金	8 917 817 000.71	7 118 767 113.66
收到其他与筹资活动有关的现金	2 918 786 199.38	2 323 388 828.59
筹资活动现金流入小计	12 050 317 860.73	9 563 173 789.73
偿还债务支付的现金	6 158 578 483.96	7 698 792 097.95
分配股利、利润或偿付利息支付的现金	1 377 826 111.80	1 089 330 847.61
其中：子公司支付给少数股东的股利、利润	87 911 332.23	43 642 833.89
支付其他与筹资活动有关的现金	3 074 537 071.74	3 006 863 671.97
筹资活动现金流出小计	10 610 941 667.50	11 794 986 617.53
筹资活动产生的现金流量净额	1 439 376 193.23	−2 231 812 827.80
四、汇率变动对现金及现金等价物的影响	−4 994 458.19	−148 473.81
五、现金及现金等价物净增加额	931 510 265.87	1 762 010 309.85
加：年初现金及现金等价物余额	16 833 622 508.23	15 071 612 198.38
六、年末现金及现金等价物余额	17 765 132 774.10	16 833 622 508.23

现金流量表应包括以下三个部分的内容。

▶ 1. 表头

表头主要标明报表的名称、编制时间、编制单位名称、货币单位。

▶ 2. 基本部分（正表）

基本部分包括六个项目：前三个项目分别是企业的经营活动、投资活动和筹资活动产生的现金流量；第四项是汇率变动对现金及现金等价物的影响额；第五项是现金及现金等价物的净增加额，其金额等于前四个项目的现金流量净额之和；第六项是期末现金及现金等价物余额，其金额等于第五项加上期初现金及现金等价物余额。

▶ 3. 补充资料（报表附注）

补充资料主要包括三部分内容：①将净利润调节为经营活动的现金流量；②不涉及现金收支，但影响企业财务状况或在未来可能影响企业现金流量的重大投资和筹资活动；③现金及现金等价物的净变动情况。按照《企业会计准则应用指南》的规定，现金流量表的补充资料是财务报表附注中必须披露的主要内容。

5.2 现金流量表增减变动情况分析

5.2.1 编制现金流量表水平分析表

对现金流量表进行水平分析即按照水平分析的方法通过编制现金流量表水平分析表来分析企业现金流入、流出情况及其增减变化。编制现金流量表水平分析表，如表5-2所示。

微课堂 5-3
现金流量表
增减变动
情况分析

表5-2　A公司现金流量表水平分析表

单位：元

项　　目	2021 年	2020 年	变动额	变动率（%）
一、经营活动产生的现金流量：				
销售商品、提供劳务收到的现金	56 854 889 752.63	63 287 834 633.51	−6 432 944 880.88	−10.16
收到的税费返还	10 092 786.52	33 585 389.38	−23 492 602.86	−69.95
收到其他与经营活动有关的现金	2 128 307 787.51	1 314 306 416.08	814 001 371.43	61.93
经营活动现金流入小计	58 993 290 326.66	64 635 726 438.97	−5 642 436 112.31	−8.73
购买商品、接受劳务支付的现金	46 804 034 341.38	46 811 797 128.27	−7 762 786.89	−0.02
支付给职工以及为职工支付的现金	4 709 778 927.12	4 795 096 236.48	−85 317 309.36	−1.78
支付的各项税费	2 647 983 120.79	3 032 246 089.42	−384 262 968.63	−12.67
支付其他与经营活动有关的现金	4 246 308 914.28	4 974 220 102.46	−727 911 188.18	−14.63
经营活动现金流出小计	58 408 105 303.57	59 613 359 556.63	−1 205 254 253.06	−2.02

项　目	2021 年	2020 年	变动额	变动率(%)
经营活动产生的现金流量净额	585 185 023.09	5 022 366 882.34	−4 437 181 859.25	−88.35
二、投资活动产生的现金流量：				
收回投资收到的现金	101 400 000.00	1 585 560 614.86	−1 484 160 614.86	−93.60
取得投资收益收到的现金	326 320 081.45	140 790 673.97	185 529 407.48	131.78
处置固定资产、无形资产和其他长期资产收回的现金净额	6 145 599.58	1 116 468.40	5 029 131.18	450.45
处置子公司及其他营业单位收到的现金净额				
收到其他与投资活动有关的现金	101 163.83	45 408.50	55 755.33	122.79
投资活动现金流入小计	433 966 844.86	1 727 513 165.73	−1 293 546 320.87	−74.88
购建固定资产、无形资产和其他长期资产支付的现金	876 502 745.66	2 399 810 857.05	−1 523 308 111.39	−63.48
投资支付的现金	610 775 000.00	353 874 800.00	256 900 200.00	72.60
取得子公司及其他营业单位支付的现金净额		2 222 779.56	−2 222 779.56	−100.00
支付其他与投资活动有关的现金	34 745 591.46		34 745 591.46	100.00
投资活动现金流出小计	1 522 023 337.12	2 755 908 436.61	−1 233 885 099.49	−44.77
投资活动产生的现金流量净额	−1 088 056 492.26	−1 028 395 270.88	−59 661 221.38	−5.80
三、筹资活动产生的现金流量：				
吸收投资收到的现金	213 714 660.64	121 017 847.48	92 696 813.16	76.60
其中：子公司吸收少数股东投资收到的现金	213 714 660.64	121 015 339.61	92 699 321.03	76.60
取得借款收到的现金	8 917 817 000.71	7 118 767 113.66	1 799 049 887.05	25.27
收到其他与筹资活动有关的现金	2 918 786 199.38	2 323 388 828.59	595 397 370.79	25.63

项　　目	2021 年	2020 年	变动额	变动率(%)
筹资活动现金流入小计	12 050 317 860.73	9 563 173 789.73	2 487 144 071.00	26.01
偿还债务支付的现金	6 158 578 483.96	7 698 792 097.95	−1 540 213 613.99	−20.01
分配股利、利润或偿付利息支付的现金	1 377 826 111.80	1 089 330 847.61	288 495 264.19	26.48
其中：子公司支付给少数股东的股利、利润	87 911 332.23	43 642 833.89	44 268 498.34	101.43
支付其他与筹资活动有关的现金	3 074 537 071.74	3 006 863 671.97	67 673 399.77	2.25
筹资活动现金流出小计	10 610 941 667.50	11 794 986 617.53	−1 184 044 950.03	−10.04
筹资活动产生的现金流量净额	1 439 376 193.23	−2 231 812 827.80	3 671 189 021.03	164.49
四、汇率变动对现金及现金等价物的影响	−4 994 458.19	−148 473.81	−4 845 984.38	−3263.86
五、现金及现金等价物净增加额	931 510 265.87	1 762 010 309.85	−830 500 043.98	−47.13
加：年初现金及现金等价物余额	16 833 622 508.23	15 071 612 198.38	1 762 010 309.85	11.69
六、年末现金及现金等价物余额	17 765 132 774.10	16 833 622 508.23	931 510 265.87	5.53

5.2.2　现金流量表增减变动情况分析评价

▶ 1. 现金及现金等价物的净增加额

从表 5-2 可以看出，A 公司 2021 年"现金及现金等价物净增加额"比 2020 年减少了 830 500 043.98 元，降低幅度 47.13%。其中 2021 年"经营活动产生的现金流量净额"为 585 185 023.09 元，与 2020 年相比减少 4 437 181 859.25 元，降低幅度 88.35%；"投资活动产生的现金流量净额"为−1 088 056 492.26 元，与上期相比减少了 5.80%；"筹资活动产生的现金流量净额"为 1 439 376 193.23 元，与上期相比增加了 3 671 189 021.03 元，增加幅度 164.49%；"汇率变动对现金及现金等价物的影响"使现金流量净额减少了 4 845 984.38 元，减少 3 263.86%。以上四方面共同影响，使本期现金及现金等价物的净增加额降低了 47.13%。

▶ 2. 经营活动现金流量的变动

由表 5-2 可知，"经营活动产生的现金流量净额"2021 年比 2020 年减少了 4 437 181 859.25 元，减少幅度达 88.35%；经营活动现金流入量和流出量分别较上年减少了 5 642 436 112.31 元和 1 205 254 253.06 元，降低率分别为 8.73%和 2.02%，可以看出该公司经营活动现金流入量和流出量都有所减少。经营活动现金流入量减少的主要原因是"销售商品、提供劳务收到的现金"减少了 6 432 944 880.88 元，降低 10.16%；此外，"收到的税费返还"减少 23 492 602.86 元，减少幅度 69.95%，"收到的其他与经营活动有关的现金"有所增加，增加了 814 001 371.43 元，增长率 61.93%。经营活动现金流出量中"购买商品、接受劳务支付的现金"减少了 7 762 786.89 元，降低幅度 0.02%；"支付给职工以及为职工支付的现金"减少了 85 317 309.36 元，降低幅度 1.78%；"支付的各项税费"减少了 384 262 968.63 元，减少幅度 12.67%，这是造成本期经营活动现金流量减少的主要原因。通过查阅报表附注可知，2021 年受新型冠状病毒肺炎疫情的影响，营业收入回落，经营活动现金流量减少，本期经营状况不佳。

▶ 3. 投资活动现金流量的变动

投资活动现金流量净额 2021 年比 2020 年减少了 59 661 221.38 元，降低 5.80%。其中，投资活动现金流入量比上年减少了 1 293 546 320.87 元，降低率 74.88%；投资活动现金流出量较上年减少了 1 233 885 099.49 元，降低率 44.77%，可以看出该公司投资活动现金流入量与现金流出量都大大减少。投资活动现金流入量项目中变化较为显著的主要是"收回投资所收到的现金"减少了 1 484 160 614.86 元，降低 93.6%；其次是"取得投资收益所收到的现金"增加了 185 529 407.48 元，增长率 131.78%；"处置固定资产、无形资产和其他长期资产所收回的现金净额"增加了 5 029 131.18 元，增长率 450.45%。投资活动现金流出量减少主要原因是"购建固定资产、无形资产和其他长期资产所支付的现金"减少了 1 523 308 111.39 元，降低率 63.48%；"投资所支付的现金"增加了 256 900 200.00 元，增长率 72.60%。从投资活动现金流量变动可以看出，该公司 2020 年进行了较大规模的对内投资活动，即购建固定资产、无形资产的投资，而 2021 年对内投资规模大幅减少，而对外的投资增加。

▶ 4. 筹资活动现金流量的变动

筹资活动现金流量净额 2021 年比 2020 年增加了 3 671 189 021.03 元，增长率 164.49%。筹资活动现金流入量比上年增加了 2 487 144 071.00 元，增长率 26.01%；筹资活动现金流出量较上年减少了 1 184 044 950.03 元，降低率 10.04%，可以看出该公司筹资活动现金流入量增加额大于现金流出量的增加额，使现金流量净额表现为筹资活动净额的增加。筹资活动现金流入量项目中变动最大的是 2021 年"取得借款收到的现金"增加 1 799 049 887.05 元，增长率 25.27%，其次，"吸收投资收到的现金"增加 92 696 813.16 元，增长率 76.6%；"收到其他与筹资活动有关的现金"增加了 595 397 370.79 元，增长率 25.63%。筹资活动现金流出量减少的主要原因是"偿还债务支付的现金"减少 1 540 213 613.99 元，降低率 20.01%；"支付其他与筹资活动有关的现金"增加了 67 673 399.77 元，增长率 2.25%；而"分配股利、利润或偿付利息所支付的现金"增加了 288 495 264.19 元，增长率 26.48%。从筹资活动现金流量的变动情况可以看出，该公司 2021 年吸收投资、取得借款、收到的其他与筹资有关的现金都在增加，尤其是"取得借款收到的现金"项目增加最大，而在现金流出方面以"分配股利、利润或偿付利息支付的现金"为主，偿还借款流出的现金减少。

5.3　现金流量表结构变动情况分析

5.3.1　编制现金流量表结构分析表

现金流量表结构分析的主要目的是揭示现金流入量和现金流出量的结构状况，说明企业当期现金流量管理的重点。现金流量表结构分析通常采用垂直分析法，即针对直接法编制的现金流量表资料进行分析。本节以 A 公司2020—2021 年现金流量表资料为例，编制现金流量表结构分析表，如表 5-3 所示。

微课堂 5-4
现金流量表
结构分析表

5.3.2　现金流量表结构变动情况分析评价

▶ 1. 现金流入结构分析

现金流入结构分析分为总流入结构分析和内部流入结构分析。总流入结构分析是将经营活动、投资活动和筹资活动的现金流入加总合计，然后分别计算三类活动现金流入量占总流入金额的比率，进而分析现金流入的结构和含义，明确企业现金的来源。内部流入结构分析是分析经营活动、投资活动和筹资活动等内部各项具体业务活动产生的现金流入金额占相应活动现金流入金额的比率，进而分析三类活动中现金流入分别主要来自何种业务活动。

（1）总流入结构分析

由表 5-3 可知，A 公司 2021 年现金流入总量为 71 477 575 032.25 元，其中经营活动现金流入量、投资活动现金流入量和筹资活动现金流入量所占比重分别为 82.53%、0.61% 和 16.86%。可见现金流入量主要是由经营活动产生的，2021 年经营活动产生的现金流量净额与 2020 年相比减少了 2.60%，经营活动中的"销售商品、提供劳务收到的现金"项目占现金流入总量的比重为 79.54%，与 2020 年的 83.35% 相比下降了 3.81%，说明该公司 2021 年经营活动获取现金的能力略有下降，但依然是企业最主要的现金流入项目。

A 公司 2021 年现金流入量中筹资活动产生的现金流入量次于经营活动，占现金流入总额的 16.86%，与 2020 年的 12.60% 相比，提高了 4.26%。其中，筹资活动中的"取得借款收到的现金"项目占现金流入总量的比重为 12.48%，与 2020 年的 9.38% 相比提高了3.10%，是筹资活动中最主要的现金流入项目。除此之外"收到其他与筹资活动有关的现金"项目占现金总流入的 4.08%，与 2020 年的 3.06% 相比，提高了 1.02%。可见，在经营活动产生的现金流入下降的情况下，企业加大了筹资力度。

A 公司 2021 年投资活动带来的现金流入在现金流入总额中所占比重较小，仅占0.61%，与 2020 年的 2.28% 相比，下降了 1.67%，最主要的原因是"收回投资收到的现金"项目由 2021 年的 2.09% 下降到 0.14%，下降了 1.95%。

综上所述，以现金总流入量为基础，总流入结构中经营活动现金流入量中各项目比重

表 5-3　A 公司现金流量表结构分析

单位：元

项目	2021 年	2020 年	流入结构（%）			流出结构（%）			内部结构（%）		
			2021 年	2020 年	变动情况	2021 年	2020 年	变动情况	2021 年	2020 年	变动情况
一、经营活动产生的现金流量：											
销售商品、提供劳务收到的现金	56 854 889 752.63	63 287 834 633.51	79.54	83.35	-3.81				96.38	97.91	-1.53
收到的税费返还	10 092 786.52	33 585 389.38	0.01	0.04	-0.03				0.02	0.05	-0.03
收到其他与经营活动有关的现金	2 128 307 787.51	1 314 306 416.08	2.98	1.73	1.25				3.61	2.03	1.58
经营活动现金流入小计	58 993 290 326.66	64 635 726 438.97	82.53	85.13	-2.60				100.00	100.00	0
购买商品、接受劳务支付的现金	46 804 034 341.38	46 811 797 128.27				66.35	63.12	3.23	80.13	78.53	1.60
支付给职工以及为职工支付的现金	4 709 778 927.12	4 795 096 236.48				6.68	6.47	0.21	8.06	8.04	0.02
支付的各项税费	2 647 983 120.79	3 032 246 089.42				3.75	4.09	-0.33	4.53	5.09	-0.56
支付其他与经营活动有关的现金	4 246 308 914.28	4 974 220 102.46				6.02	6.71	-0.69	7.27	8.34	-1.07
经营活动现金流出小计	58 408 105 303.57	59 613 359 556.63				82.80	80.38	2.42	100.00	100.00	0
经营活动产生的现金流量净额	585 185 023.09	5 022 366 882.34									
二、投资活动产生的现金流量：											
收回投资收到的现金	101 400 000.00	1 585 560 614.86	0.14	2.09	-1.95				23.37	91.78	-68.41
取得投资收益收到的现金	326 320 081.45	140 790 673.97	0.46	0.19	0.27				75.19	8.15	67.04
处置固定资产、无形资产和其他长期资产收回的现金净额	6 145 599.58	1 116 468.40	0	0	01				1.42	0.06	1.36

项　目	2021 年	2020 年	流入结构(%) 2021 年	流入结构(%) 2020 年	流入结构(%) 变动情况	流出结构(%) 2021 年	流出结构(%) 2020 年	流出结构(%) 变动情况	内部结构(%) 2021 年	内部结构(%) 2020 年	内部结构(%) 变动情况
处置子公司及其他营业单位收到的现金净额	101 163.83	45 408.50	0	0	0				0	0	0
收到其他与投资活动有关的现金	433 966 844.86	1 727 513 165.73	0.61	2.28	−1.67				0.02	0	0.02
投资活动现金流入小计		2 399 810 857.05							100.00	100.00	0
购建固定资产、无形资产和其他长期资产支付的现金	876 502 745.66	2 399 810 857.05				1.24	3.24	−2.00	57.59	87.08	−29.49
投资支付的现金	610 775 000.00	353 874 800.00				0.87	0.48	0.39	40.13	12.84	27.29
取得子公司及其他营业单位支付的现金净额		2 222 779.56				0	0	0	0	0.08	−0.08
支付其他与投资活动有关的现金	34 745 591.46					0	0	0	2.28	0.00	2.28
投资活动现金流出小计	1 522 023 337.12	2 755 908 436.61				2.16	3.72	−1.56	100.00	100.00	0
投资活动产生的现金流量净额	−1 088 056 492.26	−1 028 395 270.88									
三、筹资活动产生的现金流量											
吸收投资收到的现金	213 714 660.64	121 017 847.48	0.30	0.16	0.14				1.77	1.27	0.50
其中：子公司吸收少数股东投资收到的现金	213 714 660.64	121 015 339.61	0.30	0.16	0.14				1.77	1.27	0.50
取得借款收到的现金	8 917 817 000.71	7 118 767 113.66	12.48	9.38	3.10				74.00	74.44	−0.44
收到其他与筹资活动有关的现金	2 918 786 199.38	2 323 388 828.59	4.08	3.06	1.02				24.22	24.30	−0.08
筹资活动现金流入小计	12 050 317 860.73	9 563 173 789.73	16.86	12.60	4.26				100.00	100.00	0

续表

项目	2021年	2020年	流入结构(%) 2021年	2020年	变动情况	流出结构(%) 2021年	2020年	变动情况	内部结构(%) 2021年	2020年	变动情况
偿还债务支付的现金	6 158 578 483.96	7 698 792 097.95				8.73	10.38	-1.65	58.04	65.27	-7.23
分配股利、利润或偿付利息支付的现金	1 377 826 111.80	1 089 330 847.61				1.95	1.47	0.48	12.98	9.24	3.74
其中:子公司支付给少数股东的股利、利润	87 911 332.23	43 642 833.89				0.12	0.06	0.06	0.83	0.37	0.46
支付其他与筹资活动有关的现金	3 074 537 071.74	3 006 863 671.97				4.36	4.05	0.31	28.98	25.49	3.49
筹资活动现金流出小计	10 610 941 667.50	11 794 986 617.53				15.04	15.90	-0.86	100.00	100.00	0
筹资活动产生的现金流量净额	1 439 376 193.23	-2 231 812 827.80									
现金流入总额	71 477 575 032.25	75 926 413 394.43	100.00	100.00	0						
现金流出总额	70 541 070 308.19	74 164 254 610.77				100.00	100.00	0			
四、汇率变动对现金及现金等价物的影响	-4 994 458.19	-148 473.81									
五、现金及现金等价物净增加额	931 510 265.87	1 762 010 309.85									
加:年初现金及现金等价物余额	15 071 612 198.38	16 833 622 508.23									
六、年末现金及现金等价物余额	17 765 132 774.10	16 833 622 508.23									

与2020年相比都有所变动；经营活动产生的现金流入和投资活动产生的现金流入有所减少，筹资活动产生的现金流入有所增加。经营活动中"销售商品、提供劳务收到的现金"显著降低，投资活动现金流入量中"收回投资所收到的现金"降低；筹资活动活动现金流入量中"取得借款收到的现金"显著提高。

（2）内部流入结构分析

在内部流入结构分析中，以经营活动现金流入、投资活动现金流入、筹资活动现金流入作为整体，分析各部分流入项目各自所占比重，观察现金的具体来源。

在经营活动内部流入结构中"销售商品、提供劳务收到的现金"项目现金流入构成了最主要的现金流入，内部流入结构占比96.38%，但和2020年比较同比降低了1.54%。其次是"收到其他与经营活动有关的现金"项目现金流入占比3.61%，同比上升1.57%，其他项目变动幅度不大。

投资活动现金流量内部流入结构中"取得投资收益所收到的现金"项目是最主要的内部流入，占比75.19%，与2020年的8.15%相比增加了67.04%。其次是"收回投资所收到的现金"项目，占比23.37%，与2020年的91.78%相比，同比显著下降68.41%。

筹资活动现金流量内部流入结构中"取得借款收到的现金"项目构成了其主要的内部现金流入项目，占比74.00%，与2020年的74.44%相比变动幅度不大。其次，"收到其他与筹资活动有关的现金"占比24.22%，与2020年的24.30%相比变动幅度不大。

总体来说，每一个企业的现金流入量中，经营活动的现金流入应当占有较大比重，特别是其主营业务活动流入的现金应明显高于其他经营活动流入的现金。这意味着，企业的生产经营活动能够为企业带来充裕的现金流入，企业的"造血"功能比较强。如果企业筹资有力且投资得当，可能在筹资活动中流入了现金，又在前期的投资活动中得到了大量的现金收益回报，这类企业投资和筹资活动的现金流入所占比例会高些，有些甚至可能会超过经营活动的现金比例。与之相反，如果企业筹资虽然有力但投资不当，企业的现金流入结构可能是筹资的现金流入很大，而投资活动经常只有现金流出，少有甚至没有现金流入。

▶ 2. 现金流出结构分析

现金流出结构分析分为总流出结构分析和内部流出结构分析。总流出结构分析是将经营活动、投资活动和筹资活动的现金流出加总合计，然后分别计算三类活动现金流出量占总流出的比重，进而分析现金流出的结构和含义，明确企业现金去向何方。内部流出结构分析是分析经营活动、投资活动和筹资活动等内部各项具体业务活动产生的现金流出金额占相应活动现金流出金额的比重，进而分析三类活动中现金流量分别流向了何种具体业务活动。

（1）总流出结构分析

A公司2021年现金流出总量为70 541 070 308.19元，其中经营活动现金流出量、投资活动现金流出量和筹资活动现金流出量所占比重分别为82.80%、2.16%和15.04%，可见现金流出量主要是由经营活动产生的。2021年经营活动现金流出总额与2020年的80.38%相比增加了2.42%，经营活动中的"购买商品、接受劳务支付的现金"项目占现金流出总量的比重为66.35%，是最主要的现金流出项目，与2020年的63.12%相比提高了 3.23%。

A 公司 2021 年现金流出总量中投资活动现金流出量占 2.16% 与 2020 年的 3.72% 相比降低了 1.56%。在投资活动现金流出项目中占比最大的是"购建固定资产、无形资产和其他长期资产支付的现金",占比 1.24%,与 2020 年的 3.24% 相比,降低了 2.00%;其次是"投资支付的现金",占比 0.87%,与 2020 年的 0.48% 相比,增加了 0.39%。

A 公司 2021 年现金流出总量中筹资活动产生的现金流出量占现金总流出的 15.04%,筹资活动中的"偿还债务支付的现金"项目占现金流出总量的比重为 8.73%,是筹资活动现金流出最大的项目,与 2020 年的 10.38% 相比,下降了 1.65%。其次是"支付其他与筹资活动有关的现金"项目占比 4.36%,与 2020 年的 4.05% 相比,提高了 0.31%。

以现金总流出量为基础,总流出结构中经营活动现金流出和筹资活动的现金流出都有所增加,投资活动的现金流出有所减少;经营活动现金流出增加主要由"购买商品、接受劳务支付的现金"和"支付给职工以及为职工支付的现金"增加所致,投资活动现金流出量中"购建固定资产、无形资产和其他长期资产支付的现金"减少,"投资支付的现金"增加,筹资活动现金流出量中"偿还债务支付的现金"减少,"分配股利、利润或偿付利息所支付的现金"和"支付其他与筹资活动有关的现金"项目占比有所提高。

(2)内部流出结构分析

在内部流出结构分析中,以经营活动现金流出、投资活动现金流出、筹资活动现金流出作为整体,分析各部分流出项目各自所占比重,观察现金的具体流向。

经营活动现金流量内部流出结构中"购买商品、接受劳务支付的现金"项目现金流出构成了最主要的现金流出,内部流出结构占比 80.13%,和 2020 年的 78.53% 比较同比提高了 1.61%。其次是"支付给职工以及为职工支付的现金"流出占比 8.06%,与 2020 年的 8.04% 相比,同比上升 0.02%。

投资活动现金流量内部流出结构中"购建固定资产、无形资产和其他长期资产所支付的现金"项目是最主要的内部流出,占比 57.59%,但与 2020 年的 87.08% 相比大幅下降,下降了 29.49%,其次是"投资所支付的现金"项目,占比 40.13%,同比显著上升 27.29%,可以看出该公司 2021 年的投资方向有所改变。

筹资活动现金流量内部流出结构中"偿还债务支付的现金"项目占比 58.04% 与 2020 年的 65.27% 相比降低了 7.23%。其次,"支付其他与筹资活动有关的现金"占比 28.98%,与 2020 年的 25.49% 相比提高了 3.48%。最后,"分配股利、利润或偿付利息所支付的现金"占比 12.98%,与 2020 年相比提高了 3.75%。

一般情况下,企业在经营活动中购买商品、接受劳务和支付经营费用等活动支出的现金往往占相对较大的比重,投资活动和筹资活动的现金流出则因企业财务政策不同而存在较大的差异。在企业正常的经营活动中,其经营活动的现金流出应当具有一定的稳定性,各期变化幅度一般不大,但投资和筹资活动的现金流出量随着交付投资款、偿还到期债务、支付股利等活动的发生,其稳定性相对较差,甚至具有偶发性、随意性。因此,分析企业的现金流出结构,应当结合具体情况进行具体分析。

5.4 现金流量表项目分析

微课堂 5-5
经营活动现金
流量分析

5.4.1 经营活动现金流量分析

▶ **1. 经营活动现金流入项目分析**

（1）销售商品、提供劳务收到的现金

该项目反映企业本期销售商品、提供劳务实际收到的现金，以及前期销售商品、提供劳务本期收到的现金（包括销售收入和应向购买者收取的增值税销项税额）和本期预收的款项，减去本期销售本期退回的商品和前期销售本期退回的商品支付的现金。企业销售材料和代购代销业务以及经营租赁收到的现金，也在本项目中反映。

销售商品、提供劳务收到的现金＝当期销售商品或提供劳务收到的现金＋当期收到现金的应收账款＋当期收到现金的应收票据＋当期发生的预收账款－当期因销售退回支付的现金＋当期收回前期核销坏账损失的现金

此项目反映企业销售商品、提供劳务收到的现金，是现金流入的主要来源，数额大、所占比例高是正常现象；反之，则要高度关注。此项目的现金流入金额与利润表中的营业收入项目相对比，可以判断企业当期营业收入的现金回笼情况。A 公司 2021 年"销售商品、提供劳务收到的现金"项目金额 56 854 889 752.63 元，在现金流入总额中占比79.54%，总额与上年相比下降了 10.16%，其主要原因是本年销售收入下降。

（2）收到的税费返还

该项目反映企业收到返还的各种税费，具体是指企业上交后由税务相关政府部门返还的增值税、所得税、消费税、关税和教育费附加等。此项目通常数额不大，对经营活动现金流入量影响也不大。A 公司 2021 年收到的税费返还金额 10 092 786.52 元，占现金流入量比重为 0.01%。

（3）收到其他与经营活动有关的现金

该项目反映企业除了上述项目外，收到的其他与经营活动有关的现金流入。具体如捐赠收入、罚款收入、经营租赁收到的租金、流动资产损失中由个人赔偿的现金收入等。该项目金额较大的应当单独列示，但其不是企业经营活动流入现金的主要渠道，通常金额少、不稳定。该项目可结合利润表的"营业外收入""其他业务收入"等项目分析。A 公司2021 年收到的"其他与经营活动有关的现金"为 2 128 307 787.51 元，与上年相比增加了61.93%，占经营活动现金流入的 2.98%，根据附注资料显示，主要是收到的政府补助和收到的保证金增加所致。如果补贴收入金额较大，分析时应注意，补贴收入只是国家税收优惠政策的体现，并不代表企业持续获取现金流的能力。

▶ **2. 经营活动现金流出项目分析**

（1）购买商品、接受劳务支付的现金

该项目反映企业本期为购买商品、接受劳务实际支付的现金（包括增值税进项税额），

以及本期支付前期购买商品、接受劳务的未付款项和本期预付款项。本期发生的购货退回收到的现金应从本项目内扣除。

购买商品、接受劳务收到的现金＝当期购买商品、接受劳务收到的现金＋当期付现的应付账款＋当期付现的应付票据＋当期预付的账款－当期因进货退回收到的现金

此项目应是企业现金流出的主要方向，通常具有数额大、所占比重大的特点。将其与资产负债表的"应付款项"和"预付账款"等项目相比较，可以判断企业购买商品付现率的情况，借此可以了解企业资金的紧张程度或企业的商业信用情况，从而可以更加清楚地认识到企业目前所面临的财务状况如何。A 公司 2021 年"购买商品、接受劳务支付现金"46 804 034 341.38元，占现金流出总量的比重为 66.35%。

（2）支付给职工以及为职工支付的现金

该项目反映企业本期实际支付给职工的工资、奖金、各种津贴和补贴，以及为职工支付的其他费用，如企业为职工缴纳的养老、失业等社会保险基金。但支付的离退休人员的各项费用在"支付其他与经营活动有关的现金"项目中反映；支付的在建工程人员的费用应在"购建固定资产、无形资产和其他长期资产支付的现金"项目中反映。此项目也是企业现金流出的主要方向，但金额波动不大。A 公司 2021 年"支付给职工以及为职工支付的现金"为 4 709 778 927.12 元，占现金流出总量的比重为 6.68%。

（3）支付的各项税费

该项目反映企业按照规定当期支付给税务部门的各种税费，包括本期发生并支付的税费，以及本期支付以前各期发生的税费和预交的税金，如支付的教育费附加、矿产资源补偿费、房产税、土地增值税、车船税等。该项目不包括计入固定资产价值、实际支付的耕地占用税等，也不包括本期退回的增值税、所得税。A 公司 2021 年"支付的各项税费"2 647 983 120.79 元，占经营活动现金流出总额的 3.75%。

（4）支付其他与经营活动有关的现金

该项目反映企业除上述各项目外，支付的其他与经营活动有关的现金流出，如罚款支出、支付的差旅费、业务招待费、保险费、经营租赁支付的现金等。该项目主要与利润表的"销售费用"以及"管理费用"项目相对应，多属于固定性支出，不会促进营业收入的增加，应严格控制，多加关注。A 公司 2021 年支付的"其他与经营活动有关的现金"为 4 246 308 914.28 元，占现金流出总量的比重为 6.02%。根据附注资料显示，主要包括"使用现金支付的各项销售费用"3 201 227 758.26 元和"使用现金支付的各项管理费用"723 044 033.69 元。

5.4.2　投资活动现金流量分析

▶ 1. 投资活动现金流入项目分析

（1）收回投资收到的现金

该项目反映企业出售、转让或到期收回除现金等价物以外的交易性金融资产、长期股权投资而收到的现金，以及收回长期债权投资本金而收到

微课堂 5-6
投资活动现金
流量分析

的现金，但不包括长期债权投资收回的利息，以及收回的非现金资产。此项目不能绝对地追求较大发生额，投资扩张是企业未来创造利润的增长点，缩小投资可能意味着企业在规避投资风险、投资战略改变或企业存在资金紧张等问题。A 公司 2021 年"收回投资所收到的现金"为 101 400 000.00 元，占现金流入量比重为 0.14%，可见公司当年并未大规模收回投资。

（2）取得投资收益收到的现金

该项目反映企业因股权性投资而分得的现金股利、因债权性投资而取得的现金利息收入以及从子公司、联营企业或合营企业分回利润而收到的现金，股票股利不在本项目中反映。该项目金额同利润表当中的投资收益项目进行对比分析，可以考察投资收益的收现状况；同资产负债表当中的投资资产金额进行对比分析，可以考察投资资产的现金回报情况。A 公司 2021 年"取得投资收益收到的现金"为 326 320 081.45 元，占现金流入总量的比重为 0.46%。A 公司 2021 年确认投资收益金额为 344 170 979.46 元，投资收益的现金回收率为 94.81%，可见投资收益的收现状况良好。

（3）处置固定资产、无形资产和其他长期资产收回的现金净额

该项目反映企业出售、报废固定资产、无形资产和其他长期资产所取得的现金（包括因资产毁损而收到的保险赔偿收入），减去为处置这些资产而支付的有关费用后的净额。固定资产报废、毁损的变卖收益，以及由于自然灾害所造成的固定资产等长期资产损失而收到的保险赔偿收入，也在本项目中反映，所填数目应为正数。如果出现负数，则说明企业在该项投资活动中并没有真正发生现金流入，而是发生了现金流出，因而应在投资活动现金流出量下的"其他与投资活动有关的现金"项目中以正数反映。此项目一般金额不大，如果数额较大，表明企业产业、产品结构将有所调整，或者表明企业未来的生产能力将受到严重的影响、已经陷入深度的债务危机之中，靠出售设备来维持经营。A 公司 2021 年由于"处置固定资产、无形资产和其他长期资产收回的现金净额"为 6 145 599.58 元，占现金流入总量的 0.01%，说明 A 公司现有生产能力良好，固定资产处置较少。

（4）处置子公司及其他营业单位收到的现金金额

该项目反映企业处置子公司及其他营业单位所取得的现金，减去在处置过程中发生的各项费用支出后的净额。处置子公司及其他营业单位属于公司重大影响事项，公司一般会单独发布公告或者在年度报告中有详细说明，可结合相关信息判断该事项对企业未来经营发展会产生何种影响。A 公司 2021 年年末发生处置子公司及其他营业单位收到的现金的事项。

（5）收到其他与投资活动有关的现金

该项目反映除了上述各项目外，收到的其他与投资活动有关的现金。A 公司 2020 年"收到的其他与投资活动有关的现金"为 101 163.83 元，占现金流入总量 0.02% 的比重。

▶ 2. 投资活动现金流出项目分析

（1）购建固定资产、无形资产和其他长期资产支付的现金

该项目反映企业购建固定资产、取得无形资产和其他长期资产所支付的现金及增值税税款，支付的在建工程和无形资产，负担的职工薪酬的现金支出。包括购买固定资产等产

生的汇兑损益，不包括为购建固定资产而发生的借款利息资本化的部分，以及融资租赁固定资产支付的租赁费。此项目表明企业扩大再生产能力的强弱，可以了解企业未来的经营方向和获利能力，揭示企业未来经营方式的发展变化。A 公司 2021 年由于"购建固定资产、无形资产和其他长期资产所支付的现金"流出的金额为 876 502 745.66 元，占现金流出总量的比重为 1.24%，与 2020 年的 3.24% 相比有所降低，可见公司对内的投资规模减少。

（2）投资支付的现金

该项目反映企业取得的除现金等价物以外的权益性投资和债权性投资所支付的现金，包括企业取得的除现金等价物以外的短期股票投资、短期债券投资、长期股权投资、长期债权投资支付的现金，以及支付的佣金、手续费等附加费用。此项目表明企业参与资本市场运作、实施股权及债权投资能力的强弱，可用来分析投资方向与企业的战略目标是否一致。A 公司 2021 年"投资支付的现金"金额为 610 775 000.00 元，占现金流出总量的比重为 0.87%，说明企业对外投资规模较小。

（3）取得子公司及其他营业单位支付的现金净额

该项目反映企业购买子公司或其他营业单位中用现金支付的部分减去子公司或其他营业单位持有的现金及现金等价物后的净额。购买子公司及其他营业单位属于公司的重大影响事项，公司一般会单独发布公告或者在年度报告中详细予以说明，可结合相关信息判断该事项对企业未来经营发展会产生何种影响。A 公司 2021 年未发生取得子公司及其他营业单位支付的现金净额的事项。

（4）支付其他与投资活动有关的现金

该项目反映企业除了上述项目外，支付的其他与投资活动有关的现金流出。A 公司 2021 年"支付的其他与投资活动有关的现金"为 34 745 591.46 元。该项目上期发生额为 0，查报表附注可知，是其下属子公司不再纳入"合并范围时账面货币资金余额"。

5.4.3　筹资活动现金流量分析

▶ **1. 筹资活动现金流入项目分析**

（1）吸收投资收到的现金

微课堂 5-7
筹资活动现金
流量分析

该项目反映企业以发行股票、债券等方式筹集资金实际收到的款项净额（发行收入减去支付的佣金等发行费用后的净额）。企业发行股票、债券等由企业直接支付的审计费、咨询费、宣传费、印花税等费用，在"支付其他与筹资活动有关的现金"项目中反映。此项目表明企业通过资本市场筹资能力的强弱。该项目如有发生额，数额一般较大。A 公司 2021 年"吸收投资收到的现金" 213 714 660.64 元，占现金流入总额的 0.30%，所占比重不大，说明该公司本期通过吸收投资筹资较少。

（2）取得借款收到的现金

该项目反映企业在本期内向银行等金融机构举借各种短期、长期借款而收到的现金。此项目数额的大小，表明企业通过银行等金融机构筹集资金能力的强弱，在一定程度上代表了企业银行信用的高低。A公司2021年"取得借款收到的现金"8 917 817 000.71元，占现金流入总量的12.48%，可见，借款是公司当年所采取的主要筹资方式。

（3）收到其他与筹资活动有关的现金

该项目反映企业除了上述项目外，收到的其他与筹资活动有关的现金流入。如捐赠等。A公司2021年"收到其他与筹资活动有关的现金"2 918 786 199.38元，占现金流入总量的比重为4.08%，是该公司筹资活动中第二重要的现金流入来源。根据附注资料显示，其为收回票据保证金。

▶ **2. 筹资活动现金流出项目分析**

（1）偿还债务支付的现金

该项目反映企业以现金偿还债务的本金，包括偿还银行或其他金融机构的借款本金、偿还债券本金等。此项目有助于分析企业资金周转是否已经达到良性的循环状态。A公司2021年"偿还债务支付的现金"为6 158 578 483.96元，占现金流出总量的比重是8.73%。

（2）分配股利、利润或偿付利息支付的现金

该项目反映企业实际支付的现金股利、支付给其他投资单位的利润或用现金支付的借款利息、债券利息。该项目可结合利润表的"财务费用"和所有者权益变动表的"利润分配"项目进行分析，还需要考虑利息费用化和资本化的影响。A公司2021年该项目的现金流出额为1 377 826 111.80元，占现金流出总量的比重为1.95%。

（3）支付其他与筹资活动有关的现金

该项目反映企业除上述各项目外，支付的其他与筹资活动有关的现金流出，包括以发行股票、债券等方式筹集资金而由企业直接支付的审计和咨询等费用、为购建固定资产而发生的借款利息资本化部分、融资租入固定资产所支付的租赁费、以分期付款方式购建固定资产以后各期支付的现金等。一般数额较小，如果数额较大，应注意分析其合理性。A公司2021年该项目现金流出额为3 074 537 071.74元，占现金流出总量的比重为4.36%。根据附注资料显示，其主要是支付票据保证金及租赁租金支出。

5.4.4　汇率变动对现金流量的影响分析

汇率变动对现金流量的影响反映了企业将外币现金流量及境外子公司的现金流量折算为人民币时，所采用的现金流量发生日的汇率或平均汇率折算的人民币金额，与"现金及现金等价物净增加额"中外币现金净增加额按期末汇率折算的人民币金额之间的差额。汇率变动对现金流量的影响，应作为调节项目，在现金流量表中单独列示。调增数增大现金净流量，调减数抵减现金净流量。A公司2021年"汇率变动对现金及现金等价物的影响"为−4 994 458.19元。

5.4.5　现金及现金等价物分析

▶ **1. "现金及现金等价物的净增加额"项目**

"现金及现金等价物的净增加额"项目金额等于"经营活动产生的现金流量净额""投资活动产生的现金流量净额"和"筹资活动产生的现金流量净额"三者的合计数，再调整外币

现金资产汇率变动影响后的金额。A公司2021年经营活动、投资活动和筹资活动产生的现金流量净额分别为585 185 023.09元、－1 088 056 492.26元和1 439 376 193.23元，汇率变动的影响金额为－4 994 458.19元，当年"现金及现金等价物的净增加额"为931 510 265.87元。

▶ 2. "年初现金及现金等价物余额"项目

"期初现金及现金等价物余额"项目可结合资产负债表"货币资金"项目期初余额分析。A公司2021年"期初现金及现金等价物余额"为16 833 622 508.23元，其中包含库存现金883 955.59元，可随时用于支付的银行存款16 829 618 823.88元，可随时用于支付的其他货币资金3 119 728.76元。

▶ 3. "年末现金及现金等价物余额"项目

拓展案例5-1
黔源电力：
傲人的利润率

"期末现金及现金等价物余额"项目可结合资产负债表"货币资金"项目期末余额分析。A公司2021年期末货币资金余额为17 765 132 774.10元，其中包含库存现金814 579.91元，可随时用于支付的银行存款17 738 141 398.59元，可随时用于支付的其他货币资金26 176 795.60元。

5.5 现金流量表分析对投融资决策的影响

5.5.1 现金流量表与资产负债表、利润表的关系

微课堂5-8
现金流量表
与资产负债表、
利润表的关系

▶ 1. 现金流量表与资产负债表的关系

现金流量表与资产负债表和利润表并不是相互脱离、彼此独立的，它们之间有着内在的钩稽关系。可以根据资产负债表的平衡式分析影响现金及现金等价物变动的因素：

$$资产＝负债＋所有者权益$$

$$现金＋非现金流动资产＋非流动资产＝流动负债＋非流动负债＋所有者权益$$

$$现金＝流动负债＋非流动负债＋所有者权益－非现金资产－非流动资产$$

其中：

$$所有者权益＝实收资本(或股本)＋资本公积＋盈余公积＋未分配利润$$

以上分析表明，公司现金变化与资产负债有关：现金与非现金资产和非流动资产的变化成反向变化关系；负债与所有者权益项目变化与现金变化呈同方向变化关系。企业一定时期净现金流量主要是企业一定时期产生的净现金流量，它是经营活动、投资活动和筹资活动净现金流量的合计数，而结合资产负债表中期末与期初现金及现金等价物的变化差额可以分析出净现金流量变动的原因。

▶ 2. 现金流量表与利润表的关系

利润表是反映企业一定期间经营成果的重要报表，揭示了企业利润的计算过程和利润的形成过程。利润被看成是评价企业经营业绩及盈利能力的重要指标，但却存在一定的缺

陷。有的企业账面利润数额很大，看似业绩可观，而现金却入不敷出，经营举步维艰直至破产；还有的企业虽然巨额亏损，却现金充足，周转自如。所以，仅以利润来评价企业经营业绩和获利能力有失偏颇。如能结合现金流量表所提供的现金流量信息，特别是经营活动现金流量信息进行分析，则较为客观全面。

事实上，利润和现金流量是从不同角度反映企业业绩的两个指标，利润是权责发生制下的应计利润，现金流量是收付实现制下的现金利润，二者的关系可以通过现金流量表的补充资料揭示出来。具体分析时，可将现金流量表的有关指标与利润表的相关指标进行对比，以评价企业利润和现金流量的质量。

▶ **3. 经营活动现金流量净额与净利润的关系**

利润和现金流量的关系可以通过现金流量表的补充资料即现金流量表附表揭示出来。现金流量表附表是现金流量表非常重要的部分，主要由三方面的内容构成。

第一部分是将净利润调节为经营活动现金流量，实际就是以本期净利润为起点，用间接法调整现金的收支及有关项目的增减变动，据此计算得到经营活动现金流量。利润表以权责发生制为原则确认和计量当期净利润，而净利润包括经营活动与非经营活动的损益；现金流量表以收付实现制为原则确认和计量现金流量。因此，需要调整非现金收支及非经营活动的现金收支，从而将净利润调节为经营活动现金流量。

第二部分是不涉及现金收支的重大投资和筹资活动，我国目前主要有债务转为资本、一年内到期的可转换公司债券和融资租入固定资产。

第三部分是现金及现金等价物净变动情况，为货币资金账户及现金等价物期末与期初余额的差额，应该与现金流量表中"五、现金及现金等价物净增加额"的金额相等。

下面以公式来表示经营活动产生的现金流量净额与净利润之间的关系：

$$\begin{aligned}\text{经营活动现}\atop\text{金流量净额}=&\text{净利润}-\text{非付现经}\atop\text{营性收入}+\text{非付现经}\atop\text{营性费用}-\text{非经营}\atop\text{性收入}+\text{非经营}\atop\text{性费用}-\\&\text{非现金流动资产}\atop\text{净变化额}+\text{非现金流动}\atop\text{负债净变化额}\end{aligned}$$

现金流量表主表的各项目金额实际上就是每笔现金流入、流出的归属，而附表的各项目金额则是相应会计账户的当期发生额或期末与期初余额的差额。

拓展案例 5-2
海峡创新财务
指标合理性遭
"问询"

5.5.2　现金流量表分析对投融资决策的影响

▶ **1. 为投资者进行投资决策提供有效支撑**

投资者投资的目的是为了创造财富，增加未来的现金资源。因此，投资者最关注的是企业的获利能力与支付能力、经营风险及变动趋势，以便做出是否进行投资或继续持有企业股票的决定。现金流量表信息为投资者评价企业是否有足够的现金支付即期股利、企业在未来能否保持良好的获利能力以保证其投资的升值空间提供了有效的支撑。净利润是反映企业获利能力的重要指标，是企业所创造价值的直接指标，但净利润是按权责发生制原则编制的，在币值不变和配比原则以及历史成本原则的基础上确认的，包含了大量的估计和判断成分，因此，净利润的多少并不能真正代表企业实际的支付能力，而现金流量表的现金及现金等价物才是企业拥有的随时可以支付的现金，代表着企业的实际支付能力。通过净利润和企业现金流量之间的差异进行分析，可以了解上市公司利润的含金量，揭示利润的真实程度。

微课堂 5-9
现金流量表
分析对投融资
决策的影响

此外，现金流量表中经营活动现金流量代表着企业自身的"造血功能"，"造血功能"良好，企业的发展才能步入良性循环，满足投资者增加财富的需求。因此，对现金流量表的分析为投资者做出投资决策提供了重要参考和有效支撑。

▶ 2. 为债权人决定其授信对象提供可靠依据

作为出借资金或赊销商品给企业的债权人，最为关心的就是其债权的保障以及利息的获取。对债权人来说，债务人偿债能力的强弱是他们做出信贷决策的基本依据和决定性条件。虽然资产负债表中的流动资产的多少也能反映资产的流动性或短期偿债能力，但这种反映有一定的局限性，真正能够用于偿还债务的最直接的资产还是随时可以用于支付的现金，因此，对现金流量表的分析可以更直接地反映企业偿债能力的大小。经营活动现金流量反映企业自身经营过程中现金的流入和流出，投资活动现金流量反映企业投资的现金流向，筹资活动现金流量则反映着企业筹集资金的方式以及筹资风险的大小。债权人通过对短期偿债能力、长期偿债能力的分析，结合现金流量状况以及企业的盈利能力和未来发展趋势，判断债权的风险，为选择合适的授信对象及授信额度提供可靠依据。

▌本章小结 ▌

现金流量表是以收付实现制为基础编制的，反映企业一定会计期间内现金及现金等价物流入和流出信息的动态报表。现金流量表中的现金是一个广义的概念，它包括现金和现金等价物。其中现金是指企业库存现金、银行存款、其他货币资金以及可以随时用于支付的存款。

对于报表使用者来说，现金流量表具有以下三方面的作用：①能够反映一定时期内现金流入和流出的原因；②能够说明企业的偿债能力和支付能力，为筹资提供有用信息；③能够分析企业未来获取现金的能力，为投资指明方向。

现金流量表分析包括现金流量表水平分析、现金流量表结构分析、现金流量表项目分析。现金流量表水平分析即按照水平分析的方法计算现金流量表项目的变动额和变动率，揭示本期现金流量与前期或预计现金流量的差异；现金流量表结构分析从现金流入总结和内部结构、现金流出总结构和内部结构分析，可以揭示现金流入量和现金流出量的结构情况，明确企业现金来自何方，流向何处；现金流量表项目分析包括经营活动现金流量项目分析、投资活动现金流量项目分析、筹资活动现金流量项目分析、汇率变动对现金的影响分析和现金及现金等价物净增加额分析。

现金流量表分析可以为投资者进行投资决策提供有效支撑，为债权人决定其授信对象提供可靠依据。

┃复习思考题┃

1. 什么是现金流量表？现金流量表的结构是怎么样的？
2. 什么是现金流量表的水平分析？如何对现金流量表进行水平分析？
3. 什么是现金流量表的结构分析？如何对现金流量表进行结构分析？
4. 如何正确评价经营活动产生的现金流量？
5. 现金流量表和利润表存在怎么样的关系？
6. 投资活动现金流量净额一定是越大越好吗？
7. 经营活动现金流量净额为负对企业来说意味着什么？

┃线上课堂┃

实操练习　　　　　　　　　　　在线自测

第3部分 财务效率分析篇

第6章 偿债能力分析

学习目标

1. 知识目标：了解偿债能力分析的目的和内容，熟悉偿债能力的内涵和影响因素，理解不同财务分析主体对企业偿债能力的要求，掌握反映企业偿债能力的指标体系。

2. 能力目标：掌握偿债能力分析的基本思路、基本方法，能够熟练应用反映企业偿债能力的指标对企业偿债能力进行系统分析，进而对企业的整体财务状况进行评价。

3. 素质目标：奠定企业财务效率分析基础，构建系统化的偿债能力分析框架，促进投融资分析实务素养的提升。

4. 价值目标：树立诚信合法的投融资意识，引导培养正确的价值取向。

知识框架

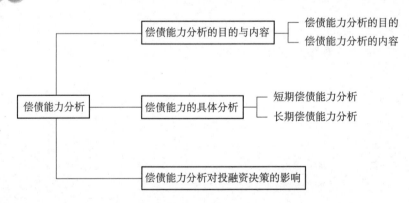

导语

在投融资实务中，不仅要能对企业的财务报表的具体内容、各项变动等情况进行分析，更要能对财务报表中反映的企业财务效率进行分析和对比。偿债能力作为企业财务效率分析的一项重要内容，主要衡量企业在举债经营的过程中，能否按时偿还到期债务，这也是大家在进行投融资决策时必须要考虑的一个重要问题。通过本章学习，使大家对企业偿债能力分析有一个较为深入的认识，为后续的持续学习打下基础。

引例

随着我国经济的整体复苏，A 股上市公司盈利能力整体增强，偿债能力随之得到改善。

《证券时报·数据宝》统计显示，剔除金融类上市公司，2021 年 A 股上市公司整体流动比率攀至 2001 年来新高，最新值为 1.24，说明上市公司偿付短期债务的能力正逐年向好。一般认为，流动比率维持 2∶1 足以表明企业财务状况稳妥可靠，即使流动资产有一半在短期内无法变现，也能保证全部的流动负债能够得到偿还。从 A 股上市公司流动比率分布来看，流动比率超过 2 的上市公司占比已连续三年增长，最新达到了 44.11%，接近一半，代表 A 股中短期偿债能力良好的上市公司比例正逐年增加。考虑到流动资产需要一定的变现时间，衡量企业的短期偿债能力还可引入速动比率概念。《证券时报·数据宝》统计显示，A 股上市公司中速动比率超过 1 的上市公司共有 3 180 家，占比达到 68.15%，高于流动比率达标的上市公司，背后原因可能是部分上市公司流动资产中变现速度较慢的存货占比小，实际偿债能力较强。

另外，由于长期负债会随着时间推移不断转化为流动负债，对于价值投资者来说，公司的长期偿债能力同样值得关注。衡量企业的长期偿债能力常使用资产负债率指标，国家统计局数据显示，工业企业资产负债率经历过 2013 年以来的连续下降后，近年来在低位保持，五年来均控制在 57% 以下。2022 年 3 月末，规模以上工业企业资产总计 144.61 万亿元，同比增长 10.6%，负债合计 81.68 万亿元，增长 10.5%，资产负债率为 56.5%，同比持平。

《证券时报·数据宝》统计显示，A 股上市公司资产负债率中位数为 40.86%，显著低于我国工业企业的整体水平。从长线来看，A 股上市公司资产负债率的下降要早于社会整体水平，自 2007 年起，上市公司资产负债率中位数开始逐年下降，到 2016 年开始稳定在 42% 以内，显示出 A 股上市公司在资产结构方面领跑于社会整体。

由于行业的不同，个股的杠杆比例也有较大的差别。以板块内公司资产负债率平均值计算，剔除掉金融类上市公司，房地产、建筑装饰、商贸零售、公用事业、煤炭、石油石化行业资产负债率均值达 50% 以上，均属于杠杆程度较高的行业，其中房地产行业资产负债率均值达 74.63%，远高于其他行业。

相比之下，越具有消费属性的行业其资产负债率越低。美容护理、医药生物、食品饮料、计算机四个行业资产负债率为全行业最低，均不超过 35%，同时其速动比率也是全行业前四名，显示这四个行业的短期、长期偿债能力均领先于其他行业。

资料来源：创 20 年新高，上市公司短期偿债能力加速提升！四个行业杠杆水平最低，中字头个股现金流傲视 A 股［R/OL］.（2022-5-8）［2022-11-20］. https://baijiahao.baidu.com/s?id＝1732260168004-668383&wfr＝spider&for＝pc.

6.1 偿债能力分析的目的与内容

企业在生产经营过程中，为了弥补自有资金不足，经常通过举债来筹集部分生产经营资金，但是举债必须以能偿还为前提。如果企业不能按时偿还所负债务的本息，那么企业的生产经营就会陷入困境，以致危及企业的生存。

6.1.1 偿债能力分析的目的

微课堂 6-1
偿债能力
分析的目的

偿债能力是指企业在一定期间内清偿各种到期债务的能力，偿债能力的强弱是企业生存和健康发展的基本前提。通过对企业偿债能力的分析，可以了解企业的财务状况，了解企业所承担的财务风险。对企业的不同利益主体来说，进行企业偿债能力分析的目的有所不同。

▶ 1. 对债权人而言，有助于其判断债权的保障程度

在市场经济条件下，企业总要面临风险，这就要求企业必须拥有一定量的自有资本以承担经营风险。在对资产的要求权需要清偿时，由于债权人具有优先受偿权，而所有者权益仅是一种剩余权益，因此融资结构不同，债权人所面临的风险也不同。一般所有者权益在企业资本结构中的比重越高，对债权人的债权保障程度就越高，企业的偿债能力也越强。因此，债权人对企业偿债能力的分析，有助于其判断债权的保障程度，从而做出正确的借贷决策，以保证其资金安全。

▶ 2. 对投资者而言，有助于其进行投资决策

所有者是企业风险的最终承担者，也是剩余权益的拥有者，因此，在偿债能力方面，投资者不仅要关心投入的资本能否保全，还要关心通过财务杠杆获得杠杆收益的状况。对于投资者来说，企业具有良好的偿债能力，意味着企业有较低的融资风险，这是投资者获取剩余权益的前提。如果企业偿债能力发生问题，不仅需要企业经营者花费大量精力去筹措资金以偿还债务，从而增加临时性紧急筹资的成本，还会影响到企业经营管理，使企业盈利受到影响，最终影响到投资人的利益。因此，投资者进行偿债能力分析，有助于其做出正确的投资决策。

▶ 3. 对于经营者而言，有助于其优化融资结构、降低融资成本

任何一家企业要想维持正常的生产经营活动，必须持有足够的现金或者可随时变现的流动资产，以支付各种到期费用和债务。因此，良好的偿债能力是企业对外清偿债务、承担风险的后盾，是企业保持良好财务形象的基础，也是企业能获得源源不断的投资和贷款的保障。企业经营者进行偿债能力分析，可以确定和保持最佳融资结构，以使企业的综合风险降至最低，并在此基础上降低融资成本。

▶ 4. 对于经营性关联企业而言，有利于各自开展业务往来

对企业的供应商而言，购货企业短期偿债能力的强弱意味着该企业履行合同能力的强

弱，而长期偿债能力则反映该企业是否具有长期支付能力，有助于判断购货企业的信用状况和未来业务能力，并据此做出是否建立长期稳定的业务合作关系的决策。

▶ 5. 对于政府而言，有利于其进行宏观经济管理

对政府有关经济管理部门而言，评价企业偿债能力风险的主要目的是判断企业是否可以进入有限制的领域进行经营和财务运作，以保证整个社会经济的协调运转，维护市场秩序。例如，我国的《证券法》规定，公开发行公司债券必须符合最近 3 年平均可分配利润足以支付公司债券 1 年的利息，筹集的资金不得用于弥补亏损和非生产性支出等。

由此可见，企业偿债能力不仅是企业本身所需要关心的问题，也是各方面利益相关者都非常重视的问题。通过对企业资产的主要来源和用途以及资本结构的分析，加上对企业过去盈利能力的分析和未来盈利能力的预测，可以大体上判断企业的偿债能力。

6.1.2 偿债能力分析的内容

偿债能力是企业清偿到期债务的能力，企业偿债分析的内容受企业负债的内容和偿债所需资产内容的制约，不同的负债其偿还所需要的资产不同，或者说不同的资产可用于偿还的债务也有所区别。因此，企业偿债能力分析的内容主要包括企业偿债能力的评价指标、影响因素及现实应用。

6.2 偿债能力的具体分析

一般来说，按照偿还期不同，负债可分为流动负债和非流动负债，资产可分为流动资产和非流动资产，因此偿债能力分析通常可分为短期偿债能力分析和长期偿债能力分析。其中，短期偿债能力是反映企业偿付流动性负债的能力，长期偿债能力是反映企业偿付非流动性负债的能力。

6.2.1 短期偿债能力分析

短期偿债能力是指企业用其流动资产偿付流动负债的能力，它反映企业偿付日常到期债务的实力。企业是否能及时偿付到期的流动负债，是反映企业财务状况好坏的重要标志。对于债权人来说，企业要具有充分的偿还能力，才能保证其债权的安全，按期取得利息，到期收回本金；对于投资者来说，企业短期偿付能力的强弱意味着企业盈利能力的高低和投资机会的多少，企业短期偿债能力下降通常是盈利水平降低和投资机会减少的先兆，这意味着资本投资的流失；对于企业管理者来说，企业短期偿债能力的强弱意味着企业承受财务风险能力的大小；对于关联企业和消费者来说，企业短期偿债能力的强弱意味着企业履行合同能力的强弱，当企业短期偿债能力下降时，企业将无力履行合同，关联企业和消费者的利益将受到损害。有时一个效益不错的企业，会由于资金周转不灵，无法偿还短期债务而导致破产，所以对短期偿债能力的分析主要侧重于研究企业流动资产与流动负债的关系，以及资产变现速度的快慢。因为大多数情况下，短期债务需要用货币资金来

偿还，因而各种资产的变现速度也直接影响到企业的短期偿债能力。因此，短期偿债能力分析是报表分析的一项重要内容。

▶ **1. 短期偿债能力指标**

反映企业短期偿债能力的指标主要有营运资金、流动比率、速动比率、现金比率等，通过对这些指标的计算和分析，可以评价企业短期偿债能力的强弱程度以及对企业生产经营的适应情况。

（1）营运资金

企业能否偿还短期债务，一方面要看企业有多少债务，另一方面要看有多少可变现偿债的流动资产。流动资产越多，短期债务越少，则偿债能力越强。如果用流动资产偿还全部流动负债，企业剩余的就是营运资金。其计算公式如下：

$$营运资金＝流动资产－流动负债$$

营运资金实际上反映的是流动资产可用于归还的抵补流动负债后的余额，营运资金越多则偿债越有保障，企业的短期偿债能力就越强，债权人收回债权的安全性就越高。

现实中，为了便于分析短期偿债能力，要求财务报表将"流动资产"和"流动负债"分列显示，并按照流动性大小而排序。营运资金是用于计量企业短期偿债能力的绝对指标。当流动资产大于流动负债时，营运资金为正，说明营运资金出现溢余。此时，与营运资金对应的流动资产是以一定数额的长期负债或所有者权益作为资金来源的。营运资金数额越大，说明不能偿债的风险越小。反之，当流动资产小于流动负债时，营运资金为负，说明营运资金出现短缺。此时，企业部分长期资产以流动负债作为资金来源，企业不能偿债的风险很大。

除了分析营运资金的余缺，还需分析营运资金的合理性。所谓营运资金的合理性，就是营运资金的数量以多少为宜。对短期债权人来说，希望营运资金越多越好，这样就可以减少贷款风险。因为营运资金的短缺，会迫使企业为了维持正常的经营和信用，在不适合的时机、按不利的利率进行不利的借款，从而影响利息和股利的支付能力。但是过多地持有营运资金也不是什么好事。营运资金高，意味着流动资产多而流动负债少。流动资产与长期资产相比，流动性强，风险小，但获利性差，过多的流动资产不利于企业提高盈利能力。除了短期借款以外的流动负债通常不需要支付利息，流动负债过少说明企业利用无息负债扩大经营规模的能力较差。因此，企业应保持适当的营运资金规模。

对于企业来说，营运资金保持多少才最为合理，其实没有一个统一的标准。这是由于不同行业的营运资金规模有很大差别。一般，零售商的营运资金较多，因为它们除了流动资产外没有什么可以偿债的资产；而信誉好的餐饮企业营运资金很少，有时甚至是一个负数，因为其稳定的收入可以偿还同样稳定的流动负债。制造业的营运资金一般为正（流动资产大于流动负债），但其数额差别很大。由于营运资金与经营规模有联系，所以同一行业不同企业之间的营运资金也缺乏可比性。

【例 6-1】 A 公司 2017—2021 年营运资金情况如表 6-1 所示，可以看出该公司近 5 年营运资金均为正数，并且逐年增加。从增长幅度来看，除了 2019 年为 5.23 亿元，其余均在 10 亿元以上，并且从 2019 年以来增幅在不断扩大，说明该公司营运资金充足，偿债能力较好。

表 6-1　A 公司 2017—2021 年营运资金情况

单位：亿元

项　　　目	2021 年	2020 年	2019 年	2018 年	2017 年
流动资产	528.11	473.97	459.82	430.31	215.05
流动负债	322.54	292.43	293.77	269.49	82.69
营运资金	205.57	181.54	166.05	160.82	132.36

营运资金是个绝对数，不便于不同企业间的比较，因此在实务中很少直接使用营运资金作为偿债能力的指标，而是主要通过流动资产与流动负债的相对比较来评价。

（2）流动比率

流动比率是流动资产与流动负债的比率，表示每单位流动负债有多少流动资产作为还款的保障，同时还表明当企业遇到突发性现金流出，如发生意外损失时的支付能力。该比率是个相对数，排除了企业规模不同的影响，更适合企业之间以及本企业不同历史时期的比较。其计算公式为：

微课堂 6-3
流动比率

$$流动比率 = \frac{流动资产}{流动负债}$$

流动比率越大，表明公司短期偿债能力越强，企业财务风险越小，债权人的权益越有保证。由于流动资产中变现能力较差的存货、应收账款等在流动资产中约占一半，一般认为流动比率维持在 2∶1 左右较为合适，它表明企业财务状况稳定可靠，除了满足日常生产经营的流动资金需要外，还有足够的财力偿付到期短期债务。流动比率高，不仅反映企业拥有的营运资金多，可用以抵偿债务，而且表明企业可以变现的资产数额大，债权人遭受损失的风险小；如果该比率过低，则表示企业可能难以如期偿还债务。

一般地，从债权人立场上说，流动比率越高越好，因为流动比率越高，债权越有保障，借出的资金越安全，但从经营者和所有者角度看，并不一定要求流动比率越高越好。过高的流动比率往往是由于以下原因造成的：①企业对资金未能有效运用；②企业赊销业务增多致使应收账款增多；③产销失衡、销售不力致使在产品、产成品等积压。应该说，由这些原因造成的较高的流动比率并不是健康的财务状况，不仅使企业丧失收益机会，还会影响资金的使用效率和企业的获利能力，也就是说这可能是资金的使用效率较低的表现。

1）流动比率指标的优缺点。流动比率能被普遍采用，作为衡量企业短期偿债能力高低的标准，主要是因为该指标具有以下优点。

①流动比率可以揭示企业用流动资产抵补流动负债的程度，流动比率越大，对流动负债的保证程度越高，就越能保证债权人的权益。②流动比率可以指出一个企业所拥有的营运资本与短期负债之间的关系，可以使指标的使用者了解企业的营运资本是否充足，也可据以判断企业抵抗经营中发生意外风险的能力，判断企业一旦发生风险，其营运资本是否

足以抵偿其损失，而保证按期偿还债务。③流动比率超过1的部分，可以对流动负债的偿还提供一项特殊的保证，显示债权人安全边际的大小。由于交易性金融资产和存货资产等在变现时可能会发生损失，所以，流动比率超过1的部分越多，债权人的安全边际越大，全额收回债权的可靠程度越高。④流动比率的计算方法简单，资料来源比较可靠，即使企业外部人员也能很容易地计算出企业的流动比率，从而对企业的偿债能力做出判断。

但该指标也不可避免地存在一些问题，主要有以下缺点。

①流动比率所反映的是企业某一时点上可以动用的流动资产存量与流动负债的比率关系，而这种静止状态的资产与未来的资金流量并没有必然联系。流动负债是企业今后短时期内要偿还的债务，而企业现存的流动资产能否在较短时期内变成现金却难以保证。所以，流动比率只反映了企业短期内由流动资产和流动负债产生的现金流入量与流出量的可能途径，企业的经营、销售、利润的取得与分配又与现金流入和流出有直接关系，这些因素在计算流动比率时未加以考虑。②企业应收账款规模的大小，受企业销售政策和信用条件的影响，信用条件越是宽松，销量越大，应收账款规模就越大，发生坏账损失的可能性就越大。因此，不同的主观管理方法，会影响应收账款的规模和变现程度，使指标计算的客观性受到损害，容易导致计算结果的误差。③企业现金储备的目的在于防范出现现金流入量小于现金流出量的现象，而现金是不能带来收益的资产，故企业应尽可能减少现金持有量，至于其他存货也应尽可能降低到保证生产正常需要的最低水平。显然，增强企业的偿债能力与节约资金、减少流动资产资金占用的要求相矛盾。④存货资产在流动资产中占较大比重，而企业又可以随意选择存货的计价方法，不同的计价方式，对存货规模的影响也不同，也会使流动比率的计算带有主观色彩。同时，如果企业存货积压或在管理方面存在问题，反而会表现出较高的流动比率。⑤企业的债务并不是全部反映在资产负债表上，如企业支付的职工薪酬，是经常发生的，但却没有列入资产负债表中。因此，只以资产负债表上的流动资产与流动负债相比较，来判断企业的偿债能力是不全面的。

尽管流动比率存在上述缺点，但在没有更好的指标取代它时，它仍是目前最重要的判断企业短期偿债能力的指标。

2）流动比率应用中需要注意的问题。对流动比率分析可以从两个方面来进行：一是同本企业历史各期流动比率进行比较，这有利于发现问题，吸取历史经验和教训，改善企业的偿债能力，并可对短期偿债能力的变动趋势做出分析；二是与同行业平均流动比率进行比较，行业平均水平代表的是行业标准，如果本企业的某指标好于行业标准，则说明企业在这一方面是处于行业平均水平之上的。

但这种比较通常并不能说明流动比率为什么这么高或低，要找出过高及过低的原因，还必须分析流动资产和流动负债所包括的内容以及经营上的因素。有时流动比率很高，并不意味着企业有足够的现金或存款可用来归还短期债务。因为流动资产除了现金、银行存款、短期投资等变现能力较强的资产外，还包括变现能力较差的存货、无法变现的待摊费用、容易发生呆账的应收账款等。大量呆滞积压的存货、长时间无法收回的应收账款，大量的待摊费用等的存在，都会使流动资产增加、流动比率提高，而能用来偿还债务的现金、银行存款等并没有增加，有时反而减少。因此作为债权人除了注意流动比率的数值外，还应注意企业现金流量的变化。一般情况下，营业周期、流动资产中的应收账款数额和存货的周转速度是影响流动比率的主要因素。

进行流动比率分析时应注意人为因素对流动比率指标的影响。由于债权人注重以流动比率衡量企业的短期偿债能力，所以有的企业为了筹借资金，有意在会计期末采用推迟购货、允许存货跌价、抓紧收回应收账款、尽可能在偿还债务以后再商借等方法，粉饰其流动资产和流动负债状况，提高流动比率。因此作为债权人在进行报表分析时，除了观察流动比率和现金流量的变化之外，还应当对不同会计期间流动资产和流动负债状况的变化进行对比分析。

【例6-2】A公司2017—2021年流动比率情况如表6-2所示，可以看出该公司近5年流动比率相对稳定，除了2017年为2.6倍，近4年均稳定在1.6倍左右。另外从表3-3可以看出，近年该公司的货币资金增长在30%以上，可以看出公司财务状况良好，短期偿债能力较强。

表6-2　A公司2017—2021年流动比率情况　　　　　　　　单位：亿元

项　　目	2021年年末	2020年年末	2019年年末	2018年年末	2017年年末
流动资产	528.11	473.97	459.82	430.31	215.05
流动负债	322.54	292.43	293.77	269.49	82.69
流动比率	1.64	1.62	1.57	1.60	2.60

用流动比率来评价短期偿债能力有明显的局限性，如存货积压和应收账款回收困难也会导致流动比率的提高，而这些情况实际上是企业偿债能力不足的表现。为了能更真实地揭示企业的短期偿债能力，我们还可以使用速动比率这一指标。

（3）速动比率

速动比率又称酸性测验比率，是企业的速动资产除以流动负债的比值，可用于衡量企业流动资产中可以立即用于偿还流动负债的能力。其计算公式如下：

微课堂6-4
速动比率

$$速动比率＝\frac{速动资产}{流动负债}$$

速动资产是指几乎可以立即变现用来偿还流动负债的资产，通常有两种计算方法。

1）将流动资产中扣除存货后的资产统称为速动资产。其计算公式为：

$$速动资产＝流动资产－存货$$

之所以要在流动资产中扣除存货，是因为：①在流动资产中存货的变现速度最慢；②由于某种原因，部分存货可能已损失报废还没作处理；③部分存货已抵押给某债权人；④存货估价还存在着成本与合理市价相差悬殊的问题。因此，将存货从流动资产总额中减去，由此计算出的速动比率所反映的短期偿债能力更加令人信服。

但同时该指标也有其局限性，如速动比率只是揭示速动资产与流动负债的关系，是一个静态指标；速动资产中包含流动性较差的应收账款，使速动比率所反映的偿债能力受到怀疑；各种预付款项及预付费用的变现能力也较差。

2) 将变现能力较强的货币资金、交易性金融资产、应收票据、应收账款净额等加总称为速动资产。其计算公式如下：

$$速动资产＝货币资金＋交易性金融资产＋应收票据＋应收账款净额$$

在企业不存在待处理流动资产损失及其他流动资产项目时，这两种方法的计算结果是一致的。否则，第二种速动资产的计算方法要比前一种准确。国际上流行采用第二种方法。用这种方法计算出来的速动比率，我们称之为保守速动比率。

【例6-3】A公司2017—2021年速动比率情况如表6-3所示，可以看出该公司近五年的速动比率和保守速动比率均保持在1以上，并且从2019年以来，两项指标均有所增长，表明该公司的短期偿债能力较强。

表6-3　A公司2017—2021年速度比率情况

项　　　目	2021年年末	2020年年末	2019年年末	2018年年末	2017年年末
速动比率	1.31	1.29	1.24	1.25	2.15
保守速动比率	1.17	1.15	1.15	1.14	1.85

用速动比率来评价企业的短期偿债能力，清除了存货等变现能力较差的流动资产项目的影响，可以部分地弥补流动比率指标存在的缺陷。当企业流动比率较高时，如果流动资产中可以立即变现用来支付债务的资产较少，其偿债能力也是较差的；反之，即使流动比率较低，但流动资产中的大部分都可以在较短的时间内转化为现金，其偿债能力其实也很强。所以用速动比率来评价企业的短期偿债能力相对更准确一些。

通常认为正常的速动比率为1，即在无须动用存货的情况下，也可以保证对流动负债的偿还；如果速动比率小于1，则表明企业必须变卖部分存货才能偿还短期负债。对于短期债权人来说，此比率越大，对债务的偿还能力就越强。但如果速动比率过高，则又说明企业因拥有过多的货币性资产，而可能失去一些有利的投资和获利机会。这个比率应在企业不同会计年度之间、不同企业之间，参照行业标准进行比较，方能得出较佳的判断。

对速动比率的分析，还应结合应收账款的收账期进行。因为速动比率的计算隐含着一个十分重要的假设条件，即所有的应收账款都能在其回收期内如数转化为现金，即使有坏账损失，其数额也非常小，可以忽略不计。但事实并非如此，企业可能有相当一部分应收账款不能按期收回，当有些应收账款超过回收期一定期限后，其发生坏账损失的可能性会非常大。换言之，按全部应收账款计算的速动比率含有一定的水分，不能真实地反映出企业的偿债能力。为此，有必要将可能形成坏账损失的应收账款金额从速动资产中剔除，对速动比率进行适当调整。

（4）现金比率

现金比率是指现金类资产对流动负债的比率，它反映企业直接偿付流动负债的能力，是最稳健、最严格的短期偿债能力衡量指标。根据现金类资产的不同，该指标有两种表示方式。

微课堂6-5
现金比率

1）现金类资产仅指货币资金，其计算公式为：

$$现金比率 = \frac{货币资金}{流动负债} \times 100\%$$

2）现金类资产除了货币资金，还包括货币资金的等价物，主要是指企业持有的期限短、流动性强、易于变现的有价证券。其计算公式为：

$$现金比率 = \frac{货币资金 + 货币资金等价物}{流动负债} \times 100\%$$

该指标反映在最坏情况下企业的短期偿债能力如何。例如，当企业面临支付工资日或大宗进货日等需要大量现金支付时，或者当企业陷入财务困境，其存货和应收账款被抵押或者流动不畅时，该指标越高，表明企业可应对大量现金支付或摆脱财务困境越容易。但该指标不宜过高，现金比率过高，则表明现金类资产没有被充分利用，企业失去的投资机会也越大。因此，不建议企业保留过多的现金类资产，一般认为该比率为20%左右比较合适。

【例6-4】A公司2017—2021年现金比率分别为162%、70%、68%、70%、73%，说明该公司现金类资产充足，短期偿债能力强。但现金比率较一般情况较高，尤其是在2017年达到162%，反映公司现金类资产保留较多，没有被充分利用。

▶ **2. 短期偿债能力的影响因素**

短期偿债能力的高低不仅会对企业生产经营活动和财务状况产生重要影响，还会影响企业的商誉。因此，了解影响企业短期偿债能力的因素，有利于对企业短期偿债能力的变动情况及原因进行分析，从而采取有效措施加以应对。影响短期偿债能力的因素包括宏观经济形势、国家信贷政策、证券市场发展程度等企业外部因素，以及流动资产规模与结构、流动负债规模与结构、企业经营现金流量等企业内部因素。

微课堂6-6
短期偿债能力
影响因素

（1）企业外部因素

1）宏观经济形势。宏观经济形势是影响企业短期偿债能力的重要外部因素。当一国经济持续稳定增长时，社会的有效需求也会随之稳定增长，产品畅销。由于市场条件良好，企业的产品和存货可以较容易地通过销售转化为货币资金，从而提高企业短期偿债能力。如果国民经济进入迟滞发展阶段，国民购买力不足，就会使企业产品积压，资金周转不灵，企业间货款相互拖欠，形成所谓的"三角债"，企业的偿债能力就会受到影响，反映短期偿债能力的指标也不实。

2）国家信贷政策。国家为保证整个国民经济的健康发展，必然要通过宏观调控，利用金融、税收等宏观经济政策的制定，调整国家的产业结构和经济发展速度。一个企业，如果其产品是国民经济亟需的，发展方向是国家政策鼓励的，就会较容易地取得银行借款，其偿债能力也会提高。此外，当国家采取较宽松的信贷政策时，所有的企业都会在需要资金时较容易地取得银行信贷资金，其实际偿债能力就会提高。

3）证券市场发展程度。在企业的流动资产中，常常会包括一定比例的有价证券，在分析企业偿债能力时，是可以把有价证券视为等量现金的。事实上，这样计算的偿债能力指标与企业的实际偿债能力是有区别的。这是因为，对于以公允价值计量的有价证券，与转让价格必然有一定的差异，且转让有价证券时，要支付一定的转让费用。证券市场的发展完善程度会影响到其后续计量是否准确，进而影响偿债能力指标的计算。另外，如果证券市场发达，企业随时可将手中持有的有价证券转换为现金；如果证券市场不发达，企业转让有价证券就很困难，或者不得不以较低的价格出售。这些都会对企业的短期偿债能力产生影响，特别是当企业把投资有价证券作为资金调度手段时，证券市场的发育和完善程度对企业的短期偿债能力的影响就更大。

（2）企业内部因素

1）流动资产规模与结构。一般来说，流动债务一般要通过流动资产变现来偿还，所以企业流动资产在其资本结构中占比越大，企业短期偿债能力则越强。但是，如果流动资产所占比重较高，但其内部结构不合理，其实际偿债能力也会受到影响。比如，在流动资产中，若存货所占比重较大，而由于存货相比其他流动资产的变现速度又低，则企业的短期偿债能力则要减弱。因此，分析时不仅要看企业流动资产规模，还要看流动资产内部结构是否合理。

2）流动负债规模与结构。流动负债又称短期负债，是指企业可以在 1 年内或者超过 1 年的一个营业周期内偿还的债务。短期负债的规模是影响企业短期偿债能力的重要因素。因为短期负债规模越大，短期内企业需要偿还的债务负担就越重。企业的短期负债包括短期借款、应付票据、应付账款、预收账款、应付职工薪酬等项目。企业的流动负债有些必须以现金偿付，如短期借款、应缴款项等，有些则要用商品或劳务来偿还，如预收货款等。需要用现金偿付的流动负债对资产的流动性要求更高，企业只有拥有足够的现金才能保证其偿债能力。此外，流动负债中各种负债的偿还期限是否集中，都会对企业偿债能力产生影响。分析时，不仅要看各种反映偿债能力指标的数值，还要根据各种因素考察其实际的偿债能力。

3）企业经营现金流量。企业的短期债务通常是用现金进行偿还的，因此，现金流量是决定企业短期偿债能力的重要因素。企业现金流量的状况主要与企业经营状况和融资能力相关，其中最主要的影响是企业的经营状况。如果企业经营状况良好，就会有持续而稳定的现金收入，从根本上保障债权人权益；如果企业经营状况恶化，导致现金收入不足以抵补现金流出，偿债能力必然下降，即使是盈利的企业也可能因无法及时偿还到期债务而导致信用危机甚至破产。

除此之外，企业的财务管理水平，母公司与子公司之间的资金调拨等因素，也会影响企业的短期偿债能力。并且有些因素的影响难以通过数量指标来衡量，所以在分析时必须结合企业实际进行综合研判。

6.2.2 长期偿债能力分析

长期偿债能力是企业偿还长期债务的能力。企业的长期债务是指偿还期在 1 年或者超过 1 年的一个营业周期以上的负债，包括长期借款、应付债券、长期应付款等。

长期偿债能力分析对于债权人来说，可以判断债权的安全程度，即是否能按期收回本金及利息；对于企业经营者来说，有利于优化资本结构、降低财务风险；对于投资者来说，可以判断其投资的安全性及盈利性；对于政府及相关管理部门，可以了解企业经营的安全性；对于业务关联企业来说，可以了解企业是否具有长期的支付能力，借以判断企业信用状况和未来业务能力，并做出是否建立长期稳定的业务合作关系的决定。企业对一笔债务，一般总是同时负担着偿还债务本金和支付债务利息两种责任，分析一个企业长期偿债能力，主要是为了确定该企业偿还债务本金和支付债务利息的能力。

▶ **1. 长期偿债能力指标**

反映企业长期偿债能力的指标主要有资产负债率、产权比率、股东权益比率、权益乘数、利息保障倍数、现金流量利息保障倍数等，通过对这些指标的计算分析，可以对企业的长期偿债能力、资本结构合理情况等做出客观评价。

（1）资产负债率

资产负债率是企业负债总额与企业资产总额的比率，它表明企业资产总额中由债权人提供的资产所占比重。其计算公式是：

$$资产负债率＝\frac{负债总额}{资产总额}×100\%$$

微课堂 6-7
资产负债单

该指标是综合反映企业偿债能力的重要指标，一方面反映了企业举债经营的能力，另一方面反映了企业对债权人的风险保障程度。对债权人来说，该指标应越低越好。该指标越低，即负债占全部资产的比例越小，表明企业对债权人保障程度越高，债权人投入资本的安全性越大。因此，债权人希望债务比例越低越好。而对企业来说，则会希望该指标高一些，这样虽然会使企业的债务负担加重，但企业可以通过扩大举债规模获得更多的财务杠杆收益。然而，对企业来说该指标并非越高越好，当经济衰退时，负债高的企业有可能由于经济不景气，不能偿还到期债务而陷入困境。因此，企业应根据财务前景，审时度势，在企业财务前景乐观时，适当加大资产负债率；当财务前景不佳，则应减少负债，以降低财务风险。

资产负债率是衡量企业负债水平及风险程度的重要标志。负债对于企业来说，一方面增加企业的风险，借债越多，风险越大；另一方面，债务的成本低于权益资本的成本，增加债务可以改善获利能力。既然债务同时增加企业的利润和风险，企业管理者的任务就是在利润和风险之间取得平稳。一般地而言该指标为 50% 比较合适，有利于风险与收益的平衡；如果该指标大于 100%，表明企业已资不抵债，视为达到破产警戒线，但这并非绝对标准。对同一个企业来说，处于不同时期，对资产负债率的要求也不一样。当企业处于成长期或成熟期时，企业的前景比较乐观，预期的现金流入也比较高，此时企业应适当增大资产负债率，以充分利用财务杠杆的作用。当企业处于衰退期时，企业的前景不甚乐观，预期的现金流入也有日趋减少的势头。在这种情况下，企业应采取相对保守的财务政策，减少负债，降低资产负债率，以降低财务风险。因此，在该指标的具体应用过程中，要根据企业的环境、经营状况和盈利能力等来综合评价。

【例 6-5】白云山公司等三家公司 2018—2021 年资产负债率如表 6-4 所示，从三家公司的对比来看，近四年白云山公司的资产负债率均为最高，达 50% 以上，并且也远高于行业中位值，说明白云山公司在行业中的负债率较高，长期债务压力较大，长期偿债能力偏弱。

表6-4 白云山公司2018—2021年资产负债率对比 单位：%

公司	2021年	2020年	2019年	2018年
白云山	52.62	52.80	54.32	55.05
复星医药	48.18	45.08	48.53	52.43
百济神州-U	27.79	30.92	39.32	22.05
中位值	48.18	28.81	29.93	23.37

另外，从稳健角度出发，尤其要考虑到企业清算时的偿债能力，该指标可以将资产中的无形资产扣除，只计算有形资产负债率。有形资产负债率是企业负债总额与有形资产总额的比率。其计算公式是：

$$有形资产负债率=\frac{负债总额}{资产总额-无形资产}\times100\%$$

有形资产负债率是资产负债率的延伸，是能够更加客观地评价企业偿债能力的指标。企业的无形资产如商标权、专利权、非专利技术等，不一定能用来偿还债务，可以将其视为不能偿债的资产，从资产总额中扣除。有形资产负债率的作用及分析方法与资产负债率基本相同。

 案例

"债台高筑"对上市公司是好是坏？

巴菲特认为，投资者购买的股票，其负债率一定要低；公司负债率越高，你的投资风险就越大。在巴菲特看来，好公司是"火"，高负债是"水"，而太多的水会浇灭掉欲燃的火。美国《财富》杂志曾对《财富》500强企业进行总结，也得出相似结论：这些公司相对于本身能够支付利息的能力而言，负债很少。那么，这是不是预示这公司的资产负债率高，就一定是不好的呢？答案是未必！我们可以通过两个具体的案例来进行解读。

格力电器：高负债下的负财务费用

我们首先来解读的例子，就是格力电器，这几乎可以成为负债率方面的一个较为经典的例子。公司曾经连续几年资产负债率都保持在70%以上，近三年虽有所下降但也基本保持在60%以上，这已经超过了电器行业的平均水平，也超过了一般认为的电器行业负债率在40%～60%的合理水平。和贵州茅台（600519.SH）、云南白药（000538.SZ）同类大牛股的低负债率不可同日而语。

一般认为，高负债会产生较高的财务费用，从而拖累公司业绩，那么事实是否如此？事实上，这一说法并不适用于格力电器。负债可以分为两类——有利负债和不利负债。对于电器类企业而言，有利负债一般指的是来自经销商先付款后提货形成的预收账款，以及向供货商延期支付形成的应付票据和应付账款，说通俗点，就是欠产业链上下游的钱。这一类负债最大的特点就是不存在利息。不利负债即金融负债，包括银行长期借款、发行的债券等，这类负债的特点，就是需要资金费用，负债越多，费用越高。

查看格力电器的年报，就会发现，公司大多数的负债属于有利负债，也即大多数属于占用上下游环节资金而存在的无息负债，来自于金融负债的数量其实很少。

2021年，公司的利息支出为5.23亿元，相对于108.7亿元的净利润，占比并不大。公司长、短期借款占总资产的比重也仅为2.8%、8.64%。公司多年来的财务费用其实是处于负数的状态，2021年公司财务费用和营业收入之比为−0.012。

所以，尽管格力电器的资产负债率看起来很高，但真正需要其支付利息的负债其实并不高，这也正是其保持业绩持续增长的奥秘所在。当然，这一模式的前提是必须依托品牌优势、良好的信誉以及营销策略等方面的安排。而放眼A股，能够像格力电器一样采取此类"霸道"模式的公司并不多。如果一旦发现此类公司，而股价又未出现太多上涨，那就应该抓住机会来投资了。

资料来源：作者依据格力电器公司材料整理所得。

联想集团：高负债下的高收益率

2021年11月4日，联想集团发布2021/22财年第二季度(Q2)业绩公告，SSG、ISG、IDG三大核心业务板块"全面开花"，Q2联想营收1 156亿元，同比增长23%；净利润33亿元，同比大涨65%，再创历史新高。最新一期财报中联想的资产负债率达到90.3%，面对如此"高"的负债率，也就有不少投资人开始担忧公司可能出现经营风险。

但实际上，如果抛开具体的债务构成，只看单纯的财务指标，很难得出企业具有经营风险的结论，要知道苹果公司的负债率也超过80%。

从债务构成看，企业负债主要分为两种：一是有息负债，也就是需要支付利息的负债，有息负债过高，一定程度上反映了公司现金流动紧张，有可能造成流动性危机等经营风险。二是经营负债，包括企业的应付账款，递延收益，等等。说白了，就是公司占用了上下游企业的资金。能够占用上下游资金，说明公司在产业链中有着较强的议价能力，能够灵活把握上下游账期，通常情况下，经营负债很难造成流动危机。拆解联想集团的负债情况，不难发现，公司负债构成中，有息负债只占很少的一部分，在2021/22财年Q2中，公司有息负债大约275亿元，有息负债率为10%左右，要知道，2020年华为的有息负债率，也基本上是这个水平。

联想集团负债主要是经营性负债，超过负债总额的8成。高经营负债反而体现了联想在产业链中的优势地位，公司通过占用上下游资金，可以提高资产周转的效率，使资产更快的变成利润，起到提升净资产收益率的作用。体现在联想集团的业绩上，公司净资产收益率超过25.8%，要知道整个A股有4 500多家企业，但净资产收益率超过25.8%的企业只有296家，换句话说，联想净资产收益率超过了93%的A股上市企业。

从上述角度看，保持适当的负债也是公司提升净资产收益率、增加利润回报的方法。由此，同行业的惠普、戴尔，抑或者苹果、华为，也都保持着适当的负债率。

另外，从联想自身的流动性看，公司也有足够的偿债能力。公司账面上现金还在不断增加，从2016—2017财年的121.52亿元增长至2020—2021财年的198.28亿元，期间复合增长率达到17.8%。不仅账上现金越来越多，公司也有很好的外部融资条件。比如，公司有充分的融资额度，截至 2021 年上半年，公司可动用贷款信用额度共计 196.8 亿元，而目前公司只动用了 3.33 亿元，后续可用额度非常充裕。此外，2020 年 10 月，国际三大评级机构标普、惠誉、穆迪均对联想集团发布了首份信用评级报告。在报告中，三家机构均对联想集团的市场领导地位、可持续增长与前景以及稳健的财务基础表示认可，预计其将实现稳健增长并创造不错的自由现金流。这在一定程度上反映出机构对联想稳健经营的认可。着眼未来，联想业务的稳健发展，也使公司的偿债能力愈发增强。

资料来源：理性看负债：联想集团 ROE 超过 93％ A 股企业. ［R/OL］（2021-11-12）. http://xueqiu.com/6195589551/202943547?page=3.

（2）产权比率

产权比率是企业负债总额与股东权益总额的比率，反映投资者对债权人的保障程度。其计算公式是：

$$产权比率=\frac{负债总额}{股东权益总额}\times100\%$$

微课堂 6-8
产权比率

产权比率作为衡量企业长期偿债能力的指标，反映了企业债务负担与偿债保证程度的相对关系。一般情况下，该指标为 100％最合适。该项指标越低，表明企业的长期偿债能力越强，债权人承担的风险越小，债权人也就愿意向企业增加借款；反之亦然。从企业财务结构考虑，产权比率过高，表明企业过度运用财务杠杆获取收益，同时增加企业财务风险，企业是高风险、高报酬的财务结构；反之，产权比率过低，表明企业未能充分发挥负债带来的财务杠杆作用，企业是低风险、低报酬的财务结构。因此，在实际应用过程中，该指标必须与其他企业以及行业平均水平对比才能评价指标的高低。

【例 6-6】A 公司 2017—2021 年产权比率如表 6-5 所示，近五年分别为 47％、122％、119％、112％、111％，表明该公司负债略高于股东权益，长期偿债能力较弱。但从该指标的发展趋势来看，近四年逐步降低，并趋近于一般合适值，说明企业的长期偿债能力正在增强，发展趋势较好。

表 6-5 A 公司 2017—2021 年产权比率情况　　　　　　　　单位：万元

项　　目	2021 年	2020 年	2019 年	2018 年	2017 年
负债总额	3 479 112.12	3 155 479.63	3 090 417.22	2 833 845.11	905 155.97
股东权益	3 132 666.86	2 820 526.66	2 598 948.69	2 314 373.28	1 926 315.38
产权比率	111％	112％	119％	122％	47％

同资产负债率指标一样，在考虑企业清算时其价值会受到如商誉等无形资产的影响，该指标还可以更保守地计算，即计算有形净值负债率。有形净值负债率是企业负债总额与有形净资产总额的比率。其中，有形净资产为净资产扣除无形资产，其计算公式是：

$$有形净值负债率=\frac{负债总额}{有形资产}\times100\%=\frac{负债总额}{净资产-无形资产}\times100\%$$

（3）股东权益比率

股东权益比率是股东权益总额与资产总额的比率，反映所有者投入在企业全部资产中所占的比例。其计算公式是：

$$股东权益比率=\frac{股东权益总额}{资产总额}\times100\%=\frac{资产总额-负债总额}{资产总额}\times100\%$$
$$=1-资产负债率$$

微课堂 6-9
股东权益比率

股东权益比率是长期偿债能力保证程度的重要指标，该指标越高，说明企业资产中由所有者投资所形成的资产越多，偿还债务的保证程度越大。另外，从"股东权益比率＝1－资产负债率"来看，该指标越大，资产负债率越小。

对债权人来说，该指标意义重大。当债权人将其资金借给股东权益比率较高的企业时，由于有较多的企业自有资产做偿债保证，债权人全额收回债权就不会有问题，即使企业清算时资产不能按账面价值收回，债权人也不会有太大损失。例如，企业资产的 50％来源于所有者投资，50％通过负债取得，那么，即使公司的全部资产按一半的价格转换为现金，依然能付清所有的负债，并且还有剩余。可见，债权人利益受保障的程度相当高。再如，企业资产的 80％来源于所有者投资，只有 20％通过负债取得，那么，只要企业资产价值不暴跌到 80％以上，即每 1 元资产只要转换成 0.20 元以上的现金，债权人就不会受到任何损失。相反，如果企业资产的 80％是通过各种负债资金融通的，只要企业资产价值下跌 20％以上，债权人就不能全额收回其债权。由此可见，股东权益比率高低能够明确反映企业对债权人的保护程度。如果企业处于清算状态，该指标对偿债能力的保证程度就显得更加重要。

【例 6-7】A 公司 2017—2021 年股东权益比率如表 6-6 所示，该公司 2017 年股东权利比率达到 68.03％，说明该年公司的偿债能力较强。2018—2021 年，该指标有所下降，但基本都稳定 45％以上，表明 2017 年以来公司的偿债能力有所下降，但基本还比较稳定，对债权人来说保障程度还是很不错的。

表 6-6　A 公司 2017—2021 年股东权益比率情况　　　　　单位：万元

项　　目	2021 年	2020 年	2019 年	2018 年	2017 年
股东权益	3 132 666.86	2 820 526.66	2 598 948.69	2 314 373.28	1 926 315.38
资产总额	6 611 778.98	5 976 006.29	5 689 365.91	5 148 218.39	2 831 471.35
股东权益比率	47.38％	47.20％	45.68％	44.95％	68.03％

（4）权益乘数

权益乘数是指资产总额相当于股东权益总额的倍数，反映企业的负债程度，用来衡量企业的财务风险。其计算公式是：

$$权益乘数=\frac{资产总额}{股东权益总额}=\frac{负债总额+股东产权总额}{股东权益总额}=1+产权比率=\frac{1}{股权比率}$$

该指标表示企业的股东权益所能支撑的投资规模，该指标越大，表明所有者投入的资本在资产总额中所占比重越小，企业负债程度越高，财务风险越大，企业的长期偿债能力越弱。反之，该指标越小，表明所有者投入的资本在资产总额中所占比重越大，企业的长期偿债能力越强。

（5）利息保障倍数

利息保障倍数又称已获利息倍数，是企业经营业务收益与利息费用的比率，反映企业利息费用的保障程度，用来衡量企业偿付借款利息的能力。其计算公式是：

$$利息保障倍数 = \frac{息税前利润}{利息费用} = \frac{利润总额 + 利息费用}{利息费用} = \frac{净利润 + 所得税 + 利息费用}{利息费用}$$

长期债务不需要每年还本，但却需要每年付息。利息保障倍数就是表明每 1 元利息支付有多少倍的息税前利润作为保障，可以反映债务政策的风险大小。利息保障倍数越大，利息支付越有保障。如果利息支付都存在问题，那么偿还本金就更不可能。

一般情况下，该指标至少应大于 1，标准值为 3～4。若利息保障倍数小于 1，表明自身产生的经营收益不能支持现有的债务规模。利息保障倍数等于 1 也很危险，因为息税前利润受经营风险的影响并不稳定，而利息支付却是固定的。利息保障倍数越大，公司拥有的偿还利息的缓冲资金越多。从长期看，应选择连续多个会计期间进行比较，以说明企业付息能力的稳定性。

实际应用中，利息保障倍数没有绝对的衡量标准，需要与其他企业特别是本行业平均水平进行比较，来分析决定本企业的指标水平。同时从谨慎性的角度出发，最好比较本企业连续几年的该项指标，并选择最低指标年度的数据，作为标准。这是因为企业在经营好的年度要偿债，在经营不好的年度也要偿还大约同量的债务。某一个年度利润很高，利息保障倍数也会很高，但不能年年如此。采用指标最低年度的数据，可保证最低的偿债能力。

（6）现金流量利息保障倍数

现金流量利息保障倍数是指企业经营活动现金流量净额为利息费用的倍数，反映企业经营活动现金流量净额偿还利息费用的能力。其计算公式为：

$$现金流量利息保障倍数 = \frac{经营活动现金净额}{利息费用}$$

该指标与利息保障倍数都是反映企业偿还利息的能力，但两者反映企业偿债能力的程度又有所不同。这是由于会计利润和现金流量表的核算制度不同，利息保障倍数中的息税前利润是按权责发生制核算的，可能会发生企业存在利润却没有现金来偿还利息的情况。如：企业在会计上确认了收入，但是款项的收取一般会滞后，确认收入的同时，先以应收款项入账，因为这样的时间差，使得会计收益和企业现金支付能力有了偏离。而现金流量利息保障倍数中的经营活动现金净额是按收付实现制进行核算的，能够真实地反映企业实际现金流入流出情况，也就能更加真实地反映企业持有现金偿还利息的能力。

【例 6-8】A 公司 2018—2021 年现金流量利息保障倍数分别为 22.95、13.99、1.61、13.58，除了 2020 年，其余年份该公司的现金流量利息保障倍数都较高，反映企业现金偿付利息的保障能力较强。2020 年该公司现金流量利息保障倍数只有 1.61，主要是由于受新冠肺炎疫情影响，其全资子公司的产品备货收款时间延后、销售货款减少，致使当年的经营性活动现金流量净额同比减少超过88％。

虽然会计利润和现金流量表的核算制度不同，但都是对于企业收益的核算，所以两者之间还是有紧密联系的。如果企业的利润能够保持稳定、良好，那么现金流量也会较为健康，所以两个指标结合起来分析，能更加准确地反映企业的偿债能力；企业经营活动产生的现金流量净额越大，企业就有更充足的现金储备来偿还利息，说明企业偿债能力越强，从另一个方面反映了企业偿还债务的能力。

▶ 2. 长期偿债能力的影响因素

企业长期偿债能力受企业的获利能力、权益资金、长期租赁、或有事项、债务担保等因素影响。

微课堂 6-10
长期偿债能力
影响因素

（1）企业获利能力

企业能否有充足的现金供偿债使用，在很大程度上取决于企业的获利能力。企业对债务总是负有两种责任：一是偿还债务本金的责任；二是支付债务利息的责任。一般情况下，短期负债主要用于流动资产投资，该债务可以通过流动资产变现来偿还；长期负债主要用于企业固定资产等方面的长期投资，该债务不可能靠资产变现来偿还，只能依靠企业生产经营获利。因此，企业长期偿债能力与获利能力密切相关，通常企业获利能力越强，长期偿债能力也越强；反之，则越弱。

（2）权益资金

权益资金的变化会影响到企业债务偿还的可靠性和保障程度。如果企业将绝大部分获得的利润分配给投资者，权益资金不变或增长较少，则会降低偿还债务的可靠性和保障度。反之，如果企业将大部分利润留在企业，会使企业权益资金增加，对投资者来说并无实质影响，而对债权人来说自己的债权更有保障，从而提高企业的长期偿债能力。另外，当企业结束经营时，如果企业资产不能按其账面价值处理，就会使得债务不能全部清偿，从而损害债权人的利益。因此，企业权益资金的实际价值和增长变化都会影响企业长期负债能力。

（3）长期租赁

当企业急需某种设备或厂房而又缺乏足够的资金时，可以通过租赁的方式解决。财产租赁的形式包括融资租赁和经营租赁。融资租赁中，企业租入的资产及相应的负债都会反映于资产负债表中，在长期偿债能力指标计算时已包含在内。而经营租赁则没有反映于资产负债表，当企业的经营租赁量比较大、期限比较长或具有经常性时，就形成了一种长期性筹资，这种长期性筹资到期时必须支付租金，会对企业的偿债能力产生影响。因此，如果企业经常发生经营租赁业务，应考虑租赁费用对偿债能力的影响。

（4）或有事项

或有事项是指在未来可能发生的收入、费用、资产和负债，但现在无法肯定，不列入财务报表之中，但其一旦发生，便会改变企业的财务状况。常见的或有事项如：未使用的抵免税额形成的或有收益，附有条件的捐赠资产形成的或有资产，产品售后服务责任形成的或有损失、或有负债等。其中，最具代表性的是或有负债。或有负债是指企业在经营活动中将来可能会发生的潜在的债务，常见的或有负债项目是应收票据贴现、应收账款抵借、未决诉讼、质量保证等。

或有事项的特点是现存条件的最终结果不确定，对它的处理方法要取决于未来的发展。或有事项一旦发生便会影响企业的财务状况，因此企业不得不对它们予以足够的重视，在评价企业长期偿债能力时也要考虑它们的潜在影响。

（5）债务担保

担保项目的时间长短不一，有的涉及企业的长期负债，有的涉及企业的流动负债。在分析企业长期偿债能力时，应根据有关资料判断担保责任带来的潜在长期负债问题。

6.3　偿债能力分析对投融资决策的影响

企业的偿债能力与债权人和投资者都有密切的关系，一方面，企业只有具备一定的经济实力或偿还债务的能力，才能保障债权人债权的安全；另一方面，如果企业的偿债能力不高或者发生问题，就会使投资者浪费精力另行筹集资金以还债，从而增加企业的融资难度，影响企业的正常运作和盈利。企业的偿债能力是企业经营发展的"晴雨表"，对企业偿债能力进行分析，有助于债权人和投资者判断其投资资金的保障程度，从而影响他们的借贷决策和投资决策。

另外，偿债能力分析可以让企业明确自身的具体情况，从而为企业的持久发展和投融资决策提供参考。第一，评价企业过去的经营。企业进行发展投资，其投资方向、目标定位非常重要。提高企业的盈利能力，推动企业的进步发展，必须审视企业过去的发展情况，对过去的经营业绩正确评价。第二，衡量企业发展的现状。企业需要将财务报表等详细研读，从中把握数据的真实含义，通过相关数据体现企业发展现状，明确企业盈利状况，进行合理的偿债能力分析，为衡量企业发展状况提供依据。第三，预计企业未来的发展。合格的企业经营者，必须时刻关注企业未来发展。偿债能力分析关系到分析结果是否准确，准确的结果可以为企业经营者提供数据以作为未来投融资决策的判断。

因此，无论是对债权人或投资者的借贷决策和投资决策，还是对企业自身的生产经营和投融资决策，对企业进行偿债能力分析都具有重要的意义。

▌本章小结▌

偿债能力是企业清偿到期债务的能力。企业偿债能力如何，不仅是企业本身所需要关心的问题，也是各方面利益相关者都非常重视的问题。对不同主体，偿债能力分析的目的也有所不同。企业偿债能力受企业负债和偿债所需资产的制约，不同负债的偿还其所需要的资产也不同。因此，按照负债偿还期的不同，偿债能力分析分为短期偿债能力分析和长期偿债能力分析。

短期偿债能力是指企业用其流动资产偿付流动负债的能力，它反映企业偿付日常到期债务的实力。大多数情况下，短期债务需要用货币资金来偿还，因而各种资产的变现速度也直接影响到企业的短期偿债能力。反映企业短期偿债能力的指标主要有营运资金、流动比率、速动比率、现金比率等，通过对这些指标的分析，可以评价企业短期偿债能力和生产经营情况。影响短期偿债能力的因素包括宏观经济形势、国家信贷政策、证券市场发展程度等企业外部因素，以及流动资产规模与结构、流动负债规模与结构、企业经营现金流量等企业内部因素。

长期偿债能力是企业偿还长期债务的能力。反映企业长期偿债能力的指标主要有资产负债率、产权比率、股东权益比率、权益乘数、利息保障倍数、现金流量利息保障倍数等，通过对这些指标的计算分析，可以对企业的长期偿债能力、资本结构合理情况等做出客观评价。企业长期偿债能力受企业的获利能力、权益资金、长期租赁、或有事项、债务担保等因素影响。

在不同行业，由于企业经营性质不一样，其偿债能力评价标准存在差异，要判断企业偿债能力水平，采用同行业对比和企业不同年度对比显得非常必要。

复习思考题

1. 偿债能力分析的目的是什么？
2. 影响企业短期偿债能力的因素有哪些？
3. 为什么要在计算速动比率时扣除存货？
4. 如果两个企业的流动比率都是1.2，那么它们的短期偿债能力相同吗？
5. 请分析说明资产负债率是不是越低越好。
6. 简述短期偿债能力与长期偿债能力的区别与联系。
7. 简述利息保障倍数的作用及使用中需要的问题。

线上课堂

实操练习

在线自测

第7章　营运能力分析

学习目标

1. 知识目标：了解企业营运能力分析的概念、目的及影响因素，理解企业营运能力指标的内涵，掌握企业营运能力指标的计算及相互之间的关系。

2. 能力目标：掌握企业营运能力指标的计算方法，能够运用这些方法对企业的流动资产、固定资产和总资产的利用效率进行分析，并对企业的整体营运能力做出全面评价。

3. 素质目标：提高学生对企业运营效率分析的专业素养，为进行投融资决策奠定基础。

4. 价值目标：培养学生注重效率、勇于担当的工作态度和责任意识，引导学生树立正确的价值观。

知识框架

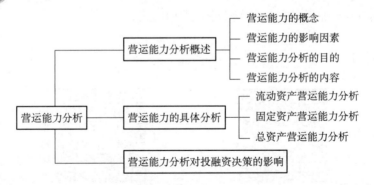

导语

企业通过各种投资活动对资金进行配置，使之成为与生产经营相关的各类资产组合，并通过对资产的使用和管理实现经营成果的产出和企业的价值增值。基于企业一定时期内经济资源的有限性，资产组合的管理水平和营运效率就成为企业提高经济效益的关键。营运能力分析能从不同的层面分析企业的营运效率，便于将企业经营管理水平的问题具体地分解到各类资产管理部门，可进一步从财务的角度分析如何通过具体措施提高各类资产的实际管理水平。营运能力分析中有关收益的数据可以从利润表中取得，有关资产的各类数据可以从资产负债表中取得，但是要注意时期数据和时点数据的匹配问题。

引例

截至 2020 年 12 月，贵州茅台(600519)的存货周转率是 0.31 次，周转天数为 1 195.76 天；五粮液(000858)的存货周转率是 1.10 次，周转天数为 331.54 天；格力电器(000651)的存货周转率是 4.79 次，周转天数为 76.15 天。对比来看，五粮液和格力电器的存货周转率分别是贵州茅台的 3.5 倍、15.5 倍。这能否说明贵州茅台经营不好，五粮液和格力电器两家公司经营较好？可以肯定，没有人会认为贵州茅台会陷入财务困境，甚至被 ST (Special Treatment，特殊处理)。从三家公司的销售毛利率来看，贵州茅台、五粮液、格力电器三家公司同期的销售毛利率分别达 91.7%、73.1% 和 26.1%。相比而言，贵州茅台较高的销售毛利率，反映出未来的发展趋势较好。而如此低的存货周转率，究其原因是茅台酒的生产工艺造成的，茅台酒的制作工序共有 30 道、165 个工艺环节，历时 5 年才能出厂。

试问，这样的企业如何会陷入财务困境？而格力电器的存货周转率尽管高得多，但其处于竞争激烈的家电行业，如果存货周转率稍有下降，其产成品怕是就有提取跌价准备的必要，对管理者而言切不可因存货周转率比平均水平高而掉以轻心，盲目乐观，因为家电企业的产业结构不允许。

因此，除了公司之间经营差别，不同行业特征也会使行业内公司具有与众不同的财务特征，盲目地将不同行业内的公司加以比较是得不到正确结论的。在进行财务分析时，不仅要关注财务比率等相对指标的比较，同时也要关注行业特征对营运能力的影响。

资料来源：搜狐网. https://www.sohu.com/a/407061297_120721326.

7.1 营运能力分析概述

7.1.1 营运能力的概念

营运能力是企业在经营过程中使用资产获取回报的效率。企业营运资产主要是指企业流动资产和固定资产，虽然无形资产在企业的运营过程中也发挥着重要作用，但其主要是通过或依附于有形资产才能发挥作用。企业营运能力分析又称经营效率评价，就是通过对企业流动资产、固定资产的效率指标进行计算和分析，评价企业资产的运营和管理能力，为提高企业经济效益指明方向。

7.1.2 营运能力的影响因素

影响企业营运能力的因素主要有以下几方面。

▶ 1. 企业所处的行业和经营背景

企业所处的行业和经营背景，会影响企业的资产周转效率。一般来说，落后的、传统的行业资产周转效率相对较低。例如，传统的制造行业资产周转效率就比较低，而服务业资产周转效率就相对较高。

微课堂 7-1
营运能力
影响因素

▶ 2. 企业的经营周期

企业经营周期的长短，也会影响企业的资产周转效率。一般来说，在同一行业中，经营周期越短，资产流动性越强，资产运用效率就越高，企业取得的收益就越多。

▶ 3. 企业资产结构和资产质量

在企业资产总量已定的情况下，非流动资产所占比重越大，资产的周转速度就越慢。同时，如果企业存在问题资产或者资产质量不高，也会影响资产周转效率。

▶ 4. 资产的管理力度

资产管理力度会影响企业的资产周转效率。企业资产管理力度比较大，会使企业资产结构优化，资产质量提高，从而加快企业资产的周转效率。

7.1.3 营运能力分析的目的

微课堂 7-2
营运能力分析
的目的

对企业营运能力进行分析，其主要目的包括以下几个方面。

▶ 1. 评价企业资产的流动性

企业的两大特征是收益性和流动性。企业经营的基本目的就是获取预期收益。从一定意义上讲，流动性要比收益性更加重要。当企业的资产处在静止状态时，根本谈不上什么收益：只有当企业运用这些资产进行经营时，才可能有收益的产生。企业资产的营运效率越高，资产的流动性越好，企业获得预期收益的可能性就越大。流动性是企业资产营运能力的体现，通过对企业资产营运能力的分析，就可以对企业资产的流动性做出评价。

▶ 2. 评价企业资产的使用效果

提高企业资产的流动性是企业利用资产进行经营活动的手段，其目的在于提高企业资产的使用效果，即资产利用的效益。企业资产营运能力强的本质，就是以尽可能少的资产占用、尽可能快的资产周转，生产出尽可能多的产品，实现尽可能多的营业收入，创造出尽可能多的纯收入。通过企业产出额与资产占用额的对比分析，可以评价企业资产的使用效果，为提高企业经济效益指明方向。

▶ 3. 发现企业在资产营运中存在的问题，挖掘企业资产利用的潜力

企业资产营运能力的高低取决于多种因素。对企业内部管理层来说，通过企业资产营运能力分析，可以了解企业资金的运用是否合理、资金使用是节约还是浪费，从而促进企业不断挖掘内部资金潜力、改善内部管理、有效利用资金，不断提高企业资金营运能力，改善经营业绩。

▶ 4. 作为偿债能力和盈利能力分析的基础与补充

对企业外部信息使用者来说，通过企业资产营运能力分析，能有效地为他们提供企业在资产管理或资本利用方面的效果及情况，以便于其对企业财务状况和经营成果有一个整体的认识，从而有助于其进行科学的信贷决策和投资决策。如果一家企业的资产营运能力不强，那么很难想象该企业会有良好的偿债能力和盈利能力。

7.1.4 营运能力分析的内容

按照资产的流动性，企业资产可分为流动资产和固定资产，因此，企业营运能力分析的内容可以从流动资产营运能力、固定资产营运能力和总资产营运能力三个方面进行分析。

▶ 1. 流动资产营运能力分析

流动资产营运能力分析主要是分析企业在经营管理活动中运用流动资产的能力，揭示流动资产周转速度变动的原因。衡量流动资产营运能力的指标主要有应收账款周转率、存货周转率、营业周期、流动资产周转率等。

▶ 2. 固定资产营运能力分析

固定资产营运能力分析主要分析固定资产的使用情况和周转速度，揭示固动资产利用效率和周转速度变动的原因。衡量固定资产营运能力的指标主要有固定资产周转率和固定资产周转期。

▶ 3. 总资产营运能力分析

总资产营运能力分析主要是分析企业在经营活动中运用全部资产的能力，揭示企业总资产周转速度和利用效率变动的原因。衡量总资产营运能力的指标主要有总资产周转率和总资产周转期。

7.2 营运能力的具体分析

营运能力反映企业的资产效率，资产效率是指资产在企业生产经营中周转的速度，资产只有在周转运用中才能带来收益。一般而言，企业资产周转得越快，说明企业资金利用率越高，利用效果越好，企业的营运能力越强，质量越好。衡量企业营运能力的指标主要有资产周转率(次数)和资产周转期(天数)。资产周转率指标是一定时期资产平均占用额与周转额的比率，是用资产的占用量与运用资产所完成的工作量之间的关系来表示营运效率的指标。资产周转期指标是用周转额的计算期除以计算期内资产周转次数，表示资产周转使用一次所经历的时间。它们分别用公式表示如下：

$$资产周转率(次数) = \frac{计算期的资产周转额}{计算期资产平均占用额}$$

$$资产周转期(天数) = \frac{计算期天数}{资产周转率(次数)} = \frac{计算期资产平均占用额 \times 计算期天数}{计算期的资产周转额}$$

在财务分析中，为了计算方便，通常以 1 年为计算期，1 年的天数通常按 360 天计算；资产平均余额采用期初资产余额和期末资产余额的算术平均来计算。

资产周转率和资产周转期分别从资产周转的频次和期限来衡量资产的周转速度，两者呈反方向变动。在一定时期内，资产周转次数越多，周转天数越少，周转速度就越快，营运效率就越高；反之，则周转速度就越慢，营运效率越低。虽然两种形式均可以表示资产周转速度，但在实务中更多地使用周转天数这一形式。因为采用周转天数则可以消除期限长短对周转速度的影响，可以使不同计算期间的周转速度直接进行比较。

7.2.1 流动资产营运能力分析

企业的营运过程，实质上是资产的转换过程，这一过程中流动资产和固定资产所起的作用也不相同。企业经营成果的取得，主要依靠流动资产的价值转换，一旦流动资产的价值实现出现问题，不仅固定资产价值不能实现，企业所有的经营活动都会受到影响，可以说流动资产营运能力分析是企业营运能力分析最重要的组成部分。流动资产营运能力指标主要包括应收账款周转率、存货周转率、流动资产周转率、营业周期与现金周期。

▶ 1. 应收账款周转率分析

应收账款周转率是指企业一定时期赊销收入净额与应收账款平均余额的比率，用以反映应收账款的收款速度，一般以周转次数来表示。其计算公式为：

微课堂 7-3
应收账款周转率

$$应收账款周转率 = \frac{赊销收入净额}{应收账款平均余额}$$

其中，赊销收入净额是赊销收入中扣除赊销退回、赊销折让与折扣后的余额；应收账款是指因商品购销关系所产生的债权资产，一般包括应收账款和应收票据，计算时常采用期初与期末的平均余额。该公式又可以表示为：

$$应收账款周转率 = \frac{赊销收入 - 赊销退回 - 赊销折让与折扣}{(期初应收账款余额 + 期末应收账款余额)/2}$$

应收账款周转率（次数）表明企业应收账款回收的速度与管理工作的效率，它有利于判断企业信用政策的类型、资产的流动性及盈利的质量。一般情况下，应收账款周转率越高，应收账款周转次数越多，表明应收账款回收的速度越快，企业管理工作的效率越高。这不仅有利于企业及时收回货款，减少或避免坏账损失的可能性，而且有利于增强企业资产的流动性，提高企业短期的偿债能力。此外，在一定的营业规模下，应收账款周转次数越多，则表明应收账款额越小，因而可以判定企业的信用标准和付款条件较为苛刻；反之，应收账款周转次数越少，则应收账款额越大，因而可以判定企业的信用政策较为宽松。当然，以次数表示的应收账款周转率指标也有其局限性。比如，由于该指标与公司向客户提供的赊销期限不具有直接的可比性，因而难以用来评价原设的信用条件的恰当性等。

除了以次数表示的应收账款周转率之外，还有一种以时间（天数）表示的应收账款周转期，也称为应收账款账龄或应收账款平均收账期，是用一年的近似天数 360 天，除以应收账款周转率（次数）得到。其计算公式为：

$$应收账款周转期 = \frac{360}{应收账款周转次数} = \frac{应收账款平均余额 \times 360}{赊销收入净额} = \frac{应收账款平均余额}{平均每日赊销净额}$$

应收账款周转周期是指应收账款周转一次所需要的天数。一般情况下，该指标越大，表明应收账款收回的期限越长，收回的可能性就越小；相反，该指标越小，表明资金被其他单位占用的时间越短，应收账款回收的速度越快，收回的可能性就越大，企业管理应收账款的效率也越高。但是，该指标值也不宜过小。如果应收账款周转天数过少，则可能是企业奉行了过严的信用政策，采用了过于苛刻的信用标准与付款条件，其结果可能不利于销售量的扩大，造成存货的积压和流动资金周转的缓慢，影响获利水平和整体流动资金配置效率的提高。

在分析和利用应收账款周转率（天数）指标时，将应收账款账龄与原设的赊销期限进行对比，可以评价购买单位的信用程度、企业原设的信用政策的宽松程度，以及信用条件的恰当与否。例如，在正常情况下，某公司给予客户的信用期为 30 天，但实际计算结果表明，该公司应收账款周转天数平均为 70 天，远大于原设的信用期限，这表明公司可能存在催收力度不够，或客户发生财务困难等情况。对此，公司可以采用应收账款账龄分析法，按逾期天数编表列示每一笔逾期账款的分布情况，并据此分析付款拖延是普遍现象还是集中在几个客户的特殊现象，然后采取相应的管理措施。

【例 7-1】A 公司 2016—2020 年应收账款周转情况如表 7-1 所示。

表 7-1　A 公司 2016—2020 年应收账款周转情况

指　　标	2020 年	2019 年	2018 年	2017 年	2016 年
应收账款周转率（次）	8.53	9.45	11.93	25.59	70.98
应收账款周转期（天）	42.20	38.07	30.17	14.07	5.07

通过表 7-1 可以发现，一方面 2016—2020 年 A 公司的应收账款周转率呈不断下降趋势；另一方面应收账款周转天数逐年增加。根据相关数据统计，A 公司所在行业的平均应收账款周转率一般在 20 天左右，而 A 公司在 2019 年和 2020 年该项指标跌破两位数分别为 9.45、8.53，与平均值相差较大。如今，A 公司的发展以电子、金融板块为主，在这种情况下，应收账款周转率不断下降，同时应收账款周转天数逐渐增多，在一定程度上说明 A 公司应收账款的变现能力较弱，可能存在坏账损失。除此以外，根据 A 公司资产负债表，该企业不仅应收账款占用资金数量过多，应收票据更是如此，最终影响应收账款正常周转和企业资金的利用率。所以，A 公司应该对应收账款采取相应的管理措施，以免对企业短期偿债能力造成不利影响。

在计算和分析应收账款周转率指标时，应注意以下问题。

（1）赊销收入问题。理论上，应收账款并非全部销售收入净额，而应该是销售净额中由赊销引起的部分（即赊销额），否则可能存在高估应收账款周转率的问题。因此，计算时应使用赊销额取代销售收入净额。但由于财务报表中一般很少将赊销和现销区分开来，并且赊销资料为企业的商业机密不对外公布，所以现实中可以用销售收入净额代替赊销收入净额来计算。

（2）应收票据问题。应收票据作为应收账款的一种形式，大部分是由于销售而形成的，所以在计算应收账款周转率指标的时候应将其纳入，但应将已经贴现且不在外流通的应收票据剔除。

（3）应收账款余额问题。应收账款是特定时点的存量，但由于受生产季节性、销售量变动等因素影响，应收账款并不稳定。因此，在使用应收账款周转率进行企业业绩评价时，应收账款最好采用多个时点的平均值，如根据月度平均额的算术平均计算年度平均余额。

（4）应收账款减值问题。财务报表上列示的应收账款是已经计提坏账准备后的净额，而销售收入却没有相应减少，据此计算出来的应收账款周转率偏高。计提的坏账准备越多，应收账款周转率反而越高，周转天数越少，但这并非表明企业业绩更好，反而说明企业对应收账款的管理欠佳。因此，当企业计提的坏账准备过多时，就应该对应收账款进行调整，用计提坏账准备之前的应收账款余额来计算。

【例7-2】某企业2019年初应收账款余额为1 000万元，2019年1月5日赊销一批商品8 000万元，于12月5日收回当年销货款8 000万元。则应收账款周转次数为8次，应收账款周转天数为45天。但事实上，其中8 000万元近1年才收回这一次，还有1 000万元仍未收回。若当年赊销款于年末均未收回，则应收账款周转次数为1.6次，事实上应收账款只有资金垫支，根本就未周转。

实践中，对应收账款周转率和应收账款周转期进行分析时，可以进行横向和纵向的比较。横向比较是通过与同行业平均水平或竞争对手的比较，洞悉企业的应收账款周转速度在整个行业中的水平，与竞争对手相比是快还是慢，据此分析其中的原因，以采取措施及时调整。纵向比较是通过与企业以往各期应收账款周转率和应收账款周转期进行比较，分析企业应收账款周转速度的变动态势——应收账款周转速度是越来越快，还是越来越慢，或是基本保持稳定。如果在某段时间应收账款周转情况突然恶化，则应在进行内部分析时进一步查找原因，看看是由于产品销售下降引起的，还是由赊销政策过宽导致的，及时制定对策，以防止应收账款周转情况进一步恶化。

案例

广州思林杰科技股份有限公司（下称"思林杰"）科创板IPO于2021年6月30日获上交所受理。根据其财报显示，思林杰2018—2020年营业收入分别为1.21亿元、1.19亿元、1.89亿元，归属于母公司所有者的净利润分别为4 510.53万元、2958.85万元、6283.43万元。从收入结构来看，思林杰主要有嵌入式智能仪器模块、机器视觉产品、其他产品等三大类产品，其中，嵌入式智能仪器模块是思林杰主要的营收来源。2018—2020年，嵌入式智能仪器模块实现的营业收入分别为1.09亿元、0.98亿元、1.68亿元，营收占比分别为89.56%、82.92%、89.01%。该类产品主要系根据苹果公司的检测需求设计及研发，直接客户主要为苹果公司产业链相关的检测设备企业。

2018—2020年，思林杰通过对苹果公司及其产业链企业销售产品及提供服务取得收入，分别占当期营业收入的比例为94.72%、85.03%及90.85%，占比较高。截至2021年，思林杰的业务主要集中苹果公司产业链领域，其产品已基本覆盖苹果公司消费电子产品的全部类型。可见，思林杰销售情况严重依赖苹果公司产业链，收入来源单一是该公司持续经营能力的重要风险之一。据其招股说明书显示，思林杰若未来不能继续保持技术优势，或苹果公司及其产业链企业调整采购策略，则前者向苹果公司产业链企业的销售规模可能出现持续下降，其经营业绩将受到重大不利影响。

近三年来，思林杰应收账款占营业收入比重逐年上升且比重较高。据其财报显示，2018—2020年，思林杰期末应收账款余额分别为4 273.37万元、5 350.88万元和11 642.55万元，占当期营业收入的比例分别为35.21%、45.12%和61.70%。期内经营活动产生的现金流量净额分别为1793.10万元、2604.23万元、1459.58万元。虽然这些应收账款账龄均在一年以内，但周转变慢，思林杰近年来的运营能力持续下滑。2018—2020年，思林杰营业周期分别为277.12天、290.60天、299.13天，存货周转天数分别为156.71天、151.84天、145.14天，应收账款周转天数分别为120.41天、138.76天、153.99天，应收账款周转下降影响了整个公司的营运能力。

大额应收账款的存在，也进一步佐证思林杰对苹果公司的依赖及在产业链上、下游中处于较为弱势的地位。其招股说明书指出，如果后续思林杰不能对应收账款进行有效控制，及时收回到期应收账款，则可能存在应收账款余额较大及无法收回的风险，从而对公司未来的经营业绩造成重大不利影响。

资料来源：营运能力不断下滑，思林杰上市对赌埋隐患[R/OL].(2021-07-28).http://finance.eastm-cney.com/a2/202107282019617152.html.

▶ **2. 存货周转率分析**

存货周转率又叫存货周转次数，是指企业一定时期的营业成本与存货平均余额的比率，它是衡量和评价企业购入存货、投入生产、销售收回等各环节管理状况的综合指标，反映存货的周转速度，即存货的流动性及存货资金占用量合理与否。其计算公式为：

微课堂7-4
存货周转率

$$存货周转率 = \frac{营业成本}{存货平均余额}$$

其中，

$$存货平均余额 = \frac{期初存货余额 + 期末存货余额}{2}$$

除了以次数表示的存货周转率外，还有以天数表示的存货周转率，即存货周转期。该指标衡量存货生产及销售的速度，反映存货周转快慢。其计算公式为：

$$存货周转期 = \frac{360}{存货周转率} = \frac{存货平均余额 \times 360}{营业成本}$$

通常，存货作为企业流动资产的重要组成部分，在一些企业中所占比重较大，但其流动性在流动资产中是最差的，且存在持有风险。存货周转率和存货周转期都是评价企业运营和管理存货效率的重要指标。一般情况下，存货周转率高，存货周转期短，说明存货周转得快，存货占用水平低，存货积压的风险也相对较低。但存货周转率不是越高越好，存货周转率过高也可能表明该企业存货管理中存在问题，如可能导致缺货而影响正常的生产经营活动，或由于采购过于频繁，每次订货量过小而增加存货采购成本。存货周转率过低，存货周转期过长，则往往表明存货管理不善，销售不畅，存货积压，造成资金沉淀。

【**例7-3**】A公司2016—2020年存货周转情况如表7-2所示。

表 7-2　A 公司 2017—2021 年存货周转情况

指　标	2021 年	2020 年	2019 年	2018 年	2017 年
存货周转率（次）	6.99	8.46	10.99	15.56	17.73
存货周转期（天）	51.47	42.56	32.76	23.13	20.30

从表 7-2 中可以看出，A 公司存货周转率逐年下降，相反存货周转天数逐年增多。A 公司 2017—2018 年存货周转率较高、存货周转期较短，说明公司存货管理相对较好。但 2019—2021 年这三年间存货周转率明显下降，存货周转期较前两年甚至翻倍，出现这种现象的原因之一是自 2018 年开始 A 公司选择开展电子芯片业务并采用军民两用战略，在航空、船舶等多领域拥有广阔市场，销路较为光明；但公司在化工领域主要以东北区域为主并且主要客户是大型国企与知名上市公司，销售范围较窄且局限于国内市场；原因之二是公司的研发、产品储运、原材料采购等成本费用较高，在一定程度上说明该公司的库存管理不佳，销售渠道较窄，使得公司的资产流动性较差。因此，公司需要衡量各个板块业务比重，注重降低采购成本费用并制定积极的销售策略。

事实上，对于大多数企业而言，该指标是由企业不同类存货的不同周转率综合计算而得到。因此，存货周转率（次数或天数）只是一个用来粗略地衡量存货管理效率的指标，尚需进一步查明存货管理中是否存在无效行为，有无特定种类存货占用资金过多等失衡情况，以及存货质量即企业使用和处置存货的能力是否合格。因为只有行为有效，才能确保或提高管理水平；只有结构合理，才能保证生产经营活动的正常进行；只有质量合格，才能保证存货的顺畅流动，从而达到加速存货周转，提高营运能力与盈利能力的目的。在企业经营正常且有盈利的条件下，有别于存货清算下的成本补偿，存货的销售通常应获取一定的利润。因此，正常水平内的毛利率是一个非常重要的指标。

为了分析不同类存货的周转速度，进一步探明存货的内部结构，一般需要计算企业原材料、在产品和产成品的周转率，考察企业在供、产、销等生产经营不同阶段中存货的管理情况，用以评价各个环节的工作绩效和运营情况。这三个阶段不同类存货周转率计算公式分别为：

$$原材料周转率 = \frac{原材料耗用成本}{原材料平均余额}$$

$$在产品周转率 = \frac{生产成本}{在产品平均余额}$$

$$产成品周转率 = \frac{销售成本}{产成品平均余额}$$

相应地，以天数表示的存货周转期分别为：

$$原材料周转期 = \frac{360}{原材料周转率} = \frac{原材料平均余额 \times 360}{原材料耗用成本}$$

$$在产品周转期 = \frac{360}{在产品周转率} = \frac{在产品平均余额 \times 360}{生产成本}$$

$$产成品周转期 = \frac{360}{产成品周转率} = \frac{产成品平均余额 \times 360}{销售成本}$$

通过对生产经营中不同阶段的存货进行计算，可以了解各类存货的周转速度，分析每类存货及其重要项目对全部存货周转率的影响，以便在保证生产经营顺畅进行的前提下，进一步改进存货结构，使企业在原材料购进、生产投入、产品销售等方面做到协调、衔接及平衡，提高整体运营效率与存货管理水平，增强企业的营运能力。

在计算和分析存货周转率指标时，应注意以下两个问题。

（1）多方综合分析

不宜单纯从存货周转率高低上评价企业经营的优劣，而应当结合资金投入、存货储备、生产技术、销售进度、存货质量等情况来加以权衡；同时，要致力于从各方面改进存货管理工作，以便在保证生产经营需要的前提下，尽可能减少经营资金占用，提高企业运营的效率，增强其营运能力。

（2）存货估价方法的影响

企业采用的存货计价方法，将会影响存货周转率的高低。例如，企业采用后进先出法（LIFO）对存货估价，由于它们的期末存货可能是在不同年份以不同价格购进的，当物价上涨速度超过存货周转率的时，采用自然年度代替营业年度作为会计期间的企业，其以LIFO法对存货进行计价的期末水平将偏低，从而导致存货周转率偏高。

实践中，对存货周转率和存货周转期进行分析时，可以进行横向和纵向的比较。通过与同行业平均水平或竞争对手的横向比较，发现企业的存货周转率过高或过低的原因，并采取措施及时调整。通过与企业以往各期的横向比较，观察企业存货周转速度的变动态势，如果某一期间存货周转情况突然恶化，则应及时进行内部原因分析，看看是因产品滞销所致，还是由材料库存过多引起，并制定相应对策，以防止存货周转状况进一步恶化。

▶ **3. 流动资产周转率分析**

流动资产周转率又称流动资产周转次数，是指企业一定时期的周转额与流动资产的比率。其中，周转额有营业收入和营业成本两种计算形式，一般用营业收入作为周转额来计算流动资产周转率，用营业成本来计算流动资产垫支周转率；流动资产一般采用期初与期末流动资产的平均余额。两种流动资产周转率的具体计算公式为：

微课堂 7-5
流动资产周转率

$$流动资产周转率 = \frac{营业收入}{流动资产平均余额}$$

$$流动资产垫支周转率 = \frac{营业成本}{流动资产平均余额}$$

其中，

$$流动资产余额 = \frac{期初流动资产余额 + 期末流动资产余额}{2}$$

流动资产周转率是评价企业流动资产周转速度和利用效率的指标，而流动资产垫支周转率主要是评价企业流动资产利用效率的指标。除了以速度衡量流动资产利用情况之外，流动资产周转率还可以以天数来表示，即流动资产周转期。具体计算公式为：

$$流动资产周转期 = \frac{360}{流动资产周转率} = \frac{流动资产平均余额 \times 360}{营业收入}$$

$$流动资产垫支周转期＝\frac{360}{流动资产垫支周转率}＝\frac{流动资产平均余额×360}{营业成本}$$

流动资产周转率表明流动资产一定时期内的流转次数或1单位流动资产所支持的营业收入。流动资产周转期表明流动资产周转一次所需要的时间。在正常的生产经营情况下，流动资产周转率越高，流动资产在一定时期内周转次数越多，流动资产周转天数越短，表明流动资产周转越快，也意味着以相同的流动资产完成的营业收入越多或完成既定的营业收入所占用的流动资产越少；同时，流动资产在经营过程中各阶段占用的时间越少，表明流动资产利用的效果越好，有利于节约资本成本或提高盈利水平。相反，流动资产周转率越低，表明流动资产周转速度越慢，需要补充流动资产参加周转，从而造成资产使用效率低、利用效果差，甚至形成浪费，降低盈利水平。但是，流动资产周转速度过快也可能是企业扩张太快、存货不足等问题造成的，这会对销售产生不利影响。

在具体实践中，应结合企业的历史资料或者行业平均水平进行比较分析。此外，还应该结合前述应收账款周转率、存货周转率等，以分析流动资产周转率高低的原因，从而采取措施加以改进。由于大多数企业的流动资产周转状况都取决于应收账款和存货等主要流动资产项目的周转速度，因此，企业一般都不再单独使用该指标来考察流动资产周转情况。

【例7-4】A公司2017—2021年流动资产周转情况如表7-3所示。

表7-3　A公司2017—2021年流动资产周转情况

指　标	2021年	2020年	2019年	2018年	2017年
流动资产周转率（次）	2.06	2.55	3.49	4.69	4.66
流动资产周转期（天）	174.36	141.19	103.30	76.80	77.33

从表7-3中可以看出，A公司流动资产周转率在2017—2021年这五年中呈小幅度递减趋势，同前例中应收账款周转率和存货周转率两项财务比率的总体变化趋势相同。这是因为通过对该公司近些年相关财务数据的整理发现，存货、应收账款和应收票据占用了公司大部分的流动资产，使得流动资产增长率与销售收入增长率不成正比。从表7-3中可以看出，流动资产周转天数过长，说明A公司对流动资产的利用效率较低，其主要原因是市场竞争越来越激烈，尤其是在2020年，公司的销售收入竟然为负增长，远小于资产增加率，资金没有充分被利用，从而可能会对公司营运资金的管理产生不利影响。

▶4.营业周期与现金周期

营业周期是指从取得存货开始到销售存货并收回现金为止所经历的时间（通常以天数表示），计算公式为：

营业周期＝存货周转天数＋应收账款周转天数

该指标反映了企业经营活动的效率，对企业的生产经营与管理绩效具有重要的影响。一般来说，营业周期越短，说明资金周转速度越快，资产使用效率越高，盈利能力越强；营业周期越长，说明资金周转速度越慢，资产使

微课堂7-6
营业周期与
现金周期

用效率越低，盈利能力越弱。

现金周期也称净营业周期或净贸易周期，是指从外购商品的实际现金支付时开始，到因销售商品而收回现金时为止的这段时间(通常以天数表示)。在信用经济社会，企业不仅采用赊销方式扩大存货销售从而有部分资金为外单位占用，而且采用赊购方式购进货物也占用其他单位的资金。因此，在正常情况下，企业的现金周期小于营业周期，两者具体关系如图 7-1 所示。

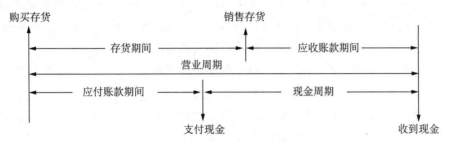

图 7-1 营业周期与现金周期的关系

现金周期的计算公式为：

$$现金周期＝营业周期－应付账款周转天数$$
$$＝应收账款周转天数＋存货周转天数－应付账款周转天数$$

现金周期既受企业预期存货投资及其周转天数的影响，又受供应商提供的信用期和企业给予客户的信用期之间关系的影响，而企业营运资本的需要量又主要取决于行业状况、惯例及现金周期。因此，运用现金周期来分析和评价营运资本的流动性，对于分析企业营运资本的充足性具有非常重要的意义。一般来说，现金周期越长，营运资本需要量越大。增加供应商提供的信用天数与减少应收账款和存货的周转天数，都会缩短现金周期，降低营运资本需要量。另外，在实际应用中，该指标又同时受企业的经营与财务决策的影响，但人们往往忽略这一点。例如，为缩短现金周期实施消极的财务决策即不及时付款，这样会延长应付账款的周期，从而抵减现金周期，导致现金周期较短甚至可能出现负数。相比而言，营业周期因其重视经营决策对应收账款和存货的影响，故对财务分析者来说更清晰、更有价值。

7.2.2 固定资产营运能力分析

固定资产周转率又称固定资产周转次数，是企业一定时期内实现的主营业务收入与固定资产平均余额的比率，其计算公式为：

$$固定资产周转率＝\frac{营业收入}{固定资产平均余额}$$

微课堂 7-7
固定资产
营运能力分析

其中，固定资产余额＝$\frac{期初固定资产余额＋期末固定资产余额}{2}$

该指标反映每投入 1 单位的固定资产所产生的收入，主要用于分析对厂房、设备等固定资产的利用效率。除了用次数表示之外，还可以用天数来表示固定资产周转率，即固定资产周转期。其计算公式为：

$$固定资产周转期 = \frac{360}{固定资产周转率} = \frac{固定资产平均余额 \times 360}{营业收入}$$

固定资产周转的特点：①固定资产占用资金量大，回收时间长；②固定资产变现能力差。一般来说，固定资产周转率高、固定资产周转期短，说明企业固定资产周转快，利用充分，也反映企业的固定资产投资得当，结构分布合理，企业能够充分发挥固定资产的作用；反之，则说明固定资产周转慢，利用不充分，反映出企业的固定资产使用效率不高，固定资产所带来的收入少，企业的营运能力较差。企业生产经营使用的固定资产越多，生产力利用效率越高，越能增加企业价值。所以，企业应不断优化固定资产，提高设备利用率，加速产品销售和利润实现，提高生产经营活动的经济效果。

在该指标的实际运用中，要注意结合企业的历史资料或者行业平均水平，也要注意结合企业的流动资产及其周转情况。在指标的加工与使用中，既要考虑固定资产因计提折旧而净值逐年减少和因更新改造而净值有所增加等情况，又要考虑因物价上涨或通货膨胀而导致的销售收入虚增、固定资产周转率提高，但固定资产实际使用效能并未增加等情况，还要考虑同企业不同期间或同一行业不同企业可能会采用不同的折旧方法及其影响。

7.2.3　总资产营运能力分析

总资产周转率又称总资产周转次数，是指企业在一定时期内的主营业务收入与资产总额的比率，其计算公式为：

微课堂 7-8
总资产营运能力

$$总资产周转率 = \frac{营业收入}{总资产平均余额}$$

其中，

$$总资产平均余额 = \frac{期初总资产余额 + 期末总资产余额}{2}$$

该指标反映企业总资产在一定时期内周转的次数。除了用次数表示之外，还可以用天数来表示总资产周转率，即总资产周转期。其计算公式为：

$$总资产周转期 = \frac{360}{总资产周转率} = \frac{总资产平均余额 \times 360}{营业收入}$$

总资产周转率和总资产周转期都可用来反映和衡量企业全部资产的利用效率。一般而言，企业总资产周转率越高，总资产周转天数越短，说明企业利用其全部资产进行经营的成果越好、效率越高，因而管理水平较高；反之，企业总资产周转率越低，总资产周转天数越长，则说明企业利用其全部资产进行经营的成果越差、效率越低，因而管理水平低，最终会影响企业的获利能力。通常，企业可以通过调整资产组合、实施薄利多销等办法来加速全部资产的周转，以提高企业的销售能力，从而增加企业利润。

另外，从总资产的构成来看，总资产分为流动资产和固定资产，那么总资产周转率就可以由流动资产周转率和固定资产周转率来表达，具体公式为：

$$总资产周转率 = \frac{营业收入}{总资产平均余额} = \frac{营业收入}{流动资产平均余额} \times \frac{流动资产平均余额}{总资产平均余额}$$
$$= 流动资产周转率 \times 流动资产占总资产的比重$$

$$总资产周转率=\frac{营业收入}{总资产平均余额}=\frac{营业收入}{固定资产平均余额}\times\frac{固定资产平均余额}{总资产平均余额}$$

$$=固定资产周转率\times固定资产占总资产的比重$$

由此可以看出，总资产周转率也可反映企业总资产及其各项组成部分的运营状况，可用来评价企业利用总资产创造销售收入的效率。

在具体实践中，运用该指标进行企业财务分析与评价，需要注意不同行业的特性、计价方式等因素的影响，如加工制造业的总资产周转率比商品流通业低；新资产计价高于旧资产，而使较多运用旧资产企业的总资产周转率偏高。此外，该指标侧重于资产的利用效率，易忽视企业销售的盈利能力，不能充分衡量企业的综合效率，所以，需要将该指标与衡量企业盈利性的指标结合起来，以便全面、合理、科学地评价企业的财务情况。

【例 7-5】A 公司 2017—2021 年总流动资产周转情况如表 7-4 所示。

表 7-4   A 公司 2017—2021 年总流动资产周转情况

指　　标	2021 年	2020 年	2019 年	2018 年	2017 年
总流动资产周转率（次）	0.76	0.87	0.95	1.05	0.99
总流动资产周转期（天）	473.68	413.79	378.95	342.86	363.64

从表 7-4 中可以看出，A 公司总资产周转率整体较低，总资产周转期居高。但从波动情况来看，总体波动不太大，2018 年相比 2017 年还有小幅度上升，但随后就呈下降趋势。产生此现象的原因，主要是近些年 A 公司的氯碱化工产量与市场需求量不成正比，公司不断地向电子产业靠近，电子产品占比较大，公司对于化工板块所收获的利润能力就相对较弱；其次可能是由于存货管理不佳，导致企业购买厂房设备、仓库储存费用占比较大，必然带来积压存货等风险；另外，根据 A 公司的财务指标数据，公司总资产增长率高于销售收入的增长率直接影响了企业的销售能力。经分析可见，A 公司需要提高总资产利用率，降低公司营运风险。

7.3   营运能力分析对投融资决策的影响

对企业来说，进行营运能力分析将有助于经营者和管理者了解企业的真实情况，为企业未来进行投融资提供依据。具体表现在以下三方面：①通过对企业营运能力的分析，可以发现和揭示与企业经营性质、经营时期不相适应的结构比例，从而及时做出调整，形成合理的资产结构。②通过对企业营运能力的分析，可改善企业财务状况。企业在一定时间点上的存量资产是企业取得收益或利润的基础。然而，当企业的长期资产、固定资产占用资金过多或过少甚至出现问题资产时，就会形成资金积压，以至营运资金不足，从而使企业的短期投资人对企业的财务状况产生不良印象，因此，企业必须注重分析并改善资金结构，使资产保持足够的流动性，以赢得外界对企业的信心。特别要对资产"泡沫"，或者虚拟资产进行资产结构分析，摸清存量资产结构，并迅速处理有问题的资产，这样才可有效防止或者消除资产经营风险。③通过对企业营运能的分析，可加速企业资金周转。非流动资产只有伴随着产品（或商品）的销售才能取得销售收入，在资产总量一定的情况下，非流动资产和非商品资产所占的比重越大，企业所实现的周转值越小，资金的周转速度也就越低。因此，通过资产结构的分析，可以合理调整流动资金与其他资产的比例关系。

对投资者来说，通过对企业营运能力的分析，有助于其判断企业财务的安全性、资本的保全程度以及资产的收益能力，进而影响自身的投资决策。主要表现为以下三方面。①企业的安全性与其资产结构密切相关。如果流动性强的资产占有的比重大，企业资产的变现能力就强，企业一般不会遇到现金压力的问题，企业的财务安全性则较高。②要保全所有者或股东的投入资本。除了要求在资产运用过程中资产的净损失不得冲减资本金外，还要有高质量的资产作为其物质基础，否则资产周转价值不能实现，也就无从谈及资本保全。③企业的资产结构直接影响着企业的收益。企业存量资产的周转速度越快，实现的收益能力越强；存量资产中商品越多，实现的收益额也就越大；商品资产中毛利额高的商品所占比重越高，取得的利润率就越高。

因此，对企业营运能力进行分析，不仅会对企业资本结构、财务状况产生重要影响，进而影响企业的投融资策略，也会对投资者的投资决策产生重要影响，进而影响其投资行为。

【例 7-6】A 公司 2017—2021 年营运能力相关指标如表 7-5 所示。

表 7-5　A 公司营运能力分析计算表

指　标	行业中位数	2021 年	2020 年	2019 年	2018 年	2017 年
营业周期（天）	234.22	130.93	140.45	129.63	123.46	108.40
存货周转期（天）	153.23	65.19	67.65	64.71	72.37	89.31
存货周转率（次）	2.38	5.52	5.32	5.56	4.97	4.03
应收账款周转期（天）	80.99	65.74	72.80	64.92	51.08	19.09
应收账款周转率（次）	4.51	5.48	4.94	5.54	7.05	18.86
流动资产周转率（次）	0.75	1.38	1.32	1.46	1.31	1.02
固定资产周转率（次）	3.03	22.05	21.14	21.33	16.10	10.00
总资产周转率（次）	0.60	1.10	1.06	1.20	1.06	0.77

从表 7-5 可以看出，A 公司 2017—2021 年营业周期有所增长，反映公司的资金周转有所放缓，但与行业相比，该公司的营业周期远远低于行业中位数 234.22 天，说明公司资金周转速度在行业中还是较快的。营业周期等于存货周转期与应收账款周转期之和，所以营业周期的变化与存货、应收账款的周转密切相关。

存货周转期和存货周转率是从不同角度衡量公司存货的变现速度、销售能力以及存货是否过量的一个指标。通常，存货周转率越高，存货周转期就越短，表明公司存货的流动性或变现能力越强，实现的销售额或周转额就越高，获利能力也相应提高。根据表 7-5，A 公司 2019—2021 年存货周转率基本维持在 5.5 次左右，明显高于 2017—2018 年的 4.03

次和 4.97 次，说明公司存货周转速度提高，存货周转天数压缩。并且从 2021 年的行业对比来看，行业存货周转率中位数为 2.38 次，存货周转期中位数为 153.23 天，远不及公司的 5.52 次和 65.19 天，这也反映出公司的存货管理能力在行业中比较突出，并且一直比较稳定。

应收账款周转率和应收账款周转期是反映企业管理应收账款方面的效率。从表 7-5 可以看出，A 公司自 2017 年之后应收账款周转率明显下降，应收账款周转期延长，反映公司应收账款速度变慢，效率有所降低。尤其是 2020 年，应收账款周转率只有 4.94 次，应收账款天数高达 72.80 天，主要原因是年初突发新型冠状病毒肺炎疫情，全国各地相继采取防控措施，使公司相关产品的市场需求受到压制，尤其是春节期间影响最为严重，从而导致公司营收下降，应收账款也有所延期。但从 2021 年与行业对比来看，公司的应收账款周转率要比行业中位数高 4.66％，显示公司应收账款的管理效率在行业中相对较高。

另外，从流动资产周转率、固定资产周转率和总资产周转率三项指标来看，自 2017 年以来 A 公司三类资产的周转情况大幅提升，并均保持在良好的发展水平，反映公司对各项资产的管理效率提高并保持稳定。从 2021 年与行业对比来看，三项指标也都在行业中位数的 1.8 倍以上，说明公司的资产管理效率在行业中也处于领先地位。

综合上述分析可以看出，A 公司目前的营运情况较好，并呈逐年好转的趋势，公司应继续保持这种上升的势头，提高运用各项经济资源的效率，包括企业各项资产的周转速度和人力资源的利用效率，以使企业更有效地运用资产，取得更多的利润。

| 本章小结 |

营运能力是企业在经营过程中使用资产获取回报的效率，企业营运能力受企业所处行业、经营周期、资产结构和质量、资产管理力度等因素的影响。企业营运能力分析主要是针对企业的流动资产营运能力、固定资产营运能力和总资产营运能力进行分析，通过对这三个方面的分析来评价企业资产的流动性、使用效果，发现企业资产营运中存在的问题，挖掘企业资产利用的潜力，为偿债能力和盈利能力分析做补充。

流动资产营运能力反映企业生产经营中流动资产的周转速度，衡量企业对流动资产的利用效率。流动资产营运能力指标主要包括应收账款周转率(期)、存货周转率(期)、流动资产周转率(期)、营业周期与现金周期。一般情况下，应收账款周转率高、存货周转率高、流动资产周转快、营业周期与现金周期短，说明企业相对应的应收账款、存货、流动资产、现金周转的速度快，企业的营运能力较好。但这些指标并非越高越好，如存货周转率过高，可能是企业采购量过小、过于频繁，也可能是缺货所导致的。企业采购量过小、过于频繁会增加存货采购成本，缺货则会影响正常的生产经营，这都表明企业的管理出现了问题，影响了到企业的营运效率。

固定资产营运能力反映企业对固定资产的使用效率，主要指标有固定资产周转率和固定资产周转期，通常固定资产周转率高，固定资产周转期短，说明企业固定资产周转快，利用充分，也反映企业的固定资产投资得当，结构分布合理，企业能够充分发挥固定资产的作用。

　　总资产营运能力反映企业总资产的使用效率，主要指标有总资产周转率和总资产周转期，通常企业总资产周转率越高，总资产周转天数越短，说明企业利用其全部资产进行经营的成果越好、效率越高，因而管理水平越高。

　　实践中，运用这些指标对企业进行分析和评价，要注意不同行业特性、计价方法等因素的影响，通过与同行业平均水平或竞争对手、企业历史情况进行对比，分析企业在行业中的发展水平及未来的变动趋势。

复习思考题

　　1. 营运能力分析的目的是什么？
　　2. 衡量流动资产营运能力的指标有哪些？它们如何影响企业营运能力？
　　3. 是不是存货周转率越高，企业的营运能力就越强？
　　4. 简述营业周期与现金周期的区别与联系。
　　5. 简述固定资产周转率的特点及作用。

线上课堂

实操练习

在线自测

第8章 盈利能力分析

知识框架

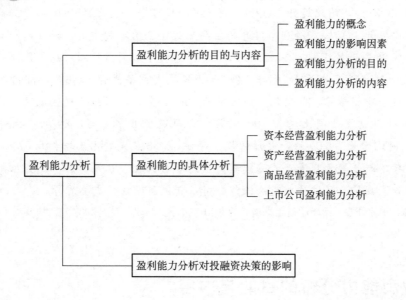

　　利润是企业一定期间内收入与费用配比后的经营成果，是衡量企业经营绩效的重要指标，是企业财务分析的重要组成部分。企业的利润也是政府财政税收的重要来源，现代会计提供的财务报表在纳税申报和政府监管方面起着重要作用。利润的稳定性、增长性和可靠性是评价企业利润质量的重要维度。企业的盈利能力关系着企业的生存与发展，对于企业利益相关者来说都有重要的决策参考价值，但不同的主体关注的角度不同，所采用的指标也各有差异。盈利能力的分析主要基于权责发生制下的利润表中的数据，并将资产负债表、现金流量表中的数据结合起来，从不同的层面形成对企业盈利能力的评价指标体系。基于上市公司股票金融产品的公开交易原则和价值投资属性，形成了关于上市公司盈利能力的多种评价指标。

引例

　　中航重机 2022 年 3 月 14 日晚间发布 2021 年年度业绩报告：2021 年营业收入约 87.9 亿元，同比增加 31.23%；归属于上市公司股东的净利润盈利约 8.91 亿元，同比增加 159.05%；基本每股收益盈利 0.89 元，同比增加 140.54%。军工锻件营业收入大幅增长，军工锻件收入在营业收入中占比已达 74.9%，占公司毛利润的 76.48%，是公司最核心的业务，在 2021 年贡献了公司毛利润增长量的 75.1%。

　　公司盈利能力显著增强，经营现金流情况良好，合同负债大增。2021 年度公司整体销售毛利率 28.33%，同比提升 1.69%；净利率 11.00%，同比提升 4.64%，扣非净利率 8.24%，同比提升 4.19%。净利率提升的主要原因是公司毛利率有所提升，同时通过规模效应，各项费用率明显下滑。2021 年公司四项费用率合计 13.18%，同比下降 3.02%。2021 年公司加权净资产收益率（ROE）为 11.05%，比去年提升 5.58%，翻倍增长。2021 年公司经营现金净流量 15.17 亿元，同比增长 130.48%，公司经营现金流情况较好。2021 年货币资金 61.3 亿元，同比增长 100.83%。公司现金非常充裕。2021 年公司合同负债 8.29 亿元，同比增长 11.69 倍，大幅增长。存货 32.33 亿元，同比增长 5.57%。

　　公司近年不断处置亏损资产，陆续剥离了大量的低效、亏损资产，过去几年平均每年有 3 亿元的资产减值。通过这些减法操作公司不断提质增效，减负前行。

　　资料来源：中原证券：给予中航重机增持评级［R/OL］.（2022-3-17）［2022-11-20］. https://www.sohu.com/a/530625799_115377.

8.1　盈利能力分析的目的与内容

8.1.1　盈利能力的概念

　　盈利能力通常是指企业在一定时期内赚取利润的能力，体现的是企业运用所能支配的经济资源开展经营活动、从中赚取利润的能力。赚取的利润是相对于投入的经济资源而言的，因此盈利能力大小是一个相对的概念。一般情况，利润率越高，盈利能力越强；利润率越低，盈利能力越差。企业的经营活动是否具有较强的盈利能力，盈利状况如何，对企业的生存、发展至关重要。企业盈利能力分析作为财务分析的核心，现已成为企业极为关注的一个重要内容，因此，对企业盈利能力的分析要力求客观、全面、准确，厘清企业盈利能力分析的思路和主要方法对于一家企业的发展有着极为重要的意义。

8.1.2 盈利能力的影响因素

影响企业盈利能力的因素主要有以下几点。

▶ 1. 企业资产运转效率

资产运转效率不仅影响着企业的营运能力，还影响着企业的盈利能力。一般情况下，资产的运转效率越高，企业的营运能力越强，企业的盈利能力也会越强。所以说企业的资产运转效率与企业的盈利能力有着非常紧密的联系，对企业的盈利能力有着非常重要的影响。

▶ 2. 企业营销能力

营业收入尤其是主营业务收入是企业利润最重要的源泉，是企业发展的基础，而企业的营销能力是扩大经营规模、增加营业收入的保证。科学有效的营销策略有助于形成良好的营业状况，为企业盈利提供最基本的条件。

▶ 3. 企业的利润结构

企业的利润由营业利润、投资收益和营业外收入构成，正常情况下营业利润应该占利润的大部分。有些企业虽然利润很高，但是仔细分析后会发现其主要是营业外收入支撑着企业的利润，这种靠非经常性收益构成的利润是不可靠的。因此，企业的利润结构对企业长期的盈利能力有非常重要的影响。

▶ 4. 国家的税收政策

国家的税收政策是国家进行宏观调控的手段，能有效地分配社会资源、调整产业结构。税收政策对企业的发展有很重要的影响，符合国家税收政策的企业能享受国家一系列的税收优惠，可以增强企业的盈利能力；不符合税收政策的企业则不享受税收优惠，这不利于企业的盈利能力。因此，分析企业的税收环境对企业的盈利能力分析也是十分必要的。

8.1.3 盈利能力分析的目的

微课堂 8-2
盈利能力
分析的目的

盈利能力分析是采用一定的方法计算盈利相关指标，分析、评价企业在一定时期内赚取利润的能力。盈利能力分析是企业利益相关者了解企业、认识企业、改进企业经营管理的重要手段之一，其根本目的是通过分析及时发现问题，改善企业的资本结构，提高企业的经营能力、盈利能力，促进企业持续稳定的发展。但企业利益相关者关注的角度不同，对企业进行盈利能力分析的具体目的也各不相同。

对投资者而言，投资的动机是获得较高的投资回报，投资者总是将资金投向盈利能力强的企业,因此,投资者对盈利能力进行分析是为了判断企业盈利能力的大小、稳定性和持久性,以及未来盈利能力的变化趋势。在市场经济条件下,投资者尤其关心企业获取利润的多少,并重视对利润率的分析。因为,企业盈利能力越强,投资者直接利益就会越高,并且还会使股票价格上升,从而使投资者获得资本收益。

对债权人而言,最关心的是投入资金的安全性,而利润又是偿债的一种重要来源,因此债权人对企业获利能力的强弱极为关注。债权人通过分析企业的盈利能力来衡量其收回本息的安全程度,从而使借贷资金流向更安全、利润率更高的社会生产部门。短期债权人关注的重点是短期内债权的安全收回,因此主要分析企业当期的获利水平;而长期债权人不仅关注债权到期时本金的安全性,也关注当前利息的保障程度,因此对企业当前和未来的盈利水平都要进行分析和预测。

对管理者而言,利润是企业管理者经营业绩和管理效能的衡量标准。管理者通过分析企业盈利能力并与该企业的历史水平、计划水平或同行业其他企业相比较,衡量各部门、各环节的工作业绩,评价其工作效率和效果。同时,盈利能力也是企业各环节经营活动的具体表现,企业经营的好坏会通过盈利能力表现出来。管理者通过对盈利能力的深入分析,可以发现管理中的重大问题,进面采取措施,解决问题,提高企业的收益水平。

对政府而言,政府行使其社会管理职能,需要足够的财政收入作为保证。税收是国家财政收入的主要来源,企业获利能力的强弱影响企业实现利润的多少,从而影响政府税收收入。政府进行企业盈利能力分析,可以为政策的制定或调整提供借鉴。

总之,盈利能力分析能够用以了解、认识和评价一个企业历史经营业绩、管理水平,以及通过对过去的评价,预测其未来的发展前景。因此,盈利能力分析成为企业及其利益相关者群体极为关注的一个重要内容。

8.1.4 盈利能力分析的内容

盈利能力分析主要是对企业利润率进行分析,是进行投融资决策分析的重点和核心,主要包括对资本经营盈利能力、资产经营盈利能力、商品经营盈利能力和上市公司盈利能力分析。资本经营盈利能力分析主要对净资产收益率指标及影响因素进行分析,资产经营盈利能力分析主要对总资产报酬率指标及影响因素进行分析,商品经营盈利能力主要是利用利润表资料对收入利润率和成本利润率进行分析,上市公司盈利能力分析主要是对上市公司的每股收益、普通股权益报酬率、股利发放率、价格与收益比率以及每股经营现金流量等指标进行分析。

8.2 盈利能力的具体分析

8.2.1 资本经营盈利能力分析

资本经营盈利能力是指企业所有者投入的资本通过经营而取得利润的能力。衡量资本经营能力的指标主要是净资产收益率,即企业本期净利润与净

微课堂 8-3
资本经营
盈利能力

资产平均余额的比率，其计算公式为：

$$净资产收益率=\frac{净利润}{净资产平均余额}\times100\%$$

其中，

$$净资产平均余额=\frac{期初净资产+期末净资产}{2}$$

净资产收益率是从企业所有者的角度来分析企业运用自有资本获取利润的能力，反映1单位股东资本赚取的净利润。净资产收益率是企业盈利能力的核心指标，因为企业的根本目标是所有者权益或股东价值最大化，而净资产收益率既可直接反映资本的增值能力，又影响着企业股东价值的大小。该指标越高，反映企业自有资本的获利水平越高，资本经营盈利能力越好。影响净资产收益率的因素有总资产报酬率、负债利息率、企业资本结构、所得税税率等。

净资产收益率作为综合性评价指标，不受企业所属行业、企业规模的限制，适用范围较广。实践应用中，对该指标进行分析时，一般通过与社会平均利润率、行业平均利润率或者资金成本相比较，发现企业净资产收益率的高低及原因，并及时采取措施进行调整，以提高企业的盈利能力。同时也会通过与企业历史数据进行比较，观察企业的盈利趋势。

【例8-1】甲公司与乙公司2017—2021年净资产收益率同行业比较如表8-1所示。

表 8-1 甲公司与乙公司净资产收益率同行业比较

公司	2017 年	2018 年	2019 年	2020 年	2021 年	平均值
甲	26.95%	30.00%	36.96%	33.06%	24.26%	30.25%
乙	26.78%	25.38%	24.50%	24.69%	25.28%	25.33%

如表8-1所示，首先纵向对比甲公司近五年的数据，2017—2019年净资产收益率呈上升趋势，平均每年上涨5%～6%。但2019年之后，甲公司净资产收益率开始下降。其次与乙公司进行横向对比，甲公司2017—2021年净资产收益率平均为30.25%，而乙公司2015—2019年净资产收益率平均为25.33%。因此，从净资产收益率指标近五年平均值对比方面，甲公司要优于乙公司，可以说甲公司更具优势。然而甲公司2021年的净资产收益率下滑严重，为近五年最低，并且第一次低于乙公司，而乙公司在近五年里无明显波动，呈平稳发展趋势。由此可见，甲公司对投资者、债权人的利益保障总体来说要优于乙公司。但不可忽视的是，甲公司2019年后自有资本获取利益的能力有所下降。甲公司从投资中得到的回报利润小，净利润的增长小于净资产的增长速度，不利于保证投资者和债权人的利益，这就会导致无法吸引投资者投资更多资金。

8.2.2 资产经营盈利能力分析

资产经营盈利能力是指企业运营资产而产生利润的能力。衡量企业资产经营能力的指标主要有总资产报酬率、总资产利润率，流动资产利润率和固定资产利润率等，其中总资产报酬率是核心指标。

微课堂 8-4
资产经营
盈利能力

总资产报酬率又称资产回报率,是指企业一定时期内实现的息税前利润与总资产平均余额的比率,其计算公式为:

$$总资产报酬率 = \frac{利润总额 + 利息支出}{总资产平均余额} \times 100\%$$

其中,

$$总资产平均余额 = \frac{期初总资产 + 期末总资产}{2}$$

该指标是从企业经营者的角度来分析企业运用全部资产获取收益的能力,全面反映了企业的盈利能力和投入产出状况,是评价企业资产运营效益的重要指标。总资产报酬率高,说明企业资产的运用效率好,也意味着企业的资产盈利能力强,所以,这个比率越高越好。但是在分析总资产报酬率时,还需要与本企业前期的比率、同行业其他企业的这一比率等进行比较,进一步找出影响该指标的不利因素,以利于企业加强经营管理。

根据总资产报酬率指标的经济内容,可将该指标分解为:

$$总资产报酬率 = \frac{营业收入}{总资产平均余额} \times \frac{利润总额 + 利息支出}{营业收入} \times 100\%$$
$$= 总资产周转率 \times 销售息税前利润率 \times 100\%$$

由此可见,总资产周转率和销售息税前利润率是影响总资产报酬率的两个重要因素。总资产周转率是衡量企业营运能力的指标,表示1单位资产所能够带来的收入,可用于说明企业资产的运用效率,是企业资产经营效果的直接体现。销售息税前利润率是衡量企业盈利能力的指标,表示1单位销售收入所能带来的利润额,反映产品盈利能力越强,销售利润率越高。可见,资产经营盈利能力受商品经营盈利能力和资产运营效率两方面的影响。

【例 8-2】甲公司与乙公司 2017—2021 年净资产收益率同行业比较如表 8-2 所示。

表 8-2 甲公司与乙公司 2021 年财报部分数据

指 标	甲 公 司	乙 公 司	差 异
营业收入(元)	198 153 027 540.35	278 216 017 000.00	
息税前利润(元)	30 950 983 487.29	30 809 817 000.00	
总资产平均余额(元)	267 044 323 943.13	282 828 283 500.00	
总资产周转率	74.20%	98.37%	−24.17%
息税前利润率	15.62%	9.96%	5.66%
总资产报酬率	11.59%	9.79%	1.80%

如表 8-2 所示,甲公司总资产周转率明显低于乙公司,说明甲公司的资产运用效率较乙公司略弱。但甲公司息税前利润率大于乙公司,代表 G 公司每 1 元的营业收入给企业带来的利润要大于乙公司。反映了甲公司的商品经营盈利能力更强,但资产经营效果较差。甲公司总资产周转率低于乙公司 24.17%,息税前利润率高于乙公司 5.66%,导致最终总资产报酬率略胜于乙公司 1.8%。由此可见,甲公司如要提高资产报酬率,就要从提高总资产周转率和息税前利润率两方面着手。

8.2.3　商品经营盈利能力分析

以利润为基础的盈利能力，是企业利益相关者重点关注的问题，也是对企业经营业绩和管理水平进行比较和评价的主要依据，而除了从企业投资、筹资角度考虑的资产经营和资本经营盈利能力分析之外，重点应围绕企业的生产经营活动进行盈利能力分析。商品经营是相对资产经营和资本经营而言的，主要研究利润与收入或成本之间的比率关系。

商品经营盈利能力是指企业在商品生产经营活动中创造利润的能力。衡量商品生产经营盈利能力的比率指标可分为两类：一类是各种利润额与收入之间的比率，统称为收入利润率；另一类是各种利润额与成本之间的比率，统称为成本利润率。

▶ **1. 收入利润率**

反映收入利润率的指标有营业收入利润率、营业收入毛利率、总收入利润率、营业收入净利率、销售息税前利润率等。

（1）营业收入利润率

营业收入利润率又称营业利润率，是指企业营业利润与营业收入之间的比率。其计算公式为：

微课堂 8-5
营业收入利润率

$$营业收入利润率 = \frac{营业利润}{营业收入} \times 100\%$$

该指标反映 1 单位营业收入带来的营业利润，用以衡量企业整个营业活动的盈利能力。营业利润是最能体现企业经营活动业绩的项目，是企业利润总额中最基本、最经常，同时也是最稳定的利润组成部分，营业利润占利润总额比重的多少，是说明企业盈利能力质量高低的重要依据。另外，营业利润作为一种净获利额，比销售毛利更好地说明了企业收入的净获利情况，从而能更全面、完整地体现收入的盈利能力。营业收入利润率越高，表明企业盈利能力越强；反之，则盈利能力越弱。

【例 8-3】 甲公司与乙公司 2016—2021 年营业利润率同行业比较如表 8-3 所示。

表 8-3　甲公司与乙公司营业利润率同行业比较

公司	2016 年	2017 年	2018 年	2019 年	2020 年	2021 年	行业中值
甲	13.83%	16.12%	17.62%	15.65%	14.94%	15.5%	12.8%
乙	10.77%	10.96%	8.98%	9.85%	10.67%	11.1%	

由表 8-3 可知，甲公司营业利润率由 2016 年开始呈上涨趋势，2018—2020 年，甲公司每单位业务收入所带来的营业利润在波动下降，其业务的获利能力在下降，经营效益也在下降，但在 2021 年又有所上升。乙公司近年来营业利润率虽然有波动，但总体的走向是稳中有进，说明其盈利能力在慢慢提高。甲公司作为该行业的佼佼者，一直保持着较高的营业利润率，纵观这六年营业利润率一直高于乙公司，并且远高于行业中值，说明甲公司在商品经营方面的获利能力较之乙公司更胜一筹，在行业中也具有较大优势。

（2）营业收入毛利率

营业收入毛利率又称营业毛利率、销售毛利率，是指企业一定时期的营业毛利和营业收入之间的比率。其计算公式为：

$$营业收入毛利率 = \frac{营业毛利}{营业收入} \times 100\% = \frac{营业收入 - 营业成本}{营业收入} \times 100\%$$

微课堂 8-6
营业收入毛利率

该指标表明 1 单位营业收入可以创造的毛利，是企业获得利润的重要基础，也是企业向各利益相关方进行现金流分配的起点。影响毛利变动的因素比较多，可以选取销售数量、销售单价、产品成本等主要因素对毛利变动进行因素分析，进而对各个因素进行定性分析并明确各部门的责任归属。

营业收入毛利率是反映公司利润获取能力的核心指标之一，能够直接反映公司竞争能力的强弱，具有比较明显的行业特征。一般来说，营业周期短、固定费用低的行业毛利率水平比较低，如商业零售行业；而营业周期长、固定费用高的行业则要求有较高的毛利率，以弥补巨大的固定成本，如工业企业。营业毛利率又与经济环境有相关关系，例如，资源类行业的毛利率变化就具有比较明显的周期性特点，同时也受到一定的产业政策环境的影响。

实践应用中，在对企业毛利率进行分析时，必须与企业的目标毛利率、同行业平均水平及先进水平企业的毛利率进行对比，以正确评价本企业的盈利能力，并分析差距及其产生的原因，从而探寻提高盈利能力的途径。

【例 8-4】 甲公司与乙公司 2016—2021 年营业毛利率同行业比较如表 8-4 所示。

表 8-4　甲公司与乙公司营业毛利率同行业比较

公司	2016 年	2017 年	2018 年	2019 年	2020 年	2021 年
甲	32.46%	32.70%	32.86%	30.23%	27.58%	26.14%
乙	25.84%	27.31%	25.03%	27.54%	28.86%	25.11%

通过表 8-4 的数据，可以看出甲公司 2016—2021 年的营业毛利率呈先增后减的趋势，但与乙公司对比来看，甲公司近年营业毛利率基本都优于乙公司。甲公司营业毛利率基本维持在 25%～35% 之间，波动幅度小于 10%，比较稳定，在行业中属于合理水平，属于优秀公司，反映出甲公司的盈利较强。

（3）总收入利润率

总收入利润率又称销售利润率，是指利润总额与总收入之间的比率。其计算公式为：

$$总收入利润率 = \frac{利润总额}{总收入} \times 100\%$$

该指标衡量企业各项收入创造利润的能力。其中，总收入包括营业收入、投资收益净额和营业外收入。

（4）营业收入净利率

营业收入净利率又称销售净利率，是指企业净利润与营业收入之间的比率。其计算公式为：

$$营业收入净利率 = \frac{净利润}{营业收入} \times 100\%$$

微课堂 8-7
营业收入净利率

该指标反映企业1单位营业收入所带来的净利润，用以衡量企业营业收入创造净利润的能力。该指标越大，则企业盈利能力越强；反之，则盈利能力越弱。在分析中需要注意，净利润并非都是由营业收入产生，也受投资收益、营业外收支、所得税等因素影响。因此，在对上市公司营业收入净利率进行分析时，要注意其投资收益、营业外收入等一次性的偶然收入突然上升，防止企业利用资产重组、非货币性资产置换、股权投资转让、资产评估、非生产性资产与企业建筑物销售收入等手段调节利润。

【例8-5】甲公司与乙公司2016—2021年营业收入净利率同行业比较如表8-5所示。

表8-5　甲公司与乙公司营业收入净利率同行业比较

公司	2016年	2017年	2018年	2019年	2020年	2021年	行业中位数
甲	12.9%	14.4%	15.2%	13.3%	12.5%	13.2%	11.1%
乙	9.8%	10.0%	7.7%	8.3%	9.1%	9.7%	

从表8-5可以看出，甲公司的营业收入净利率近六年呈波动增长，在2018年达到近六年的最高值，为15.2%，随后增长率有所放缓。从行业对比来看，甲公司近年该指标均远高于同行业的乙公司，说明甲公司的营运收入创造净利润的能力要明显高于乙公司。并且从2021年行业中位数来看，甲公司营业收入净利率高于行业2.1%，而乙公司低于行业1.4%。总体来看，甲公司的盈利能力较强，并且处于行业前列。

（5）销售息税前利润率

销售息税前利润率是指息税前利润与营业收入之间的比率。其计算公式为：

$$销售息税前利润率 = \frac{息税前利润}{营业收入} \times 100\% = \frac{净利润+所得税费用+利息支出}{营业收入} \times 100\%$$

反映收入利润率的指标均为正向指标，一般该指标越大，企业盈利能力越强。收入利润率指标主要受销售价格、销售数量、销售结构、产品单位成本、期间费用、投资收益、营业外收支、所得税税率、会计政策等诸多因素的影响，因此，对收入利润率的分析需要结合对销售、利润、成本费用等的分析进行。

▶ 2. 成本利润率

反映成本利润率的指标有营业成本利润率、营业费用利润率、全部成本费用利润率等。

（1）营业成本利润率

营业成本利润率是指企业营业利润与营业成本之间的比率。其计算公式为：

微课堂8-8
成本利润率

$$营业成本利润率 = \frac{营业利润}{营业成本} \times 100\%$$

（2）营业费用利润率

营业费用利润率是指营业利润与营业费用总额的比率。其计算公式为：

$$营业费用利润率 = \frac{营业利润}{营业费用} \times 100\%$$

其中，营业费用包括营业成本、税金及附加、期间费用和资产减值损失。期间费用包括销售费用、管理费用、财务费用等。

（3）全部成本费用利润率

全部成本费用利润率是从总耗费的角度衡量企业盈利情况的指标，该指标有全部成本费用总利润率、全部成本费用净利润率两种形式。

$$全部成本费用总利润率 = \frac{利润总额}{成本费用总额} \times 100\%$$

$$全部成本费用净利润率 = \frac{净利润}{成本费用总额} \times 100\%$$

其中，

成本费用总额＝营业成本＋税金及附加＋期间费用＋资产减值损失＋营业外支出

营业成本利润率、营业费用利润率、全部成本费用利润率均反映了企业投入产出水平，即所得与所费的比率，体现了增加利润是以降低成本及费用为基础的。这些指标的数值越高，表明生产和销售产品的每1元成本及费用所取得的利润越多，劳动耗费的效益越高；反之，则说明每耗费1元成本及费用所实现的利润越少，劳动耗费的效益越低。成本利润率也是正指标，即指标值越高越好。分析评价时，可将各指标实际值与标准值进行对比。标准值可根据分析的目的与管理要求确定。

【例8-6】甲公司与乙公司 2017—2021 年全部成本费用利润率同行业比较如表 8-6 所示。

表8-6 甲公司与乙公司全部成本费用利润率同行业比较

公司	2017 年	2018 年	2019 年	2020 年	2021 年
甲	17.31%	20.25%	21.35%	18.44%	17.19%
乙	12.69%	13.15%	9.73%	10.85%	11.91%

由表 8-5 数据可知，甲公司 2017—2021 年的全部成本费用利润率均高于乙公司，并且优势明显，表明甲公司生产和销售产品的每 1 元成本及费用所取得的利润越多，劳动耗费的效益越高。因此，在综合反映企业成本效益上，甲公司依然胜于乙公司。

案例

格力电器内外销齐发力，盈利改善可循

根据格力电器年报显示，2021 年该公司实现营收 1 896.5 亿元，同比增长 11.2%；实现归母净利润 230.6 亿元，同比增长 4%。

多元化布局推进，内外销齐增长。分业务来看，2021 年格力公司空调业务实现营收 1 317.1 亿元，同比增长 14%。根据"产业在线"的数据，2021 年格力公司空调内销销量同比增长 6.8%，外销销量同比增长 3.8%。空调销量提升推动公司空调业务收入稳健增长，据此推测公司空调调价策略见效，以及产品结构优化助益公司空调销售均价提升，从而进一步推动公司空调业务增长。此外，格力公司加快多元化布局，2021 年格力公司工业制

品业务/智能装备业务/绿色能源业务营收分别同比增长38.6%、42.8%、63.1%，营收收入分别为31.9、8.6、29.1亿元，三项业务的营收占比合计提升0.9%～3.7%。分地区来看，格力公司内销实现收入1 223.1亿元，同比增长10.8%；外销实现收入225.4亿元，同比增长12.6%。内外销齐发力，推动公司全年营收稳健增长。

2021年盈利能力有所承压。2021年公司综合毛利率为25%，同比下降2.2%，其中第四季度毛利率为25.3%，同比下降10.3%。公司毛利率下降主要是会计准则的调整以及原材料价格的持续上涨。费用方面，公司销售费用率、管理费用率、研发费用率、财务费用率分别为6.1%、2.1%、3.3%、−1.2%，销售费用率、研发费用率分别同比减少1.5%、0.2%，管理费用率、财务费用率变化微小。综合来看，公司净利率为12.2%，同比减少1.1%。

2022年第一季度盈利相对稳定。在一季度原材料价格持续大幅上涨的背景下，公司的盈利能力仍然保持了相对稳定，2022年第一季度公司毛利率为24.3%，同比下降0.9%，毛利率降幅收窄。费用方面，格力公司销售费用率、管理费用率、研发费用率、财务费用率分别为5.5%、3.5%、3.7%、−1.6%。综合来看，净利率10.2%，同比减少0.2%。整体来看，格力公司的毛净利率降幅收窄，均呈现一定的改善趋势。未来随着原材料价格的趋稳，并且考虑到公司较为强势的产业链地位，预期公司的盈利能力将加速修复。

资料来源：西南证券，2022年4月30日。

8.2.4　上市公司盈利能力分析

上市公司是指经依法批准，可以在证券交易所向社会公开发行股票筹集资金的股份有限公司，其权益资本被分为等额的股份，称为股本。在进行盈利能力分析时，不但要关注上市公司资本经营、资产经营及商品经营的盈利能力，还要关注上市公司的股本盈利能力。上市公司盈利能力分析评价指标主要包括每股收益、每股股利、每股净资产、股利支付率、市盈率、市净率、股利保障倍数等。

▶ **1. 每股收益**

每股收益是指公司年度净利润与发行在外的普通股股数的比值，反映公司普通股的获利水平，是评价上市公司盈利能力最基本、最核心的指标。该指标又分为普通股每股收益和稀释每股收益。

微课堂8-9
每股收益

（1）普通股每股收益

普通股每股收益也称普通股每股利润或每股盈余，是指股份有限公司实现的净利润总额减去优先股股利后与已发行在外的普通股股数的比值。其计算公式为：

$$普通股每股收益 = \frac{净利润 - 优先股股利}{发行在外的普通股加权平均数（流通股股数）}$$

其中，

$$发行在外的普通股加权平均数 = 期初发行在外普通股股数 +$$

$$当期新发行普通股股数 \times \frac{已发行时间}{报告期时间} - 当期回购普通股股数 \times \frac{已回购时间}{报告期时间}$$

已发行时间、报告期时间、已回购时间一般按照天数计算，在不影响计算结果合理性的前提下，为了计算简便通常按月计算。

（2）稀释每股收益

稀释每股收益是指当企业存在稀释性潜在普通股时，应当分别调整归属于普通股股东的当期净利润和发行在外的普通股加权平均数，并据此计算稀释每股收益。所谓稀释性潜在普通股，是指假设当期转换为普通股会减少每股收益的潜在普通股，如可转换公司债券、认股权证和股份期权。

1）计算稀释每股收益时，应当根据下列事项对归属于普通股股东的当期净利润进行调整：当期已确认为费用的稀释性潜在普通股的利息；稀释性潜在普通股转换时将产生的收益或费用。同时应当考虑相关的所得税影响。

2）计算稀释每股收益时，对当期发行在外的普通股加权平均数的调整。调整后的股数应当为计算基本每股收益时普通股的加权平均数与假定稀释性潜在普通股转换为已发行普通股而增加的普通股股数的加权平均数之和。计算稀释性潜在普通股转换为已发行普通股而增加的普通股股数的加权平均数时，以前期间发行的稀释性潜在普通股，应当假设在当期期初转换；当期发行的稀释性潜在普通股，应当假设在发行日转换。

【例 8-7】甲公司与乙公司 2016—2021 年每股收益比较如表 8-7 所示。

表 8-7　甲公司与乙公司每股收益比较

公司	2016 年	2017 年	2018 年	2019 年	2020 年	2021 年
甲	2.08	2.56	3.72	4.36	4.11	3.71
乙	2.99	2.29	2.66	3.08	3.60	3.93

由表 8-6 数据可以看出，甲公司 2016—2019 年每股收益呈波动增长趋势，2020 年之后呈下降趋势。乙公司的每股收益自 2017 年起波动上升，并且上升的幅度较大。从两家公司对比来看，乙公司对投资者的吸引度在逐步增加，而甲公司则有所下降。

▶ 2. 每股股利

每股股利是指股利总额与期末普通股股份总数之间的比值。其计算公式为：

$$每股股利 = \frac{股利总额}{普通股股份总数} = \frac{现金股利总额 - 优先股股利}{普通股股份总数}$$

微课堂 8-10
每股股利

该指标反映公司每一普通股所能获得的实际股息，用以衡量公司普通股的获利能力及投资价值。一般情况下，每股股利越高，股票投资者的实际收益也会越高，获利更好。现实中，利用该指标时应该视情况而定，例如对长期股票投资者来说，每股股利较高，可能是公司利润留存较少，将大部分利润用于发放股利这样就不利于公司长远发展；但是，如果每股股利较高，利润留存也较高，说明公司经营状况好，盈利能力强，发展前景好。

每股股利与每股收益一样，由于分母是总股本，所以也会有因为股本规模扩大导致的摊薄效应。对于投资者而言，不论公司股本是否扩大，都希望每股股利保持稳定，尤其对于收益型股票。因此，每股股利的变动是投资者选股的一个重要考量指标。

每股股利与每股收益又有所不同，每股收益是公司每一普通股所能获得的税后净利润，但上市公司实现的净利润往往不会全部用于分派股利。一般情况下，公司会将其中一部分作为留存利润用于公司自我积累和发展，所以每股股利通常会低于每股收益。但在某些年份，每股股利也有可能高于每股收益。这是由于在这些年份，公司经营状况不佳，税后利润不足以支付股利，或经营亏损无利润可分，但公司为了维持投资者对公司及其股票的信心，可用积存的盈余公积金按股票面值的一定比例来支付股利，或在弥补亏损以后支付。

▶ **3. 每股净资产**

每股净资产又称每股账面价值、每股权益，是指公司期末股东权益与普通股股份总数的比值。其计算公式为：

$$每股净资产＝\frac{股东权益}{普通股数}$$

微课堂 8-11
每股净资产

其中，股东权益即净资产，是扣除优先股权益后的余额。该指标反映每股普通股股票所拥有的净资产。理论上，每股净资产即股票的最低价值，该指标越高，表明股东拥有的每股资产价值越多；反之，则表明股东拥有的每股资产价值越少。一般情况下，每股净资产越高越好。

现实中，使用每股净资产进行投资分析时，需要注意该指标是用历史成本计量的，既不反映净资产的变现价值，也不反映净资产的产出能力。例如，某公司的资产只有一宗前几年购买的土地，并且没有负债，公司的净资产是土地的原始成本。现在土地的价格比过去翻了几番，引起股票价格上升，而其账面价值不变。这个账面价值，既不说明土地现在可以卖多少钱，也不说明公司使用该土地能获得什么。

▶ **4. 股利支付率**

股利支付率是指普通股每股股利与每股收益的比值，反映了公司的股利分配政策和支付股利的能力。其计算公式为：

$$股利支付率＝\frac{每股股利}{每股收益}$$

微课堂 8-12
股利支付率

一般来说，公司发放股利越多，股利的分配率越高，因而对股东和潜在投资者的吸引力越大，也就越有利于建立良好的公司信誉。一方面，由于投资者对公司的信任，会使公司股票供不应求，从而使公司股票市价上升。公司股票的市价越高，对公司吸引投资、再融资越有利。另一方面，过高的股利分配政策，不但会使公司的留存收益减少，而且如果公司要维持高股利分配政策而对外大量举债，会增加资金成本，最终必定会影响公司的未来收益和股东权益。

股利支付率是股利政策的核心。现实中，确定股利支付率，首先要弄清公司在满足未来发展所需的资本支出需求和营运资本需求后，有多少现金可用于发放股利；然后考察公司所能获得的投资项目的效益如何。如果现金充裕，投资项目的效益又很好，则应少发或不发股利；如果现金充裕但投资项目效益较差，则应多发股利。

▶ **5. 市盈率**

市盈率是指普通股的每股市价与每股收益之间的比率，可以用来评估股票的投资收益和风险。其计算公式为：

$$市盈率 = \frac{每股市价}{每股收益}$$

微课堂 8-13
市盈率

该指标是衡量公司获利能力的重要指标。市盈率越低，代表投资者能够以较低价格购入股票以取得回报。假设某股票的市价为 20 元，而过去 1 年的每股收益为 2 元，则市盈率为 20/2＝10。该股票被视为有 10 倍的市盈率，即每付出 10 元可分享 1 元的盈利，投资回报率为 10%。若该公司的每股收益不变，则说明 10 年可收回投资。投资者计算市盈率主要是用于比较不同股票的价值。在理论上，股票的市盈率越低，越值得投资。但在实务中，股票的市盈率越低，反而投资者越少。因此，比较不同行业、不同国家、不同时段的市盈率往往不大可靠，而比较同类市场、同一时段、同类股票的市盈率较有实用价值。

投资者通常利用该比值估量某股票的投资价值，或者用该指标在不同公司的股票之间进行比较，作为比较不同价格的股票是否被高估或低估的依据。然而，用市盈率衡量一家公司股票的优劣时，并非总是准确的。一般认为，如果一家公司股票的市盈率过高，那么该股票的价格具有泡沫，价值被高估，投资风险较大。然而，当一家公司增长迅速及未来的业绩增长非常看好时，股票目前的高市盈率可能恰好准确地估量了该公司的价值。需要注意的是，利用市盈率比较不同股票的投资价值时，这些股票必须属于同一个行业，因为此时公司的每股收益比较接近，相互比较才有效。

【例 8-8】 同一行业丙、丁两家公司，假设它们的每股收益都为 0.5 元。丙公司的市盈率为 80，丁公司的市盈率为 20，即丙公司的每股市价为 40 元，而丁公司的每股市价只有 10 元。那么，此时购买丙公司的股票所花费的代价是丁公司股票的 4 倍，但丙公司股票报酬能达到或超过丁公司股票报酬 4 倍的可能性并不大。因此，这种情况下购买丁公司的股票可能更加有利，而购买丙公司的股票则投资风险较大。

▶ **6. 市净率**

市净率是指每股市价与每股净资产之间的比值。其计算公式为：

$$市净率 = \frac{每股市价}{每股净资产}$$

微课堂 8-14
市净率

该指标反映市场对公司资产质量的评价。每股净资产是股票的账面价值，它是用成本计量的，而每股市价是这些资产的现在价值，它是证券市场上交易的结果。一般情况下，当市价高于账面价值，即市净率大于 1 时，说明公司资产的质量较好，有发展潜力；反之，则说明公司资产质量较差，没有发展前景。优质股票的市价都超出每股净资产许多，一般市净率达到 3 可以树立较好的公司形象。市价低于每股净资产的股票，就像售价低于成本的商品一样，属于"处理品"。当然，"处理品"也不是没有购买价值，问题在于该公司今后是否有转机，或者购入后经过资产重组能否提高盈利能力。

现实应用中需要注意，一般股票的账面价值并不等同于市场价值，账面价值反映过去付出的成本，而股票市价反映的是现在的价值。市净率是将一个企业净资产的账面历史数据与现实市场数据放在一起比较，本身计算口径并不一致，是对过去价值的现时衡量。该指标运用于投资分析中，可以对股票的市场前景进行判断。

市净率与市盈率相比，其不同点是：市盈率指标主要从股票的获利性角度进行考虑，而市净率指标主要是从股票的账面价值角度进行考虑；其相同点是：两者都必须建立在完善、健全的资本市场基础上，才能据以对公司做出合理、正确的分析。

【例 8-9】甲公司与乙公司市盈率、市净率比较如表 8-8 所示。

表 8-8 甲公司与乙公司市盈率、市净率益比较

指标	公司	2016 年	2017 年	2018 年	2019 年	2020 年	2021 年	行业中位数
市盈率	甲	10.73	9.6	11.74	8.19	15.97	22.89	10.71
	乙	11.02	12.39	21.04	12.14	16.77	27.76	
市净率	甲	2.83	2.75	4.01	2.35	3.58	3.25	2.67
	乙	2.85	2.98	4.93	2.96	3.99	6.13	

从表 8-8 可以看出，2021 年甲公司和乙公司的市盈率均高于当年行业中位数 10.71，并且从历年情况来看，甲公司的市盈率均低于乙公司，说明甲公司股票投资价值优势明显，再结合甲公司的高股息发放，反映出甲公司股票投资价值更高，相对风险较低。另外从市净率指标看，甲公司和乙公司均高于行业中位数，说明两家公司资产质量好，发展潜力大，受到市场关注度较高，市场对其预期看好。甲公司市净率近年均低于乙公司，原因在于受到公司业务调整，其市场预期有所下降。但从两项指标综合来看，甲公司整体资产质量良好，发展潜力较大，投资价值较高。

▶ 7. 股利保障倍数

股利保障倍数是指普通股每股收益与每股股利的比值，与股利支付率互为倒数。其计算公式为：

$$股利保障倍数 = \frac{每股收益}{每股股利}$$

该指指标是一种安全指标，可以看出净利润减少到什么程度公司仍然能够按照目前的水平支付股利。股利保障倍数越大，支付股利的能力越强。

8.3 盈利能力分析对投融资决策的影响

企业盈利能力通常表现在企业在一定时期内利用各种经济资源获得的收益数额及水平的能力，也是各个部门生产经营效果的综合体现。企业的融资方式主要为债务融资和股权融资。债务融资方式相对于股权融资来说，成本低且不会分散公司的控制权，是大部分公

司进行融资的主要手段。然而债务融资成本高意味着企业将会有较大的财务费用支出，进而影响企业的盈利能力和盈利水平。盈利能力既能反映企业在一定期间内的销售水平、降低成本的水平和获取现金流的水平，也能反映出企业获得报酬回避风险的水平及企业资产的营运效益和未来所增长的潜能。

通过对盈利能力相关财务指标的分析，来反映该公司目前的发展状况及衡量该公司经营业绩，如企业管理层决策是否合理，财务状况是否稳定，市场占有率、销售利润率高低等状况，及时发现问题，改善企业财务结构，为企业进行下一步的投融资决策提供指导，从而来增强公司在市场上的竞争力，规避风险，最终促进企业持续、稳定、长远的发展。

▎本章小结 ▎

企业作为市场经济中的纳税主体，获利是其生存发展的最终目的。盈利能力是指企业在一定时期内赚取利润的能力，受企业资产运转效率、营销能力、利润结构、国家税收政策等因素影响。对于企业不同的利益相关者，进行企业盈利能力分析的目的也有所不同。盈利能力分析是企业财务分析的重要组成部分，它已成为企业及利益相关者极为关注的一个重要内容。

依据财务报表的盈利能力分析主要从资本经营盈利能力、资产经营盈利能力、商品经营盈利能力和上市公司盈利能力四个方面来进行分析。资本经营盈利能力是指企业所有者投入的资本通过经营取得利润的能力，评价指标主要是净资产收益率，即企业本期净利润与净资产平均余额的比率。资产经营盈利能力是指企业运营资产而产生利润的能力，评价指标主要有总资产报酬率、总资产利润率、流动资产利润率和固定资产利润率等，其中总资产报酬率是核心指标。商品经营盈利能力是指企业在商品生产经营活动中创造利润的能力，评价指标主要有收入利润率和成本利润率两类，其中收入利润率指标有营业收入利润率、营业收入毛利率、总收入利润率、营业收入净利率、销售息税前利润率等，成本利润率指标有营业成本利润率、营业费用利润率、全部成本费用利润率等。上市公司盈利能力是指上市公司在资本资产经营和生产经营中创造利润的能力，评价指标主要有每股收益、每股股利、每股净资产、股利支付率、市盈率、市净率、股利保障倍数等。

实践中，在采用各种指标对企业盈利能力进行分析时，要注意与企业往期水平、行业水平进行对比分析，以全面、正确、客观地评价企业的盈利能力，为进行企业投资、融资提供依据。

▎复习思考题 ▎

1. 盈利能力分析的目的是什么？
2. 盈利能力分析的主要内容和影响因素有哪些？
3. 资本经营盈利能力的影响因素有哪些？
4. 上市公司股利支付率是不是越高越好？
5. 每股收益与每股股利有何异同？

6. 市盈率指标分析时应注意哪些问题？

7. 简述市盈率和市净率指标的含义及计算方法。

线上课堂

实操练习

在线自测

第9章 发展能力分析

学习目标

1. 知识目标：了解发展能力分析的内容和目的，理解发展能力和发展能力各增长率指标的内涵，理解发展能力的反映形式。

2. 能力目标：熟练掌握发展能力各增长率指标的计算和分析；能够运用增长指标分析企业单项发展能力；能够运用企业整体发展能力分析框架对企业的增长能力做出合理评价。

3. 素质目标：通过本章学习，可以对企业单项发展能力和整体发展能力进行分析判断，预测评判一个企业的未来发展趋势，为企业投融资决策活动提供科学意见和建议。

4. 价值目标：树立企业整体价值意识，培养分析者的系统思维，为企业投融资决策提供科学建议。

知识框架

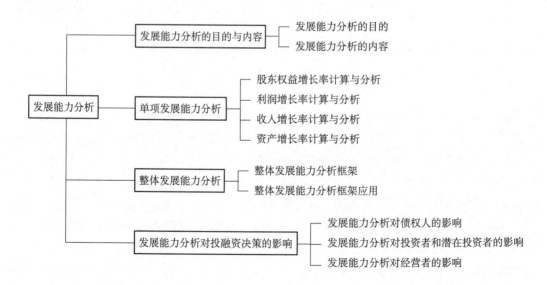

导语

　　企业追求的目标可以概括为生存、发展、获利，可见，发展对于企业的重要性，它是企业获利的根本途径。发展能力通常是指企业未来生产经营活动的发展趋势和发展潜能，也可以称为企业增长能力。企业要追求可持续的长期增长，就需要企业管理层使用好股东和债权人的资本，高效运营，科学控制成本，增加收入获得利润，持续增加股东财富并不断提升企业价值。

　　企业发展能力可以从单项指标来分析，也可从整体发展能力角度分析，但从投融资决策分析角度，对于企业的发展能力应从综合角度来判断并验证。

引例

三全食品的成长之路

　　三全食品股份有限公司作为中国速冻食品行业的开创者和领导者，成立于1992年，目前已经是全国最大的速冻食品生产企业之一。公司在发展史上创造了30多项速冻行业第一，创始人陈泽民被公认为中国速冻食品开拓者，并于2018年10月入选中央统战部、全国工商联"改革开放40年百名杰出民营企业家"。三全食品于2008年2月在深圳证券交易所上市，成为中国速冻食品行业首家上市公司。三全食品始终站在中国速冻食品美味、健康领域的前沿，全力传承发扬传统美食文化，使用现代科技和工艺，专注研发不同口味的美食，带给消费者新鲜的优质食品、美好的现代生活。公司拥有"三全"和"龙凤"两大知名品牌，在郑州、广州、成都、武汉、天津、苏州等地建有8个生产基地，生产能力和装备水平均处于国内领导地位。公司构建了覆盖全国的完善的"全冷链"系统，保证产品始终新鲜、安全，给注重饮食乐趣和美味享受的消费者带来不一样的饮食体验。根据中华商业联合会信息中心和AC尼尔森的研究报告，三全食品公司市场占有率长年在30%以上，连续十多年位居行业第一。三全商标在行业内最早被认定为"中国驰名商标"，三全品牌是唯一一家连续5年入围"BRANDZ最具价值中国品牌100强"的速冻食品企业。从1990年的第一颗速冻汤圆，1995年的第一颗速冻粽子，到现在拥有400多种产品，三全食品一直专注速冻食品的质量安全和创新研发，建立了从"农田"到"餐桌"的全产业链安全监控机制，各环节严格把关，同时不断推出更多、更丰富、更高品质的产品，保证消费者吃得满意，吃得放心，吃得健康。民以食为天，食品安全工作关系我国14亿多人的身体健康和生命安全，必须抓得紧而又紧。三全人牢记这点，主动作为、勇于承担，坚决守好中国人的厨房安全。相信三全食品会脚踏实地、一步一个脚印，走向辉煌！

　　三全食品已经融入我们日常生活并影响着我们的一日三餐，这样的企业是如何成长起来的呢？通过本章内容的学习，对企业连续多年的财务数据进行分析，我们就可以轻松的了解企业的过去、现在和未来。

　　资料来源：三全食品面点业务再发力，稳站速冻食品领域C位. https://www.sohu.com/a/504131202_121036473.

微课堂 9-1
发展能力分析
的目的与内容

9.1 发展能力分析的目的与内容

9.1.1 发展能力分析的目的

企业目标就是为了能够生存、发展、获利。可见发展对于一家企业来讲，具有十分重大的意义，发展是企业获利的根本路径。什么是发展能力呢？发展能力一般是指企业未来生产经营活动的发展趋势和发展潜力，也可以称为企业增长能力、成长能力，包括企业规模的扩大，利润和所有者权益的增加。企业发展能力表现为企业资产规模、盈利能力、市场占有率持续增长的能力，反映了企业未来的发展前景。企业在发展过程中，应健康、可持续地增长，这就要求管理者利用股东和债权人的资本进行有效运营，合理控制成本，不断增加企业收入并获得利润，在补偿了债务资本之后实现股东财富增加，从而提高企业的价值。这种增长的潜力就是企业的发展能力，对发展能力进行分析便能对企业的未来成长性进行预测，从而评估企业的价值。可见，企业发展能力分析有着重要意义。通过分析企业发展能力，可以实现以下几个目的。

▶ 1. 完善传统财务分析的不足

传统的财务分析侧重于已经发生的事项，是在回顾过去，但财务分析应发挥的作用不仅是了解过去，还要展望未来，即预测作用。这种对企业未来发展的预期，满足了报表使用者的需求。传统财务分析从静态角度分析盈利能力、营运能力以及偿债能力，而发展能力分析则是从动态角度分析这三种能力。

▶ 2. 为预测分析与价值评估做铺垫

企业发展能力分析并不是对报表项目逐一分析，而是根据收入、利润、股东权益和资产之间的联系使这些财务数据相互贯通，从而衡量企业的增长。而从企业发展能力分析中得出的增长率数据，将是后续一系列预测分析和价值评估工作的基础数据来源，对以预测分析为基础的价值评估而言十分重要。

▶ 3. 满足相关利益者的决策需要

对于股东而言，可以通过发展能力分析和衡量企业创造股东价值的能力，从而为采取下一步战略行动提供依据；对于潜在的投资者而言，可以通过发展能力分析评价企业的成长性，从而选择合适的目标企业，做出正确的投资决策；对于经营者而言，可以通过发展能力分析发现影响企业未来发展的关键因素，从而采取正确的经营决策和财务策略促进企业可持续增长；对于债权人而言，可以通过发展能力分析判断企业未来的盈利能力，从而做出正确的信贷决策。

9.1.2 发展能力分析的内容

企业发展能力的大小是一个相对概念，即分析股东权益、利润、收入和资产是相对于上一期的股东权益、利润、收入和资产而言的。仅仅利用增长额，只能说明企业某一方面的增长额度，无法反映企业在某一方面的增减幅度，既不利于不同规模企业之间的横向比较，也不能准确反映企业的发展能力。因此，在实践中通常是使用增长率来进行企业发展能力分析的。当然，企业不同方面的增长率相互作用、相互影响，所以，只有将各方面的增长率进行交叉比较分析，才能全面分析企业的整体发展能力。

可见，企业发展能力分析的内容可以分为如下两部分。

▶ **1. 企业单项发展能力分析**

企业的价值要获得增长，就必须依赖于股东权益、利润、收入和资产等方面的不断增长。企业单项发展能力分析就是通过计算和分析股东权益增长率、利润增长率、收入增长率、资产增长率等指标，分别衡量企业在股东权益、利润、收入、资产等方面所具有的发展能力，并对其在股东权益、利润、收入、资产等方面所具有的发展趋势进行评估。

▶ **2. 企业整体发展能力分析**

企业要获得可持续增长，就必须在股东权益、利润、收入和资产等方面谋求协调发展。企业整体发展能力分析就是通过对股东权益增长率、利润增长率、收入增长率、资产增长率等指标进行相互比较与全面分析，综合判断企业的整体发展能力。

9.2　单项发展能力分析

9.2.1　股东权益增长率计算与分析

▶ **1. 股东权益增长率的内涵和计算**

股东权益的增加反映了股东财富的增加，在实践中也可以采用比率表示股东权益的增加。股东权益的增加，就是期初余额到期末余额的变化，利用股东权益增长率能够解释这种变化。股东权益增长率是本期股东权益增长额与股东权益期初余额之比，也叫作资本积累率。其计算公式如下：

$$股东权益增长率 = \frac{本期股东权益增加额}{股东权益期初余额} \times 100\%$$

股东权益增长率越高，表明企业本期股东权益增加的越多；反之，股东权益增长率越低，表明企业本期股东权益增加的越少。

▶ **2. 股东权益增长率分析**

由于股东权益变动表反映了股东权益在会计期间发生增减变化的原因，因此可以结合股东权益变动表对股东权益增长率进行分析。综合而言，股东权益的增加主要来源于经营活动产生的净利润、融资活动产生的对股东的净支付以及直接计入股东权益的利得和损失。所谓对股东的净支付就是股东对企业当年的新增投资扣除当年发放的股利，这样的股东权益增长率还可以表示为：

$$股东权益增长率 = \frac{本期股东权益增加额}{股东权益期初余额} \times 100\%$$

$$= \frac{净利润+(股东新增投资-支付股利)+直接计入股东权益的利得和损失}{股东权益期初余额} \times 100\%$$

$$= \frac{净利润+对股东的净支付+直接计入股东权益的净损益}{股东权益期初余额} \times 100\%$$

$$= 净资产收益率+股东净投资率+净损益占股东权益的比率$$

公式中的净资产收益率、股东净投资率和净损益占股东权益的比率都是以股东权益期初余额作为分母计算的。从式中可以看出，股东权益增长率是受净资产收益率、股东净投资率、净损益占股东权益的比率这三个因素驱动的。其中，净资产收益率反映了企业运用股东投入资本创造收益的能力，股东净投资率反映了企业利用股东新投资的程度，而净损益占股东权益的比率则反映了直接计入股东权益的利得和损失在股东权益中所占的份额。这三个比率的高低都反映了对股东权益增长的影响程度。

从根本上看，一个企业的股东权益增长应主要依赖于企业运用股东投入资本所创造的利润，也就是公式中的净利润，这种净利润已经扣除了非经常性损益，其原因在于：①利得和损失通常是由于正常经营活动以外的因素引起的，一般和企业管理者是否努力经营无关，不能反映企业真实的盈利能力，因此在计算净资产收益率时，应该从净利润中扣除非经常性损益；②尽管一个企业的价值在短期内可通过筹集和投入尽可能多的资本来促使股东权益的增加，并且这种行为在扩大企业规模的同时也有利于经营者，但是这种策略通常不利于股东的最佳利益，因为它忽视了股东权益资本具有机会成本并应获得合理投资报酬的事实。

为正确判断和预测企业股东权益规模的发展趋势和发展水平，应对企业不同时期的股东权益增长率加以比较。对这种发展趋势分析的意义，除了能够评价企业的发展能力以外，还是进行预测分析和基本预测分析价值评估的重要参考数据。由于通常预测的股东权益变动表数据来自预测的利润表及资产负债表，这种方式得到的数据对其他预测报表的依赖性非常大，如果其他报表数据预测出现不妥，则会影响该报表及后续的分析和评估，利用股东权益增长率进行不同角度的数据印证，可以减少这种预测失误，也为之后的价值评估带来正面影响。

▶ 3. EVA 改善率：基于对股东权益增长率的改进

（1）EVA 改善率的内涵及计算。事实上，用股东权益账面价值的增加来评价股东权益的发展能力是有其局限性的。因为股东权益账面价值的增加仅仅扣除了债务资本成本，而忽略了对权益资本成本的补偿。1982 年，美国的斯腾斯特（Stern Stewar）咨询公司在经济利润理念的基础上，对剩余收益指标进行了改造和完善，融入了会计调整的创造性元素，由此创立了经济

微课堂 9-3
EVA 改善率

增加值（Economic Value Added，EVA）的概念，并逐步建立了基于 EVA 的价值管理模式，使 EVA 逐渐从简单的业绩评价指标发展成为系统的可用于指导管理者进行价值创造活动的管理模式，不仅被各大公司广泛用于实践，而且在理论界也得到了高度关注。

EVA 定义为扣除全部资本占用费用（包括股东成本和债务成本）后企业经营产生的利润。EVA 衡量的是企业的经济利润，也就是企业真实的盈利能力。因此，EVA 和传统财

务指标的最大不同就是考虑了全部资本成本，即投入资本的机会成本。通常运用 EVA 改善率可以衡量股东权益增加的变化程度，其计算公式如下：

$$EVA\text{ 改善率}=\frac{\text{本期 EVA}-\text{基期 EVA}}{\text{基期 EVA}}\times100\%$$

其中，

$$EVA=\text{资本收益}-\text{资本成本}$$
$$=\text{净利润}-\text{股东权益资本成本}$$
$$=(\text{净资产收益率}-\text{股东权益资本成本率})\times\text{净资产}$$

净资产一般采用平均值，而股东权益资本成本率也就是股东权益报酬率。股东权益资本成本率的计算有很多种方法，通常采用资本资产定价模型和风险溢价模型来计算股东权益资本成本率。而对于非上市公司，可以参考可比公司计算其自身的股东权益资本成本率。

（2）EVA 改善率分析。由于 EVA 扣除了债务资本成本和股东权益资本成本，反映了真正属于企业股东的财富增加，因而在此基础上计算得到的 EVA 改善率，相较于股东权益增长率，也就更真实地反映了企业的股东权益增长能力。EVA 改善率越大，说明本期 EVA 相比上期的 EVA 增加的越多，从而表明公司的增长能力越强；反之，则表明公司增长能力越弱。

从 EVA 改善率的公式中可以看出，在基期 EVA 既定的情况下，本期 EVA 的价值成为决定 EVA 改善率大小的关键因素。本期的 EVA 越大，则 EVA 改善率越大，反之亦然。所以对 EVA 改善率的分析，实际上源于对 EVA 的分析，下面就对影响 EVA 指标的因素进行分析。

从 EVA 的计算公式中不难发现，EVA 主要受净资产收益率、股东权益资本成本率、净资产这三个因素影响，其具体表现如下。

1）净资产收益率。净资产收益率是反映企业盈利能力的核心指标，既可反映股东资本的增值能力，又影响着企业股东价值的增加。在权益资本、成本率和净资产等因素不变的前提下，净资产收益率越高，EVA 越大。

2）股东权益资本成本率。在净资产收益率和净资产等条件不变的前提下，股东权益资本成本率越低，EVA 越大。

3）净资产。股东投资的增长会引起净资产的增长，这部分增加的投资，如果具有超过股东权益资本成本率的投资回报率，就会引起经济增加值的提高，真正增加公司股东财富。因此，在净资产收益率高于股东权益资本成本率的前提下，净资产投入越多，公司创造的经济增加值越多。

EVA 改善率不仅是用于衡量企业发展能力的比率，也是企业价值评估时不可缺少的参考数据。以经济利润及 EVA 为基础的价值评估方法的关键就在于对未来经济利润的预测，而 EVA 改善率所体现的 EVA 增长趋势，为这一预测提供了便利，其既可以结合企业实际情况直接用于预测，也可以作为其他预测方法的补充修正，使基于 EVA 预测值折现得到的价值评估结果更可靠。

应用 EVA 改善率分析企业的增长能力,首先是计算连续若干期(至少三期)的 EVA,观察 EVA 的增减变动情况;其次是运用连环替代法或差额计算法分析 EVA 变动的原因。

以 A 公司为例,EVA 改善率计算如表 9-1 所示。

表 9-1　A 公司 EVA 改善率计算表　　　　　　　　　　　　　单位:千元

项　　目	2019 年	2020 年	2021 年
净利润	3 188 885.00	2 915 245.00	3 719 878.00
平均净资产	24 184 797.00	26 144 843.00	29 062 184.00
净资产收益率(%)	13.87	11.55	13.46
股东权益资本成本率(%)	13.19	11.15	12.80
EVA	164 456.62	104 579.37	191 810.41
EVA 改善率(%)	—	−36.41%	83.41%

从表 9-1 数据来看,A 公司 2019—2021 年的 EVA 均为正值,2020 年 EVA 改善率为负值,那其原因是什么呢?我们可以用因素分析法对此进行分析,找出原因。2021 年的 EVA 为正值,说明公司出现良好的增长趋势。

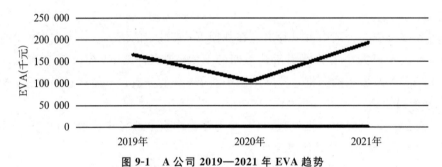

图 9-1　A 公司 2019—2021 年 EVA 趋势

(1) 对 2019 年、2020 年这两年的 EVA 变化进行分析。

分析对象:104 579.37−164 456.62＝−59 877.25(千元)

连环替代分析如下。

2019 年 EVA:

(13.87%−13.19%)×24 184 797.00＝164 456.62(千元)

第一次替代(先替代净资产收益率):

(11.55%−13.19%)×24 184 797.00＝−396 630.67(千元)

第二次替代(再替代股权益资本成本率):

(11.55%−11.15%)×24 184 797.00＝9 674.00(千元)

第三次替代(用平均净资产代替):

(11.55%−11.15%)×26 144 843.00＝104 579.37(千元)

净资产收益率变动的影响:

−396 630.67−164 456.62＝−561 087.29(千元)

股东权益资本成本率变动的影响：

$9\,674.00-(-396\,630.67)=406\,304.67$（千元）

净资产变动的影响：

$104\,579.37-164\,456.62=-59\,877.25$（千元）

（2）对该公司 2020 年、2021 年这两年的 EVA 变化进行分析。

分析对象 2021 年、2020 年 EVA 变动额：

$191\,810.41-104\,579.37=87\,231.04$（千元）

连环替代分析如下。

2020 年 EVA：

$(11.55\%-11.15\%)\times26\,144\,843.00=104\,579.37$（千元）

第一次替代（先替代净资产收益率）：

$(13.46\%-11.15\%)\times26\,144\,843.00=603\,945.87$（千元）

第二次替代（再替代股东权益资本成本率）：

$(13.46\%-12.80\%)\times26\,144\,843.00=172\,555.96$（千元）

第三次替代（用平均净资产）：

$(13.46\%-12.80\%)\times29\,062\,184.00=191\,810.41$（千元）

净资产收益率变动的影响：

$603\,945.87-104\,579.37=499\,366.50$（千元）

股东权益资本成本率变动的影响：

$172\,555.96-603\,945.87=-431\,389.91$（千元）

净资产变动的影响：

$191\,810.41-172\,555.96=19\,254.45$（千元）

由上述分析可以看出，2021 年 A 公司的 EVA 改善率受到净资产收益率、股东权益资金成本率和净资产三个因素共同作用。由净资产收益率的提高而带来的 EVA 改善率为 477.50%（499 366.50÷104 579.37），是正向的；由净资产的提高而带来的 EVA 改善率为 18.41%（19 254.45÷104 579.37），也是正向的；而股东权益资金成本率的提高对 EVA 改善作用是负向的，为 −412.50%（−431 389.91÷104 579.37）。这说明 2021 年公司的盈利能力大大增强，主要得益于公司净资产收益率的大幅提升和净资产的增加，股东权益资金成本也在增加，股东投资增加且获得超过股东权益资本成本率的投资回报率，因此使股东财富增加。

2020 年公司的 EVA 改善率为负（−36.41%），这是由于公司因为净资产收益率较大幅度下降带来的[（13.87%−11.55%）÷13.87%＝16.7%]，虽然净资产增加和股东权益资金成本的降低给 2020 年的 EVA 改善带来正向作用，但无法抵消净资产收益率下降带来的 EVA 改善率的减小，二者的影响综合之后 2020 年 EVA 改善率仍为负。这表明 2020 年公司的盈利能力出现了一定问题，从而导致股东财富减少。

总体而言，通过 EVA 改善率对企业发展能力的分析，可看出 A 公司发展态势良好，受行业不景气影响，2020 年 EVA 虽较大幅度下降，但整体来看仍呈现上升趋势。可以基本推断以后几年，在宏观环境相对稳定的条件下，企业 EVA 改善率将稳步提高。由此可以预测企业未来几年的 EVA，并以此预测值为基础对 A 公司的价值进行评估，这将是经营者、投资者及其他利益相关者进行决策的重要依据。

9.2.2 利润增长率的计算与分析

微课堂 9-4
利润增长率
的计算与分析

▶ 1. 利润增长率的内涵和计算

一个企业股东权益的增长应主要依赖于企业运用股东投入资本所创造的利润，也就是说，企业的价值主要取决于盈利及其增长。因此，企业利润的增长也是反映企发展能力的重要方面。由于利润可表现为营业利润、利润总额、净利润等多种指标，因此相应的利润增长率也具有不同的表现形式。

由于净利润是企业经营业绩的综合呈现，净利润的增长是企业成长性的基本表现，因此在实际当中，主要采用净利润增长率进行利润增长能力分析。净利润增长率是本期净利润增加额与上期净利润之比，其计算公式如下：

$$净利润增长率 = \frac{本期净利润增加额}{上期净利润} \times 100\%$$

需要说明的是，如果上期净利润为负值，则计算公式的分母应取其绝对值。该公式反映的是企业净利润的增长情况。净利润增长率为正数，则说明企业本期净利润增加，净利润增长率越大，说明企业收益增长得越多；净利润增长率为负数，则说明企业本期净利润减少，收益降低。

如果一个企业营业收入增长，但利润并未增长，那么从长远看，它并没有增加股东权益。同样，如果一个企业净利润增长，但营业收入并未增长，也就是说净利润的增长并不是来自于营业收入，很可能是来自于非经常性收益项目，如资产重组收益、债务重组收益、财政补贴等项目，那么这样的增长因素对于企业而言往往是偶然的，不可持续的，因为非经常性损益并不代表企业真实的正常盈利能力，具有较大的偶然性和意外性。

当然，除了分析净利润增长以外，为了观察其具体的构成，还应进一步分析营业利润增长率等指标，利用营业利润增长率这一指标可以更好地考察企业利润的增长情况。营业利润增长率是本期营业利润增加额与上期营业利润之比，其计算公式如下：

$$营利利润增长率 = \frac{本期营业利润增加额}{上期营业利润} \times 100\%$$

如果上期营业利润为负值，则计算公式的分母应取其绝对值。该公式反映的是企业营利润的增长情况。营业利润增长率为正数，则说明企业本期营业利润增加，营业利润增率越大，则说明企业收益增长得越多；营业利润增长率为负数，则说明企业本期营业利润减少，收益降低。

▶ 2. 利润增长率分析

在进行利润增长率分析时，应首先关注利润增长的来源。从利润表来看，利润增长大致来源于三个方面：一是企业正常经营活动带来的利润增长，这种增长代表企业发展能力具有可持续性；二是不构成企业日常经营活动的投资活动产生的收益，在利润表中常体现投资收益、公允价值变动损益、资产处置收益等项目，应对这部分收益带来的营业利润增长的合理性保持警惕，因为企业很可能会通过投资活动和筹资活动收益操控利润；三是非经常性收益项目，这是指那些具有较大偶然性和意外性的收益，如债务重组收益、非流动资产毁损报废利得等，这些收益的产生虽然会导致净利润增加，但它们并不能代表企业真实的盈利能力，由此带来的增长也是无法持续保持的。

对企业利润增长率进行分析时，首先应该结合营业收入增长率进行对比分析：如果企业的营业利润增长率高于其营业收入增长率，则需要深入分析营业利润增长的来源，究竟是属于日常经营活动，还是来自于投资活动和筹资活动；反之，如果企业的营业利润增长率低于营业收入增长率，则说明企业营业成本、销售费用、管理费用、财务费用等成本费用项目上升超过了营业收入的增长，说明企业盈利能力并不强，企业营业利润发展潜力受限，也有可能是因为企业发生了投资损失。其次，应该对投资收益、公允价值变动损益、资产处置收益等项目进行合理性分析，警惕企业通过投资活动和筹资活动操控利润行为。最后，为了更正确地反映企业净利润和营业利润的成长趋势，应将企业连续多期的净利润增长率和营业利润增长率指标进行对比分析，这样可以排除个别时期偶然性或特殊性因素的影响，从而更加全面、真实地揭示企业净利润和营业利润的增长情况。

利润增长率分析的意义在于揭示了企业未来获利能力的发展趋势，同时也为预测分析及价值评估提供了有益的参考数据。我们可以以企业最近一年的利润增长率或最近若干年的利润增长率平均值为标准，综合考虑宏观环境、企业所处行业增长趋势、企业当前实际情况等因素确定一个合理的利润增长率，利用该利润增长率就能大致预测企业下一年度乃至后续各个年度的利润，这样一方面可以进行财务预测中的利润预测，另一方面可以为收益法估值模型中的收益计算提供数据支撑。

下面以 B 公司为例，从其 2018 年、2019 年、2020 年、2021 年有关报表来分析该公司利润增长能力情况。

首先，利用相关数据计算该公司 2018 年、2019 年、2020 年、2021 年的利润增长率，其计算过程见表 9-2。

表 9-2　B 公司利润增长率指标计算表　　　　　　　单位：百万元

项　　　目	2018 年	2019 年	2020 年	2021 年
营业利润	3 836.00	4 055.00	3 672.00	4 786.00
本年营业利润增加额	—	219.00	383.00	1 114.00
营业利润增长率（%）	—	5.71	−9.45	30.34
净利润	3 534.00	3 441.00	3 092.00	3 969.00
本年净利润增加额	—	−93.00	−349.00	877.00
净利润增长率（%）	—	−2.63	−10.14	28.36

其次，观察表 9-2 中数据可以发现，四年间该公司净利润先跌后长，但增长率波动较

大，从 2019 年的 −2.63％ 到 2020 年的 −10.14％，再到 2021 年又升至 28.36％；营业利润方面，2018—2019 年为增长，2019—2020 年有较大幅度下降，而 2020—2021 年大幅度增长；同样营业利润增长率波动较大，在 2021 年更是大幅增长 30.34％。根据表 9-3 中收入增长率数据可以发现，与营业收入增长率比较，三者发展趋势大体一致。在 2019 年，营业收入增长率远远高于净利润增长率，这是受营业外收支变化的影响；在 2020 年，净利润增长率和营业收入增长率双双下滑，一方面公司在成本费用控制方面有待加强，另一方面受新型冠状病毒肺炎疫情影响较大；2021 年，该公司净利润增长率大幅提升，收入增长率和资产增长率均提升。

最后，还可以采用前文所述同行业公司选取办法，针对净利润增长率进行行业比较分析，如表 9-3 所示。

表 9-3　同行业公司 2021 年净利润增长率比较分析　　　　单位：百万元

公 司 名 称	净 利 润	
	金　　额	增长率（％）
B公司	3 969.00	28.36
H公司	111.20	19.87
J公司	176.70	118.83
Z公司	0.966 9	101.45

由表 9-3 可以看出，B 公司净利润增长率在同行业的四家公司中处于中等水平。受宏观经济和行业环境的影响，国内医药行业整体发展势头良好，表 9-3 中 J 公司和 Z 公司在该年度均出现较大幅度的增长。B 公司的净利润增长率在 2021 年出现大幅增长，其利润增长开始加快，说明该公司利润增长能力还是不错的。

综合以上分析，B 公司在净利润方面的增长能力较好。

9.2.3　收入增长率的计算与分析

▶ **1. 收入增长率的内涵和计算**

收入是利润的源泉，对利润增长的分析还需要结合对收入增长的分析。企业的销售情况越好，说明其在市场所占份额越大，实现的营业收入也就越多，企业生存和发展的市场空间也就越大。因此可以用收入增长率来反映企业在销售方面的发展能力。收入增长率就是本期营业收入增加额与上期营业收入之比。其计算公式为：

微课堂 9-5
收入增长率
的计算与分析

$$收入增长率 = \frac{本期营业收入增加额}{上期营业收入} \times 100\%$$

需要说明的是，如果上期营业收入为负值，则计算公式的分母应取其绝对值。该公式反映的是企业某期整体销售增长情况。收入增长率为正数，则说明企业本期销售规模扩大，收入增长率越大，则说明企业营业收入增长得越快，销售情况越好；收入增长率为负数，则说明企业销售规模缩小，销售出现负增长，销售情况较差。

▶ 2. 收入增长率分析

在利用收入增长率来分析企业在销售方面的发展能力时，应该注意以下几个方面。

（1）必须分析销售增长是否具有效益性

要判断企业在销售方面是否具有良好的成长性，必须分析销售增长是否具有效益性。如果营业收入的增加主要依赖于资产的相应增加，也就是收入增长率低于资产增长率，说明这种销售增长不具有效益性，同时也反映企业在销售方面可持续发展能力不强。正常的情况下，一个企业的收入增长率应高于其资产增长率，只有在这种情况下，才说明企业在销售方面具有良好的成长性。

（2）必须对一个企业不同时期的收入增长率加以比较和分析

要全面、正确地分析和判断一个企业营业收入的增长趋势和增长水平，必须对一个企业不同时期的收入增长率加以比较和分析。因为收入增长率仅仅就某个时期的销售情况而言，可能会受到一些偶然的和非正常的因素的影响，而无法反映出企业实际的销售发展能力。

（3）必须对企业成本增长率和费用增长率、应收账款增长率和存货增长率进行对比分析

判断企业收入增长率是否合理，一方面应该将其与企业成本增长率和费用增长率进行对比分析。正常情况下企业收入增长率应当大于企业的成本增长率和费用增长率。如果成本增长率或费用增长率大于企业收入增长率，则说明企业成本或费用增长超过了收入增长，可能是由于企业在产品成本、销售费用、管理费用、财务费用等方面控制不力所致。出现这种情况，企业需要采取有针对性的措施加以管控，否则可能会导致企业利润下降甚至出现亏损。另一方面应该将其与企业应收账款增长率和存货增长率进行对比分析。正常情况下企业收入增长率应当大于企业的应收账款增长率和存货增长率。如果企业应收账款增长率大于企业收入增长率，表明企业信用风险开始产生，需要采取控制措施遏制这种风险的蔓延。同理，如果企业存货增长率超过了企业收入增长率，则反映企业库存开始积压，需要采取措施消化库存，否则会影响企业资金使用效率，甚至导致企业出现亏损。

（4）利用产品收入增长率分析企业的成长性

可以利用某种产品收入增长率指标来观察企业产品的结构情况，进而也可以分析企业的成长性。其计算公式可这样表示：

$$某种产品收入增长率 = \frac{某种产品本期营业收入增加额}{某种产品上期营业收入净额} \times 100\%$$

根据产品生命周期理论，每种产品的生命周期一般可以划分为四个阶段。每种产品在不同的阶段反映出的销售情况也不同：在投放期，某种产品收入增长率往往较低；在成长期，销售量扩大，某种产品收入增长率较高；在成熟期，由于市场已经基本饱和，产品销售将不再有大幅度的增长，即某种产品收入增长率与上一期相比变动不大；在衰退期，由于该产品的市场开始萎缩，某种产品收入增长率较上一期变动非常小，甚至表现为负数。根据这一原理，借助某种产品收入增长率指标，大致可以分析企业生产经营的产品所处的

生命周期阶段，据此也可以判断企业发展前景。对一个具有良好发展前景的企业来说，较为理想的产品结构是"成熟一代，生产一代，储备一代，开发一代"，如果一个企业所有产品都处于成熟期或衰退期，那么企业的发展前景就不乐观了。

（5）要分析收入增长的来源。

仅仅根据财务报表的数字并不能清晰地认识收入增长的源泉，只有分析收入增长的来源，才能断定企业是否具有销售方面的发展能力。企业的收入增长可能源于外汇汇率的变动，也可能源于债务重组产生的利润，还有可能是源于会计策或会计估计变更引起的变动，如果是由于诸如此类原因引起的收入增加，那这种增长就是不可持续的，不能说明企业的销售能力。另外收入的质量也值得关注，有些收入造成的坏账准备数额较大，这种收入并没有给企业带来发展的动力。

分析收入增长率，其意义在于收入增长率不仅是分析企业销售发展能力的重要指标，也是进行预测分析时的关键参考数据。预测分析的起点是预测利润表，而该表大多数报表项目的预测都依赖于预计营业收入，因此营业收入预测的合理性对后续的一系列预测分析，以及基于预测分析展开的价值评估的有效性可以说起着基础性和决定性的作用。对某种产品收入增长率的分析应结合企业所处经济环境的定性分析，这将有助于修正预测的营业收入，使之尽可能接近企业实际发展情况。用此类方法可以得出之后连续多年的财务预测数据，这也为价值评估奠定了基础。

下面以 B 公司 2019 年、2020 年、2021 年会计报表为基础，分析该公司的收入发展能力。

利用相关数据分别计算该公司 2019 年、2020 年和 2021 年的收入增长率指标，其计算过程如表 9-4 所示。

表 9-4　B 公司收入增长率指标计算表　　　　　　　　单位：百万元

项　　目	2018 年	2019 年	2020 年	2021 年
营业收入	42 230.00	64 950.00	61 670.00	69 010.00
本年营业收入增加额	—	22 720.00	3 280.00	7 340.00
营业收入增长率（%）	—	53.80	−5.05	11.90

从表 9-4 可以看出，2019—2021 年三年营业收入增长率除 2020 年外均为正值，说明该公司的销售额受 2020 年新冠肺炎疫情影响外其他均在增长，未来销售规模有望进一步扩大；从增长幅度来看，三年间营业收入增长率是一个快速增长、下降、再增长这样的走势，2021 年营业收入增长止跌回升，达到 11.90%，收入增长的速度在放缓，说明企业发展亦在放缓。2020 年收入增长率增速急剧下降，也可能与一些偶发性或特殊性因素的影响有关，如 2020 年突如其来的新冠肺炎疫情就是一个不可忽略的重要因素。

依据表 9-6 的资产增长率数据并结合表 9-4 可以发现，除 2020 年受新冠肺炎疫情影响外，2019 年的营业收入增长率远远高于当年的资产增长率，2021 年两者相当，说明案例公司的销售增长效益性较好。

此外，还可以进行同行业比较分析，具体如表9-5所示。

表 9-5　同行业公司 2021 年收入增长率比较分析　　　　单位：百万元

公司名称	营业收入			营业收入增长率（%）
	2020 年	2021 年	增 长 额	
B公司	61 670.00	6 9010.00	7 340.00	11.90
H公司	6 488.00	7 671.00	1 183.00	18.23
J公司	2 456.00	3 278.00	822.00	33.47
Z公司	1 091.00	1 457.00	366.00	33.54

从表9-5可以看出，B公司的营业收入增长率在同行业四家公司中处于垫底水平。该公司的销售规模虽然在增长，但增长速度远远慢于H公司、J公司和Z公司，也远低于行业均值。这说明B公司在销售环节出现重大问题，综合以上分析，B公司收入发展能力一般。根据这样的增长趋势，可以初步推测2022年B公司在外部环境基本稳定的情况下销售收入增长缓慢。可以参考同行业平均收入增长率并结合B公司对2022年的市场预测，合理预测该公司2022年的收入增长率。有了收入增长率数据还可以对B公司2022年的利润进行预测，进而评估其价值。

9.2.4　资产增长率的计算与分析

微课堂 9-6
资产增长率
的计算与分析

▶ **1. 资产增长率的内涵和计算**

企业要增加收入，就需要通过增加资产投入来实现。可以利用资产增长率指标反映企业在资产投入方面的增长情况。资产增长率就是本期资产增加额与资产期初余额之比。其计算公式如下：

$$资产增长率=\frac{本期资产增加额}{资产期初余额}\times 100\%$$

资产增长率是用来考核企业资产投入增长幅度的财务指标。资产增长率为正数，则说明企业本期资产规模增加，资产增长率越大，则说明资产规模增加幅度越大；资产增长率为负数，则说明企业本期资产规模缩减，资产出现负增长。

▶ **2. 资产增长率分析**

在对资产增长率进行具体分析时，应该注意以下几点。

（1）企业资产增长率高并不意味着企业的资产规模增长就一定适当

评价一个企业的资产规模增长是否适当，必须与销售增长、利润增长等情况结合起来分析。只有在一个企业的销售增长、利润增长超过资产规模增长的情况下，这种资产规模增长才属于效益型增长，才是适当的、正常的。

（2）需要正确分析企业资产增长的来源

因为企业的资产来源一般来自于负债和所有者权益，在其他条件不变的情形下，无论是增加负债规模还是增加所有者权益规模，都会提高资产增长率。如果一个企业资产的增长完全依赖于负债的增长，而所有者权益项目在年度里没有发生变动或者变动不大，则说明企业不具备良好的发展潜力。从企业自身的角度来看，企业资产的增加应该主要取决于企业盈利的增加。当然，盈利的增加能带来多大程度的资产增加还要视企业实行的股利政策而定。

（3）为全面认识企业资产规模的增长趋势和增长水平，应对企业不同时期的资产增长率加以比较

因为一个健康的处于成长期的企业，其资产规模应该是不断增长的，如果时增时减，则反映出企业的经营业务并不稳定，同时也说明企业并不具备良好的发展能力。所以只有将一个企业不同时期的资产增长率加以比较，才能正确评价企业资产规模的发展能力。

分析资产增长率的意义在于资产增长率除了能够衡量企业发展能力以外，也是预测分析和价值评估的基础数据之一，在进行必要的定性分析前提下，经过调整的资产增长率一方面可以直接预测企业未来资产规模的大小，另一方面可以作为通过其他预测方法得到结果的验证性数据。

表 9-6 根据 B 公司有关报表为基础，计算分析该公司资产增长能力。

利用相关数据先分别计算 2019 年、2020 年和 2021 年的资产增长率、股东权益增加额及其占资产增加额的比重。其计算过程如表 9-6 所示。

表 9-6　B 公司资产增长率指标计算表　　　　　　　　单位：百万元

项　　目	2018 年	2019 年	2020 年	2021 年
资产总额	51 480.00	56 890.00	59 760.00	66 120.00
本年资产增加额	—	5 410.00	2 870.00	6 360.00
资产增长率(%)	—	10.51	5.04	10.64
股东权益增加额	—	2 850.00	2 220.00	3 120.00
股东权益增加额占资产增加额的比重(%)	—	52.68	77.35	49.05

从表 9-6 可以看出，B 公司三年来的资产增长率均为正值，说明自 2019 年以来资产规模一直不断扩大。从增幅来看，资产增长率基本稳定，2020 年资产增长率受新冠肺炎疫情影响有所下降，2021 年则恢复正常水平。

从资产增长的效益性看，结合前文净利润增长率和收入增长率可以发现：2019 年收入增长率高于资产增长率；而净利润增长率却低于资产增长率，2020 年资产增长率已高于收入增长率和净利润增长率；2021 年经济恢复正常后收入增长率、净利润率高于资产增长率。总体而言，B 公司资产增长的效益性较好。

从资产增长的来源分析，如表 9-6 所示，2019 年、2020 年及 2021 年这三年的股东权益增加额占资产增加额的比重分别为 52.68%、77.35% 和 49.05%，可看出该公司这三年股东权益增加在资产增加额中所占的比重较高，尤其是 2019 年和 2020 年在资产的增长当中股东权益的增加占了一半以上，说明这三年资产增加的来源发生了明显变化，减少了对

负债的依赖，而越来越靠自身盈利，资产增长来源有了较大的改观，资产增长能力得到加强。

此外还可以进行同行业比较分析，具体如表9-7所示。

表9-7 同行业公司2021年资产增长率比较分析 单位：百万元

公司名称	总资产规模			资产增长率（%）
	2020年	2021年	增长额	
B公司	59 760.00	66 120.00	6 360.00	10.64
H公司	1 0180.00	11 610.00	1 430.00	14.05
J公司	2417.00	2826.00	409.00	16.92
Z公司	2 470.00	2 749.00	279.00	11.30

从表9-7可以看出，B公司2021年的资产规模增长率略低于其他三家公司，但差距不大，和同行业基本一致。资产是公司盈利的基础，一定速度的资产增长才能使B公司在同行业中抢得先机。

综合以上分析，B公司的资产增长能力较好。

9.3 整体发展能力分析

9.3.1 整体发展能力分析框架

评价企业的发展能力，除了对企业发展能力进行单项分析以外、还需要分析企业的整体发展能力。其原因在于：①股东权益增长率、利润增长率、收入增长率和资产增长率等指标，只是从股东权益、利润、收入和资产等不同的侧面考察了企业的发展能力，不足以涵盖企业发展能力的全部；②股东权益增长率、利润增长率、收入增长率和资产长率等指标之间

微课堂9-7
企业整体发展
能力分析

存在相互作用、相互影响的关系，不能截然分开。因此，在实际运用时，只有把四种类型的增长率指标相互联系起来进行综合分析，才能正确评价一个企业的整体发展能力。

那么，应该如何分析企业的整体发展能力呢？具体的思路如下。

1) 分别计算股东权益增长率、利润增长率、收入增长率和资产增长率等指标的实际值。

2) 分别将上述增长率指标实际值与以前不同时期增长率数值、同行业平均水平进行比较，分析企业在股东权益、收益、营业收入和资产等方面的发展能力。

3) 比较股东权益增长率、利润增长率、收入增长率和资产增长率等指标之间的关系，判断不同方面增长的效益性以及它们之间的协调性。

4) 根据以上分析结果，运用一定的分析标准，判断企业的整体发展能力。一般而言，只有一个企业的股东权益增长率、资产增长率、收入增长率、利润增长率保持同步增长，

且不低于行业平均水平，才可以判断这个企业是否具有良好的发展能力。

根据上述分析思路可形成企业整体发展能力分析框架，如图 9-2 所示。

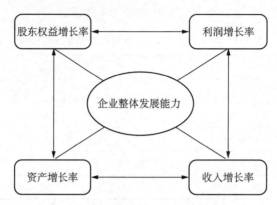

图 9-2　企业整体发展能力分析框架

运用这一分析框架能够比较全面地分析企业发展的影响因素，从而能够比较全面地评价企业的发展能力，但对于各因素的增长与企业发展的关系无法从数量上进行确定。

9.3.2　整体发展能力分析框架应用

应用企业整体发展能力分析框架分析企业整体发展能力时应该注意以下几方面。

（1）对股东权益增长的分析

股东权益的增长主要来自于两个方面：一方面来源于净利润，净利润应主要来自于营业利润，营业利润又主要取决于营业收入，并且营业收入的增长在资产使用效率保持一定的前提下要依赖于资产投入的增加；另一方面来源于股东的净投资，而净投资取决于本期股东投资资本的增加和本期对股东股利的发放。

（2）对利润增长的分析

利润的增长主要表现为净利润的增长，而对于一个持续增长的企业而言，其净利润的增长应该主要来源于营业利润的增长，而营业利润的增长又主要来自于营业收入的增加。

（3）对销售增长的分析

销售增长是企业营业收入的主要来源，也是企业价值增长的源泉。一个企业只有不断开拓市场，保持稳定的市场份额，才能不断扩大营业收入，增加股东权益，同时为企业进一步扩大市场、开发新产品和进行技术改造提供资金来源，最终促进企业的进一步发展。

（4）对资产增长的分析

企业资产是取得营业收入的保障，要实现营业收入的增长，在资产利用效率一定的条件下就需要扩大资产规模。要扩大资产规模，一方面可以通过负债融资实现；另一方面可以依赖股东权益的增长，即净利润和净投资的增长。

总之，在运用这一框架时需要注意这四种类型增长率之间的相互关系，否则无法对企行的整体发展能力做出正确的判断。

以下对 B 公司 2019—2021 年的股东权益增长率、净利润增长率、营业利润增长率、收入增长率和资产增长率等进行分析，并判断该公司的整体发展能力。它们的计算结果列示见表 9-8。

表 9-8　B 公司 2019—2021 年单项增长率一览表　　　　单位：%

项　目	2019 年	2020 年	2021 年
股东权益增长率	12.32	8.54	11.06
净利润增长率	−2.63	−10.14	28.36
营业利润增长率	5.71	−9.45	30.34
收入增长率	53.80	−5.05	11.90
资产增长率	10.51	5.04	10.64

B 公司 2019 年以来股东权益增长率、资产增长率均为正值，这说明该公司 2019—2021 年的资产规模一直都在扩大，营业收入和净利润波动较大，股东权益也一直在增加。而营业利润在 2021 年有大幅增长，但在 2019 年、2020 年出现负增长。

从发展趋势来看，B 公司 2019 年以来股东权益增长率和资产增长率均在稳步增长，可以预见未来将会继续增长。可以发现问题的焦点集中在 2020 年，相较于其他年份，该公司 2020 年的收入增长率、净利润增长率和营业利润增长率均出现下降，不排除 2020 年存在一些偶发性或特殊性的原因。考虑到 2020 年新冠肺炎疫情突发，造成停工停产，这可能是使公司各项指标增长率骤降的主要原因之一。

再比较各种类型的增长率之间的关系。

首先看收入增长率和资产增长率。除 2020 年收入增长率显著低于资产增长率外，2019 年的收入增长率超出资产增长率近五倍，2021 年的收入增长率则与资产增长率接近，可见销售增长并不是主要依赖于资产投入的增加，因此具有较好的效益性。

其次比较股东权益增长率与净利润增长率。该公司 2019 年和 2020 年的净利润增长率均低于当年的股东权益增长率，这一方面说明该公司这两年的股东权益增长并非主要来自生产经营活动创造的净利润，这一现象值得警惕，并应查找原因。2021 年净利润增长率远高于股东权益增长率，这是好现象，说明本年的股东权益增加主要来自于企业日常生产经营所创造的价值，是可持续的增长。

接着比较净利润增长率和营业利润增长率。可以发现，营业利润增长率变化趋势与净利润增长率变化趋势基本一致。公司 2019 年、2020 年和 2021 年的营业利润增长率均高于净利润增长率，说明净利润的增长主要源于营业利润的增长，是可持续的增长。

最后比较营业利润增长率与收入增长率。可以看到，2019 年和 2020 年的收入增长率都高于营业利润增长率，反映出公司在成本费用管理方面需进一步加强，2021 年营业利润增长率远高于收入增长率，表明公司在成本费用管控方面进行了加强并取得较好效果。

通过以上分析，对 B 公司的发展能力可以得出一个初步的结论，即该公司除了个别方面的增长存在效益性问题以外，总体表现出较强的增长能力，总体而言，B 公司具有较好的整体发展能力。

微课堂 9-8
发展能力分析
对投融资决策
的影响

9.4 发展能力分析对投融资决策的影响

企业发展能力分析是对企业的健康经营、可持续增长的考查，能够反映一家企业过去、现在和未来的成长性能和潜力。对于债权人、投资者和潜在投资者、企业经营者来讲，了解企业的发展成长能力都具有十分重要的意义。

9.4.1 发展能力分析对债权人的影响

债权人最关心的是自己的本金安全和利息收入的实现。债权人通过企业发展能力分析，可以全面了解企业发展趋势、成长潜力、获利能力，据此做出风险判断，给出科学决策意见。通过企业发展能力分析发现，一个企业增长能力连续下降，表现为利润增长乏力、股东权益增长率下滑、资产增长停步不前等，这说明企业成长性遇到了大问题，这时债权人要及时发现风险、及时止损。

9.4.2 发展能力分析对投资者和潜在投资者的影响

投资者和潜在投资者是企业权益资金的来源，他们把自己的资金投入本企业而放弃其他投资机会，当然希望企业迅速健康成长并得到源源不断的收益。投资者关心企业的命运，当然要看企业的成长性，企业成长得越好，投资者获得的收益就越多，投资者才愿意继续加大投资。对于潜在的投资者，他们准备把自己的资金投放出去，当然希望得到更高回报。通过企业发展能力分析，潜在的投资者可以做出合理的判断，进而做出科学的投资行为。

9.4.3 发展能力分析对经营者的影响

经营者作为投资者的代理人，有义务为投资者创造更多的收益，通过企业运营，使企业健康发展、降费增效、增加利润。要实现上述目标，经营者需要时刻关注企业的发展情况，关注企业的资产情况、利润增长、股东财富增加等反映企业发展的核心指标以及相关因素，根据企业发展能力相关指标动态变动，及时调整企业经营策略，使企业一直走在健康发展的道路上。

▌本章小结▐

企业所追求的目标通常可以被概括为生存、发展和获利，从中可以看出发展对企业的重要性，它是企业实现盈利的根本途径。发展能力通常是指企业未来生产经营活动的发展趋势和发展潜能，也称为企业增长能力。企业应该追求健康的可持续的增长，这需要管理者利用股东和债权人的资本进行有效运营，合理控制成本，增加收入获得利润，在补偿了债务资本成本之后实现股东财富增加，进而提高企业价值。

进行企业发展能力分析的目的在于：①补充和完善传统财务分析，财务分析的最大贡献不在于了解过去，而是预测未来，而企业发展能力分析就是展望未来，这种对企业未来发展的预期满足了报表使用者的需求；②为预测分析与价值评估打基础，从企业发展能力分析中得出的增长率数据将是后续一系列预测分析和价值评估工作的基础数据来源，对于以预测分析为基础的价值评估而言十分重要；③满足相关利益者的决策需求。

企业发展能力分析的内容可分为以下两部分。

（1）企业单项发展能力分析

企业价值要获得增长，就必须依赖于股东权益、利润、收入和资产等方面的不断增长。企业单项发展能力分析就是通过计算和分析股东权益增长率、利润增长率、收入增长率、资产增长率等指标，分别衡量企业在股东权益、利润、收入、资产等方面所具有的发展能力，并对其在股东权益、利润、收入、资产等方面所具有的发展趋势进行评估。

（2）企业整体发展能力分析

企业要获得可持续增长，就必须在股东权益、利润、收入和资产等各方面谋求协调发展。企业整体发展能力分析就是通过对股东权益增长率、利润增长率、收入增长率、资产增长率等指标进行相互比较与全面分析，综合判断企业的整体发展能力。

复习思考题

1. 企业发展能力分析的目的和内容是什么？
2. 企业单项发展能力分析一般从哪几个方面分析？
3. 企业整体发展能力分析框架中各指标间的关系如何？

线上课堂

实操练习

扫描封底刮刮卡 获取答题权限

在线自测

第4部分 综合分析篇

第10章 综合分析与评价

学习目标

1. 知识目标：了解财务综合分析和评价的目的与内容，理解杜邦分析体系各指标间的逻辑关系，理解企业经营业绩综合评价的两种方法。

2. 技能目标：掌握杜邦分析体系框架，掌握杜邦分析体系的分析方法。

3. 能力目标：运用所学企业综合分析评价方法，对不同企业的财务状况进行比较分析并做出合理的判断，为投融资决策服务。

4. 价值目标：树立财务综合分析意识，培养分析者的系统思维，为企业投融资决策提供科学建议。

知识框架

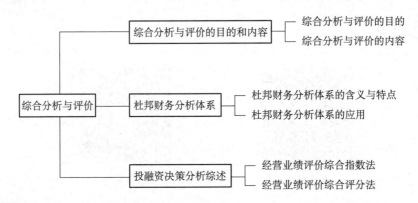

导语

业绩评价是指在综合分析的基础上、运用业绩评价方法对企业财务状况和经营成果所给出的综合结论。业绩评价以财务分析为前提，财务分析以业绩评价为结论，财务分析脱离业绩评价就失去了意义。就单项财务能力所做的分析及评价，其结论具有片面性，只有在综合分析的基础上进行业绩评价，才能从整体上全面评价企业的财务状况及经营成果。

企业业绩评价一般采用杜邦分析法，但随着经济和环境的变化，人们对企业目标的认识进一步提高，许多人在杜邦分析法的基础上进行了变形和补充。

科学判断一家企业的现状和未来，为投融资决策提供科学合理建议，是我们评价企业的最终目的。评价企业时，我们要对企业进行经营业绩综合评价，一般采用综合指数法和综合评分法，即通过计算企业经营业绩综合指数或综合分数，来反映企业总体经营业绩水平的高低。

引例

美的格力家电双巨头，谁欲争雄？

美的集团成立于 2000 年，前身是顺德市美托投资有限公司，2004 年更名为美的集团有限公司，通过不断发展壮大，逐步成为整个家电行业的巨头公司，旗下有美的、小天鹅、威灵、华凌、安得、正力精工等十余个品牌，截至 2022 年 4 月 10 日，公司市值为 3 872 亿元。格力电器成立于 1991 年，前身为珠海市海利冷气工程股份有限公司，1994 年更名为珠海格力电器股份有限公司，其最大股东为珠海市国资委，是典型的具有国企背景的企业，多年来专注空调行业，目前慢慢渗透到其他领域。其旗下品牌有格力、TOSOT、晶弘、凌达、新元等品牌，截至 2022 年 4 月 10 日，公司市值为 1 880 亿元。这两家紧相邻的广东公司，如今都属于家电行业中规模最大、竞争力最强的企业之一，江湖人称"家电双巨头"。

表 10-1　美的集团和格力电器财务指标对比表

年份	净资产收益率（%）		销售净利率（%）		总资产周转率（%）		业主权益乘数	
	美的集团	格力电器	美的集团	格力电器	美的集团	格力电器	美的集团	格力电器
2017	25.88	37.44	7.69	15	1.16	0.76	2.99	3.22
2018	25.66	33.36	8.27	13.19	1.02	0.86	2.85	2.71
2019	26.43	25.72	9.05	12.38	0.99	0.75	2.81	2.53
2020	24.95	18.88	9.63	13.07	0.86	0.61	2.9	2.39

从表 10-1 可以看出，2017—2020 年，美的集团的净资产收益率变动不大，一直维持在 25% 左右。格力电器的净资产收益率则是先升后降，2017 年、2018 年两者差距大于 10 个百分点，2017 年格力电器净资产收益率高出美的集团近 12 个百分点，达到 37.44% 的超高水平，但从 2018 年开始，格力电器净资产收益率一路向下不回头，到 2020 年，已下跌到 2017 年一半的水平。反观美的集团，净资产收益率一直保持平稳发展态势，2019 年、2020 年，美的集团的净资产收益率已超越格力近 10 个百分点，远远地把格力甩在身后。家电双巨头，谁于争雄，已清晰可见。

首先，比较两者销售净利率可以发现，2017—2020 年，美的集团的销售净率变化不大，而格力电器 2017 年、2018 年的销售净利率连续高位运行，在 2017 年二者差距已接近

8 个百分点，对于这样级别的公司，销售收入对利润的影响是巨大的，这是格力电器在这两年中能够与美的集团持续拉开差距的重要因素。但从 2019 年开始，格力净资产收益率连续下滑，到 2020 年与美的的差距已达 6 个百分点以上。其次，比较两者业主权益乘数可以发现，从 2018 开始，美的集团的业主权益数超越格力集团，且呈现拉大趋势，2020 年差距已扩大至 0.5。再次，比较两者总资产周转率后发现，格力电器的总资产周转率明显低于美的集团，可见相比美的集团，格力电器在总资产运行效率上有明显的不足。由于格力集团的总资产周转率、业主权益乘数连续反向的运行，最终导致了格力集团净资产收益率被美的集团反超。

从该案例中我们可以发现，各个财务指标之间并不是彼此孤立、互不影响的，而是相互联系、环环相扣的，因此我们需要了解财务综合分析和业绩评价。

资料来源：东方财富. https://emweb. securities. eastmoney.com/PC_ HSF10/NewFinanceAnalysis/Index?type＝web&code＝sz000333♯bfbbb－0.

https://emweb. securities. eastmoney. com/NewFinanceAnalysis/Index?type＝web&code＝sz000651.

10.1 综合分析与评价的目的和内容

微课堂 10-1
综合分析与
评价的目的
和内容

10.1.1 综合分析与评价的目的

财务分析从盈利能力、营运能力和偿债能力角度对企业的经营活动、投资活动和筹资活动状况进行深入、细致的分析，以判明企业的财务状况和经营业绩，这对于企业投资者、债权人、经营者、政府及其他利益相关者了解企业的财务状况和经营业绩是十分有益的。但前述财务分析通常是从某一特定角度，就企业某一方面的经营活动做分析，这种分析不足以全面评价企业的总体财务状况和经营业绩，很难对企业总体财务状况和经营业绩的关联性得出综合结论。为弥补财务分析的这一不足，有必要在财务能力单项分析的基础上，将有关指标按其内在联系结合起来进行综合分析。

业绩评价是指在综合分析的基础上，运用业绩评价方法对企业财务状况和经营成果所得的综合结论。业绩评价以财务分析为前提，财务分析以业绩评价为结论，财务分析离开业绩评价就没有太大的意义了。在前述财务分析中，都在分析的基础上做出了相应的评价，但那只是就单项财务能力所做的分析及评价，其结论具有片面性，只有在综合分析的基础上进行业绩评价才能从整体上全面、系统地评价企业的财务状况及经营成果。

综合分析与业绩评价的目的在于以下几方面。

（1）通过综合分析评价明确企业经营活动、投资活动和筹资活动的相互关系，找出制约企业发展的"瓶颈"所在。

（2）通过综合分析评价企业财务状况与经营业绩，明确企业的经营水平、位置及发展方向。

（3）通过综合分析评价为企业利益相关者进行投资决策提供参考。

（4）通过综合分析评价为完善企业财务管理和经营管理提供依据。

10.1.2 综合分析与评价的内容

根据上述综合分析与业绩评价的意义和目的，综合分析与业绩评价至少应包括以下两方面内容：

（1）财务目标与财务环节相互关联综合分析评价

企业的财务目标是资本增值最大化。资本增值的核心在于资本收益能力的提高，而资本收益能力受企业各方面、各环节财务状况的影响。综合分析正是要以净资产收益率为核心，通过对净资产收益率的分解，找出企业经营各环节对其的影响以及影响程度，从而综合评价企业各环节及各方面的经营业绩。杜邦财务分析体系是进行这一分析的最基本方法。

（2）企业经营业绩综合分析评价

虽然财务目标与财务环节的联系分析可以解决单项指标分析或单方面分析给评价带来的困难，但由于没能采用某种计量手段给相互关联指标以综合评价，因此，往往难以准确得出公司经营业绩改善与否的定量结论。企业经营业绩综合分析评价正是从解决这一问题出发，利用业绩评价的不同方法对企业经营业绩进行量化分析，最后得出企业经营业绩评价的综合结论。

10.2 杜邦财务分析体系

10.2.1 杜邦财务分析体系的含义与特点

▶ 1. 杜邦财务分析体系的含义与特点

杜邦财务分析体系亦称杜邦财务分析法，是指根据各主要财务比率指

微课堂 10-2
杜邦财务分析
体系的含义与
特点

标之间的内在联系，建立财务分析指标体系，综合分析企业财务状况的方法。由于该指标体系是由美国杜邦公司最先采用的，故称为杜邦财务分析体系。杜邦财务分析体系的特点是将反映企业盈利状况、财务状况和营运状况的比率按其内在联系有机地结合起来，形成一个完整的指标体系，并最终通过净资产收益率（或资本收益率）这一核心指标来综合反映。

在杜邦财务分析体系中，包含了几种主要的指标关系，可以将之分为两大层次。

（1）第一层次

1）净资产收益率＝总资产净利率×业主权益乘数

即：

$$\frac{净利润}{净资产} \times 100\% = \left(\frac{净利润}{总资产} \times 100\%\right) \times \frac{总资产}{净资产}$$

2）总资产净利率＝销售净利率×总资产周转率

即：

$$\frac{净利润}{总资产} \times 100\% = \left(\frac{净利润}{营业收入} \times 100\%\right) \times \frac{营业收入}{总资产}$$

以上关系表明，影响净资产收益率最重要的因素有 3 个（销售净利率、总资产周转率、业主权益乘数）。

即：

$$净资产收益率＝销售净利率×总资产周转率×业主权益乘数$$

（2）第二层次

1）销售净利率的分解：

$$销售净利率＝\frac{净利润}{营业收入}×100\%＝\frac{总收入－总成本费用}{营业收入}×100\%$$

2）总资产周转率的分解：

$$总资产周转率＝\frac{营业收入}{总资产}＝\frac{营业收入}{流动资产＋非流动资产}$$

以上关系可以用图 10-1 更清楚地反映出来。

微课堂 10-3
杜邦财务
分析体系图

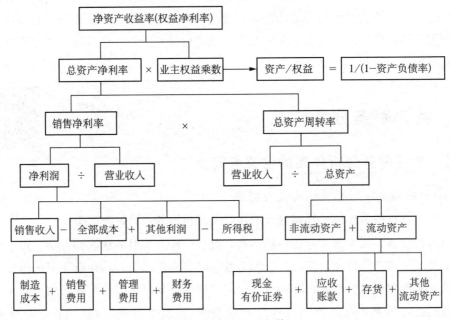

图 10-1　杜邦财务分析体系

▶ **2. 杜邦财务分析体系的核心指标**

杜邦财务分析体系为进行企业综合分析提供了极具价值的财务指标。

（1）净资产收益率是综合性最强的财务指标，是企业综合财务分析的核心。这一指标反映了投资者投入资本获利能力的高低，能体现企业经营的目标。从企业财务活动和经营活动的相互关系上看，净资产收益率的变动取决于企业资本经营、资产经营和商品经营。所以净资产收益率是企业财务活动效率和经营活动效率的综合体现。

微课堂 10-4
杜邦财务分析体
系四个核心指标

（2）总资产周转率是反映企业营运能力最重要的指标，是企业资产经营的结果，是实现净资产收益率最大化的基础。企业总资产由流动资产和非流动资产组成，流动资产体现企业的偿债能力和变现能力，非流动资产则体现企业的经营规模、发展潜力和盈利能力。

各类资产的收益性又有较大区别，如现金、应收账款几乎没有收益。所以，资产结构是否合理、营运效率的高低是企业资产经营的核心，并最终影响到企业的经营业绩。

（3）销售净利率是反映企业商品经营盈利能力最重要的指标，是企业商品经营的结果，是实现净资产收益率最大化的保证。企业从事商品经营，目的在于获利，其途径只有两条：一是扩大营业收入；二是降低成本费用。

（4）业主权益乘数既是反映企业资本结构的指标，也是反映企业偿债能力的指标，是企业资本经营即筹资活动的结果，它对提高净资产收益率起到杠杆作用。适度开展负债经营，合理安排企业资本结构，都有助于提高净资产收益率。

仍以 B 公司为案例，根据 B 公司的有关资料，绘制杜邦财务分析图，如图 10-2 所示。

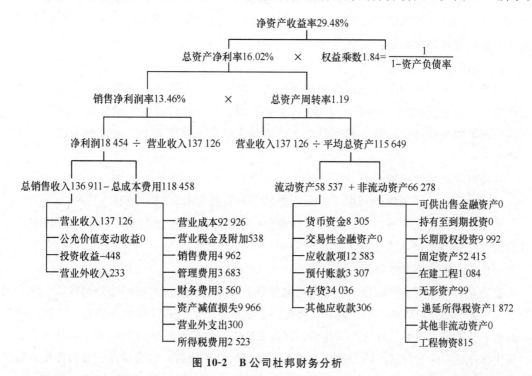

图 10-2　B 公司杜邦财务分析

▶ **3. 杜邦财务分析体系的不足**

杜邦财务分析体系自产生以来在实践中得到广泛应用与好评，但随着经济与环境的发展、变化和人们对企业目标认识的进一步升华，杜邦财务分析体系在应用过程中也暴露出一些不足，主要表现在以下几方面。

微课堂 10-5
杜邦财务分析
体系的不足

（1）涵盖信息不够全面

杜邦财务分析法主要利用的是企业资产负债表和利润表的项目数据，而不涉及现金流表，这样做容易让报表使用者只看到账面利润，而忽视了更能反映企业生命力的现金流量信息。

（2）分析内容不够完善

杜邦财务分析法主要从企业盈利能力、营运能力、偿债能力的角度对企业展开财务分析，而忽略了对企业发展能力的分析。同时，由于杜邦财务分析法通常针对的是短期财务结果，这也容易诱导管理者的短期行为，忽视了企业长期价值的创造。

（3）对企业风险分析不足

企业风险是财务报表使用者非常关心的问题，而杜邦财务分析法无法较直观地体现企业经营风险或财务风险。

许多人对杜邦财务分析体系进行了变形、补充，使其不断完善与发展。其中比较具有影响力的一种体系就是以可持续增长率为龙头指标的财务综合分析体系。

▶ 4. 以可持续增长率为龙头指标的财务综合分析体系

（1）可持续增长率的定义

可持续增长率是指在不改变经营战略和财务战略的条件下，即不改变销售净利率和资产周转率、不改变资本结构和股利支付率的条件下，公司销售所能达到的最大增长率，它体现的是一种可持续的平衡发展。

（2）可持续增长率的计算

在没有新增筹资的前提下，企业销售要获得增长，主要依赖于两种资金来源：一种是企业的经营性负债（也可以叫自发负债），主要是来自企业经营过程中供应商提供的应付款和客户提供的预收账款；另一种来自企业的留存收益。一般情况下，可持续增长率的计算公式如下：

可持续增长率＝净资产收益率×留存收益率

＝销售净利率×总资产周转率×权益采数×（1－股利支付率）

从上述计算公式中可以看到，可持续增长率的大小受销售净利率、总资产周转率、权益乘数以及股利支付率四个财务比率的影响。

（3）可持续增长率的分解

美国著名财务学家罗伯特·希金斯曾说世界上因为增长过快而破产的公司数量与因为增长太慢而破产的公司数量几乎一样多。因此，企业要追求平稳的可持续的增长。可持续增长率的大小受销售净利率、总资产周转率、权益乘数以及股利支付率四个财务比率的影响，这四种比率背后实际上分别反映的是企业的利润管理、资产管理、筹资活动、股利政策；前两者实际上体现的是企业的经营战略，后两者反映的是企业的财务战略，如图 10-3 所示。

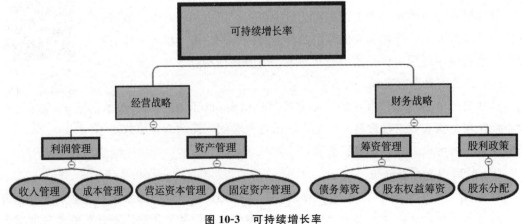

图 10-3 可持续增长率

　　企业应当制定符合自身发展需要的经营战略和财务战略，努力使企业实际增长率与可持续增长率相一致，以实现平衡发展。如果企业调整经营战略或财务战略，可能会导致其实际增长率与可持续增长率发生差异，此时可以运用可持续增长率分析体系并结合因素分析法分析企业实际销售增长率发生增减变动的原因。如实际销售增长率比可持续增长率或预算目标高出很多，那么需要分析支撑高速增长的原因究竟是什么，是否具有风险，能否持续下去。

永辉超市的可持续增长率分析

　　永辉超市成立于 2001 年，是中国首批将生鲜农产品引进现代超市的流通企业之一，目前已发展成为以零售业为龙头、以现代物流为支撑、以现代农业和食品工业为两翼、以实业开发为基础的大型集团企业，同时也是中国 500 强企业。在零售革命的冲击下，各大传统商超纷纷转型，扎堆新零售，永辉超市凭借将餐饮和超市"混搭"，"跑"在了商超转型的最前面。永辉超市 2015—2020 年财务指标见表 10-2。

表 10-2　永辉超市 2015—2020 年财务指标

会计年度	销售净利率（％）	总资产周转率（次）	权益乘数	留存收益率（％）	可持续增长率（％）	实际收入增长率（％）	差异
2015	1.42	2.08	3.14	18.48	1.17	14.75	13.58
2016	2.47	1.67	2.40	49.70	4.92	16.82	11.9
2017	2.88	1.78	1.71	31.83	8.89	19.01	10.12
2018	1.41	1.95	2.04	38.49	2.16	20.04	17.88
2019	1.71	1.85	2.56	43.54	3.53	20.36	16.83
2020	1.77	1.72	2.72	49.18	4.08	9.80	5.72
平均值					4.13	16.80	12.68

　　说明：总资产周转率为期末总资产增长率；权益乘数为期末总资产期初股东权益乘数。

　　永辉超市 2015—2020 年的实际增长率一直高于可持续增长率，这 6 年可持续增长率平均值为 4.13％，而其实际增长率的平均值达到 16.80％，是可持续增长率的 4 倍，那么企业的持续高增长是如何实现的呢？

　　从经营效率分析，公司盈利能力从 2015 年至 2020 年基本保持稳定，从 2018 年起一直平稳上升；营运能力基本保持稳定，没有大的起伏；从实际收入增长率的变化也可以看出，2015—2020 年 6 年间的平均实际收入增长率保持在 16.80％，是一个较快增长的势头；从财务政策方面分析，公司的资本结构在 6 年间有所波动，整体上呈现下降趋势，留存收益的变动则较大，2016—2020 年留存收益都在 40％ 左右，内源融资力度较大且比较稳定。可见公司自身创造的利润是支持其高速增长的重要资金来源。

　　2015—2020 年永辉超市可持续增长率平均保持在 4％ 以上，实际收入增长率平均在 16.8％ 以上，实际收入增长率是可持续增长率的 4 倍以上，说明企业的销售情况相对稳定，资产运营能力稳中有升，企业发展相对较好。

资料来源：东方财富网. 永辉超市：财务分析资料［N］. https://emweb.securities.eastmoney.com/ PC_HSF10/NewFinanceAnalysis/Index?type＝web&code＝sh601933#dbfx-0.

通过以上分析我们可以看出，永辉超市总体上呈现稳定成长状态，营业收入的增长多与销售净利率的提升和总资产周转率的改善有关，这对于薄利时代的零售业企业是有利且不易的，因而整体上永辉超市处于良性增长状态。当然，从企业发展的长远角度看，无论是上述哪项财务指标都不能无限制地提高，否则超常增长之后将面临实际增长率低于可持续增长率的情况，如果不愿意接受这个现实，继续勉强冲刺，现金周转的危机将不可避免。

10.2.2 杜邦财务分析体系的应用

下面以 C 公司为案例，根据其 2021 年 12 月 31 日基本报表数据进行杜邦分析(图 10-4)。

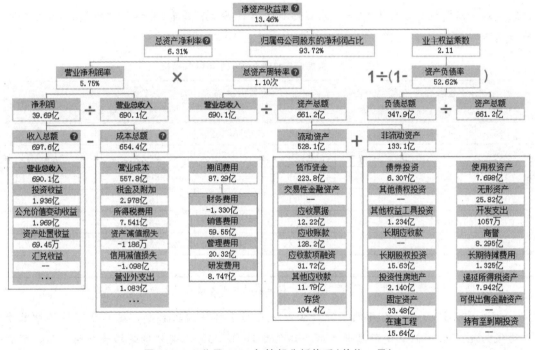

图 10-4 C 公司 2021 年杜邦分析体系(单位：元)

C 公司为某集团控股的上市公司，1997 年 9 月 1 日成立，2020 年 2 月 6 日上市。公司注册资本 16.26 亿元，目前市值 484.2 亿元(截至 2022 年 4 月 14 日收盘)。公司主要从事：(1)中西成药、化学原料药、天然药物、生物医药、化学原料药中间体的研究开发、制造与销售；(2)西药、中药和医疗器械的批发、零售和进出口业务；(3)大健康产品的研发、生产与销售；(4)医疗服务、健康管理、养生养老等健康产业投资等。C 公司经过多年的精心打造和加速发展，逐步形成了"大南药""大健康""大商业"和"大医疗"四大业务板块，以及"电子商务""资本财务"和"医疗器械"三大新业态。C

微课堂 10-6
杜邦财务分析
体系的应用

公司下属共有25家医药制造企业与机构(包括3家分公司,19家控股子公司和3家合营企业),其中,拥有12家中华老字号药企,10家百年企业;中药独家生产品品规超100个(含控股子公司和合营企业)。

具体分析如下。

$$净资产收益率 = 总资产净利率 × 业主权益乘数 = 6.31\% × 2.11 = 13.31\%$$

净资产收益率是综合性最强的财务指标,是企业综合财务分析的核心。这一指标反映了投资者的投入资本获利能力的高低,能体现出企业经营的目标。C公司2021年净资产收益率达到13.31%,大于行业均值12.14%,说明企业利用投资者资金为投资者创造了高于行业平均水平的利润。但同时也要看到,C公司的总资产净利率仅为6.31%,这也说明公司总资产运营方面有待进一步提升。业主权益乘数2.11大于行业均值的1.33,说明公司利用债务资金规模大于行业均值,也是企业能够为股东带来相对较高收益的原因。

$$总资产周转率 = 营业收入总额 ÷ 资产总额 = 690.1 ÷ 661.2 = 1.10(次)$$

总资产周转率是反映企业营运能力水平最重要的指标,是企业资产使用效率的直接表现,是实现净资产收益率最大化的基础。C公司的总资产周转率为1.10,行业均值为0.62,说明C公司总资产运营情况较好,远远高于均值。这也说明公司总资产收益率低的原因不在于公司资产运营方面,那只能是销售净利率指标出了问题。

$$销售净利率 = 净利润 ÷ 营业总收入 × 100\% = 39.69 ÷ 690.1 × 100\% = 5.75\%$$

销售净利率是反映企业商品经营盈利能力最重要的指标,是企业商品经营的结果,是实现净资产收益率最大化的保证。C公司的销售净利率仅为5.75%,纵向比较的话,近三年公司销售净利率徘徊不前,一直保持在5%～6%之间(2020年为5.01%、2019年为5.30%),横向比较,行业均值为12.28%,公司的这一指标还不到行业均值的一半,所以公司总资产收益率指标比较低。要改变这一状况,公司必须从两个方面着手:一是加强营销,扩大销售增加营业收入;二是加强内部成本管控,降低成本费用。

$$业主权益乘数 = 1 ÷ (1 - 资产负债率) = 1 ÷ (1 - 52.62\%) = 2.11$$

业主权益乘数既是反映企业资本结构的指标,也是反映企业偿债能力的指标,是企业资本经营即筹资活动的结果,它对提高净资产收益率起到杠杆作用。C公司业主权益乘数为2.11,这一指标近三年相对稳定,基本保持这一水平(2020年为2.12、2019年为2.19);横向对比,行业均值为1.34,说明公司的财务杠杆略高于行业平均水平。对于公司来讲,如果经营稳定、发展良好,公司适度开展负债经营,合理安排企业资本结构,对提高公司净资产收益率是大有益处的。

利用杜邦分析体系还可以继续往下查找公司的经营情况、财务状况等,可以进一步分析公司的生产、运营、销售、管理等具体问题。在使用杜邦财务分析体系时,要注意以下几个问题:

1) 利用杜邦财务分析体系时,应把连续多期的体系图放到一块来用。杜邦财务分析体系反映的是短期的公司情况,因此要找到连续多期的体系图,可以进行纵向比较。

2) 利用杜邦财务分析时,要把行业有代表性的公司体系图放到一块来分析。杜邦分析体系分析的范围有限，要想真正了解一家公司，不仅要掌握公司数据，还要参考行业指标，进行横向对比，才能得出更科学、准确的结论。

10.3　投融资决策分析综述

日常进行投融资决策分析时，必须要对企业经营进行全方位的经营业绩综合评价，此时，杜邦分析体系是常用的工具。杜邦财务分析体系自产生以来在实践中得到广泛应用与好评，但随着经济与环境的发展、变化和人们对企业目标认识的进一步升华，杜邦财务分析体系在应用过程中也暴露出一些不足，因此在实践中，通常还可采用经营业绩评价综合指数法和综合评分法，即通过计算企业经营业绩综合指数或综合分数，反映企业总体经营业绩水平的高低。

10.3.1　经营业绩评价综合指数法

运用综合指数法进行业绩评价的一般程序或步骤包括：选择业绩评价指标、确定各项指标的标准值、计算指标单项指数、确定各项指标的权数、计算综合经济指数和评价综合经济指数。下面以财政部颁布的企业经济效益评价指标体系为例，说明综合指数法的应用。

微课堂 10-7.
经营业绩评价
综合指数法

▶ 1. 选择经营业绩评价指标

进行经营业绩评价的首要步骤是正确选择评价指标，指标的选择要根据分析目的和要求而定，考虑分析的全面性和综合性。财政部颁布的企业经济效益评价指标体系中选择的经济效益指标包括三个方面的十项指标。

（1）反映盈利能力和资本保值增值的指标

反映盈利能力和资本保值增值的指标主要有四个：销售利润率、总资产报酬率、资本收益率、资本保值增值率。

1）销售利润率。

销售利润率反映企业销售收入的获利水平，其计算公式为：

$$销售利润率 = \frac{营业收入 - 营业成本 - 税金及附加}{营业收入} \times 100\%$$

2）总资产报酬率。

总资产报酬率用于衡量企业运用全部资产的获利能力，其计算公式为：

$$总资产报酬率 = \frac{息税前利润}{平均资产总额} \times 100\%$$

其中：

$$平均资产总额 = (期初资产总额 + 期末资产总额) \div 2$$

3）资本收益率。

资本收益率指企业运用投资者投入资本获得收益的能力，其计算公式为：

$$资本收益率 = \frac{净利润}{实收资本} \times 100\%$$

4）资本保值增值率。

资本保值增值率反映企业资本保值增值能力的指标，主要反映企业投资者投入企业资本的完整性和保全性，其计算公式为：

$$资本保值增值率 = \frac{期末所有者权益总额}{期初所有者权益总额} \times 100\%$$

该指标等于 100% 为资本保值，大于 100% 为资本增值。

（2）反映资产负债水平和偿债能力的指标

反映企业资产负债水平和偿债能力的指标有四个：资产负债率、流动比率或速动比率、应收账款周转率、存货周转率。

1）资产负债率。

资产负债率可用于衡量企业的负债水平，其计算公式为：

$$资产负债率 = \frac{负债总额}{资产总额} \times 100\%$$

2）流动比率或速动比率。

流动比率是衡量企业在某一时点偿付即将到期债务的能力，其计算公式为：

$$流动比率 = \frac{流动资产}{流动负债} \times 100\%$$

速动比率是衡量企业在某一时点上运用随时可变现资产偿付到期债务的能力，其计算公式为：

$$速动比率 = \frac{速动资产}{流动负债} \times 100\%$$

其中：

$$速动资产 = 流动资产 - 存货$$

3）应收账款周转率。

应收账款周转率是用于衡量企业应收账款周转速度快慢的指标，其计算公式为：

$$应收账款周转率 = \frac{赊销净额}{平均应收账款余额}$$

其中：

$$平均应收账款余额 = (期初应收账款余额 + 期末应收账款余额) \div 2$$
$$赊销净额 = 营业收入 - 现销收入 - 销售退回、折扣、折让$$

由于企业赊销资料作为商业机密不对外公布，所以应收账款周转率的分子一般用赊销和现销总额，即营业收入。

4）存货周转率。

存货周转率用于衡量企业在一定时期内存货资产的周转速度，是反映企业购、产、销平均效率的一种尺度，其计算公式为：

$$存货周转率 = \frac{营业成本}{平均存货成本}$$

平均存货成本＝(期初存货成本＋期末存货成本)÷2

（3）反映企业对国家或社会贡献水平的指标

反映企业对国家或社会贡献水平的指标有两个：社会贡献率、社会积累率。

1）社会贡献率。

社会贡献率可用于衡量企业运用全部资产为国家或社会创造或支付价值的能力，其计算公式为：

$$社会贡献率＝\frac{企业社会贡献总额}{企业平均资产总额}\times100\%$$

其中，企业社会贡献总额包括工资(含奖金，津贴等工资性收入)，劳保退休统筹及其他社会福利支出，利息支出净额，应交增值税，应交税金及附加，应交所得税，其他税收和净利润等。

2）社会积累率。

社会积累率可用于衡量企业社会贡献总额中有多少用于上交国家财政，其计算公式为：

$$社会积累率＝\frac{上交国家财政总额}{企业社会贡献总额}\times100\%$$

其中，上交国家财政总额包括应交增值税、应交税金及附加、应交所得税和其他税收等。

▶ 2. 确定各项业绩指标的标准值

业绩评价指标标准值可根据分析的目的和要求确定，可用某企业某年的实际数，也可用同类企业、同行业或部门平均数，还可用国际标准数。一般来说，当评价企业经营计划完成情况时，可选企业计划水平为标准值；当评价企业经营业绩水平变动情况时，可选企业前期水平为标准值；当评价企业在同行业、全国或国际上所处的地位时，可选取行业标准值、国家标准值或国际标准值。从财政部设计这十个指标的角度考虑，标准值的确定主要参考以下两个方面：一是适当参照国际上通用的标准，如流动比率为2：1，速动比率为1：1，资产负债率为50%等，但考虑中国整体效益水平偏低，与国际发达国家差距较大，国际通行标准值仅是一个参考依据；二是参考我国企业在近三年的行业平均值。

▶ 3. 计算各项业绩指标的单项指数。

单项指数是指各项经济指标的实际值与标准值之间的比值，其计算公式为：

$$单项指数＝\frac{某指标实际值}{该指标标准值}$$

这一单项指数的计算公式适用于经济指标为纯正指标或纯逆指标的情况，如果为纯正指标，则单项指数越高越好；如果为纯逆指标，则单项指数越低越好。如果某经济指标既不是纯正指标，又不是纯逆指标，如资产负债率、流动比率、速动比率等就属于这种指标，对于这种指标，其单项指数可按下式计算：

$$单项指数＝\frac{标准值-实际值与标准值差额的绝对值}{标准值}\times100\%$$

例如，假设流动比率的标准值为2：1，则当流动比率实际值为2.2：1时，其单项指数为：

$$单项指数=\frac{200\%-(220\%-200\%)}{200\%}\times100\%=90\%$$

▶ 4. 确定各项业绩指标的权数

综合经济指数不是单项指数的简单算术平均数，而是一个加权平均数。因此，要计算综合经济指数，应在计算单项指数的基础上，确定各项指标的权数。各项经济指标权数应依据各指标的重要程度而定。一般来说，某项指标越重要，其权数就越大；反之，则权数就越小。假定十项经济效益指标的权数总和为100，经测算、验证，并参照美国、日本等国家的做法，将各项经济效益指标的权数确定为：销售利润率为15；总资产报酬率为15；资本收益率为15；资本保值增值率为10；资产负债率为5；流动比率（或速动比率）为5；应收账款周转率为5；存货周转率为5；社会贡献率为10；社会积累率为15。

▶ 5. 计算综合经济指数

综合经济指数是以各单项指数为基础，乘以各指标权数所得到的一个加权平均数。综合经济指数的计算有两种方法。

（1）按各项指标实际指数计算（不封顶）

在按各项指标实际指数计算时，其计算公式为：

$$综合经济指数=\sum(某指标单项指数\times该指标权数)$$

（2）按扣除超过100%部分后计算（封顶）

在全部指标中没有逆指标时，如果某项指标指数超过100%，则扣除超出部分，按100%计算，如果某项指标指数低于100%，则按该指标实际指数计算。其计算公式为：

$$综合经济指数=\sum[某指标单项指数(扣除超出部分)\times该指标权数]$$

根据C公司的有关资料，按上述程序，采用第一种计算方法计算该企业的综合经济指数，如表10-3所示。

表10-3 C公司综合经济指数计算表　　　　单位:%

经济指标	标　准　值	实　际　值	单项指数	权　　数	综合经济指数
销售利润率	18	15.33	85.17	15	12.78
总资产报酬率	20	9.31	46.55	15	6.98
资本收益率	25	106.98	427.92	15	64.19
资本保值增值率	105	110.66	105.39	10	10.54
资产负债率	50	41.02	82.04	5	4.10
流动比率	200	163.49	81.75	5	4.09
速动比率	100	146.87	53.13	5	2.66
应收账款周转率	12	40.49	337.42	5	16.87
存货周转率	10	11.56	115.60	5	5.78
社会贡献率	35	35	100.00	10	10.00
社会积累率	30	30	100.00	15	15.00
综合经济指数				100	150.33

▶ **6. 综合经济指数评价**

在按照第二种方法计算综合经济指数时，其最高值为100%，越接近100%，说明企业经营业绩总体水平越好。如果按第一种方法计算综合经济指数，当各项业绩指标中没有正指标时，综合经济指数以小于100%为好，而且越低越好；当各项业绩指标中没有逆指标时，一般地说，综合经济指数达到100%，说明企业经营业绩总体水平达到标准要求，或者说企业取得了较好的经济效益，该指数越高，经济效益水平越高；若综合经济指数低于100%，说明企业经济效益水平没达到标准要求，该指数越低，经营业绩水平越差。本例中，C企业综合经济指数为150.33%，达到了经营业绩标准要求。

在运用综合经济指数法进行经营业绩综合评价时，应特别注意以下两个问题。

一是选择的各项经济指标在评价标准上应尽量保持方向的一致性，即尽量都选择正指标，或都选择逆指标。因为如果全部为正指标，则评价标准为越高越好；全部为逆指标，则评价标准为越低越好；如果既有正指标又有逆指标，则应将逆指标转为正指标或相反。如周转速度指标，如果以次数计算为正指标，则以天数计算为逆指标，由于大部分指标为正指标，周转速度应采取正指标形式。至于资产负债率、流动比率或速动比率这种既不是正指标又不是逆指标的指标，其标准值具有绝对性，即大于或小于标准值都不好，单项指数最高为1或100%。进行综合经济效益指数评价时应注意这些指标的特点，否则可能会得出错误结论。

二是综合经济指数是否可高于100%的问题。如果各单项指数取值可高于100%，则综合经济指数可能高于100%。这样做的优点是，综合经济指数不封顶，该指标越高，说明企业经营业绩越好。它的缺点是，可能存在某些完成状况好的指标数值弥补完成状况差的指标数值的情形，这样即使综合指数大于或等于100%，也不能说明企业各项经济指标都达到了标准值要求，反而掩盖了企业在某方面存在的问题。如果各单项指数取值最高为100%（即大于100%时按100%算，小于100%时按实际值计算），则综合经济指数最高为100%。这种做法的优点是，只要综合经济指数达到了100%，就说明企业各项经济指标都达到或超过了标准值，取得了理想的经营业绩，低于100%则说明企业在某方面一定存在问题。这种方法的缺点是，如果几个企业的综合经济指数都达到100%，很难分出优劣。因此，进行企业经济效益综合评价时，在标准值比较接进时，可采用指数封顶的方法；当标准值为平均值时，则应采取指数不封预的方法。企业在进行自身经营业绩评价时，也可将两种方法结合使用、取长补短，全面准确地评价企业的经营业绩。

10.3.2 经营业绩评价综合评分法

运用综合评分法或功效系数法的一般程序或步骤包括：选择业绩评价指标、确定各项经济指标的标准值及标准系数、确定各项经济指标的权数、计算各类业绩评价指标得分、计算经营业绩综合评价分数、确定综合评价结果等级。下面根据2006年国务院国有资产监营管理委员会（简称国

微课堂 10-8
经营业绩评价
综合评分法

资委)发布的《中央企业综合绩效评价实施细则》来说明综合评分法的程序、方法及应用。在该评价方法中所使用的《企业绩效评价标准值》手册由国资委考核分配局每年编制，由经济科学出版社出版，其数据滞后一年，即《企业绩效评价标准值(2021)》手册统计的是2020年的数据。目前2022年的《企业绩效评价标准值》手册尚未出版，因此可供使用只有2021年的行业统计数值。为了保持可比性，本书利用C公司2020年的年报数据来评价该公司的综合绩效。当然，同时也利用2020年评价标准值对C公司2019年的综合绩效进行了评价，结果得分较低，其原因主要是2019年受行业环境下行影响，企业经营业绩出现较大幅度的下降，而2021年的行业标准值较高。为保证业绩评价指标值计算口径一致，本小节对业绩评价指标的计算均采用《企业绩效评价标准值(2021)》所附计算公式。

▶ 1. 选择业绩评价指标

进行经营业绩综合分析的首要步骤是正确选择评价指标。指标选择要根据分析目的和要求而定，要考虑分析的全面性和综合性。《企业绩效评价标准值(2021)》选择的企业综合绩效评价指标包括22个财务绩效定量评价指标和8个管理绩效定性评价指标，具体如表10-4所示。

表 10-4　企业综合绩效评价指标体系

评价指数类型	财务绩效定量评价指标		管理绩效定性评价指标
	基 本 指 标	修 正 指 标	
盈利能力	净资产收益率 总资产报酬率	销售利润率 盈余现金保障倍数 成本费用利润率 资本收益率	战略管理 发展创新 经营决策 风险控制 基础管理 人力资源 行业影响 社会贡献
资产质量状况	总资产周转率 应收账款周转率	不良资产比率 流动资产周转率 资产现金回收率	
债务风险状况	资产负债率 已获利息倍数	速动比率 现金流动负债比率 带息负债比率 或有负债比率	
经营增长情况	销售增长率 资本保值增值率	销售利润增长率 总资产增长率 技术投入比率	

(1) 财务绩效基本指标及其计算

1) 净资产收益率，指企业运用投资者资本获得收益的能力。其计算公式为：

$$净资产收益率=\frac{归属于母公司所有者的净利润}{平均归属于母公司所有者权益}\times100\%$$

其中，

平均归属于母公司所有者权益=(年初归属于母公司所有者权益合计+

年末归属于母公司所有者权益合计)÷2

2）总资产报酬率，用于衡量企业运用全部资产的获利能力。其计算公式为：

$$总资产报酬率 = \frac{息税前利润}{平均资产总额} \times 100\%$$

其中：

$$息税前利润 = 利润总额 + 利息支出$$

$$平均资产总额 = (期初资产总额 + 期末资产总额) \div 2$$

3）总资产周转率，是指企业在一定时期营业收入与平均资产总额的比值，是综合评价企业全部资产经营质量和利用效率的重要指标。其计算公式为：

$$总资产周转率 = \frac{营业收入}{平均资产总额} \times 100\%$$

4）应收账款周转率，指企业一定时期营业收入与应收账款平均余额之比。其计算公式为：

$$应收账款周转率 = \frac{营业收入}{应收账款平均余额}$$

$$应收账款平均余额 = (年初应收账款余额 + 年末应收账款余额) \div 2$$

$$应收账款余额 = 应收账款净额 + 应收账款坏账准备$$

5）资产负债率，可用于衡量企业负债水平与偿债能力的情况。其计算公式为：

$$资产负债率 = \frac{负债总额}{资产总额} \times 100\%$$

6）已获利息倍数，指息税前利润与利息支出之比，可用于衡量企业的偿债能力。其计算公式为：

$$已获利息倍数 = \frac{息税前利润}{利息支出}$$

7）销售增长率，是反映企业销售收入增长情况的指标。其计算公式为：

$$销售增长率 = \frac{本年营业收入增长额}{上年营业总收入} \times 100\%$$

8）资本保值增值率，可用于衡量企业所有者权益的保持和增长幅度。其计算公式为：

$$资本保值增值率 = \frac{扣除客观因素后的年末国有资产及权益}{年初国有资本及权益} \times 100\%$$

根据上述公式计算 C 公司 2020 年和 2021 年各项财务绩效基本指标，如表 10-5 所示。

表 10-5　C 公司财务绩效基本指标表　　　　　　　　　　　　单位:%

基 本 指 标	2020 年	2021 年
净资产收益率	19.06	14.94
总资产报酬率	12.50	9.78
总资产周转率（次）	0.71	0.58
应收账款周转率（次）	48.11	35.82

续表

基 本 指 标	2020 年	2021 年
资产负债率	41.13	41.02
已获利息倍数	20.16	28.08
销售增长率	44.82	1.13
资本保值增值率	158.37	110.35

（2）财务绩效修正指标及其计算

1）销售利润率。

$$销售利润率=\frac{销售利润}{营业收入}\times100\%$$

其中：

销售利润＝营业收入－营业成本－税金及附加－销售费用－管理费用－财务费用－

资产减值损失＋公允价值变动收益＋投资收益＋其他收益

2）盈余现金保障倍数。

$$盈余现金保障倍数=\frac{经营现金净流量}{净利润}\times100\%$$

3）成本费用利润率。

$$成本费用利润率=\frac{利润总额}{成本费用总额}\times100\%$$

其中：

成本费用总额＝营业成本＋税金及附加＋销售费用＋管理费用＋财务费用

4）资本收益率。

$$资本收益率=\frac{归属于母公司所有者的净利润}{平均资本}\times100\%$$

其中：

平均资本＝[（年初实收资本＋年初资本公积）＋（年末实收资本＋年末资本公积）]÷2

5）不良资产比率。

$$不良资产比率=\frac{资产减值准备余额＋应提未提和应摊未摊的潜在亏损＋未处理资产损失}{资产总额＋资产减值准备余额}\times100\%$$

6）流动资产周转率。

$$流动资产周转率=\frac{营业总收入}{平均流动资产余额}\times100\%$$

其中：

流动资产平均余额＝（年初流动资产总额＋年末流动资产总额）÷2

7）资产现金回收率。

$$资产现金回收率=\frac{经营现金净流量}{平均资产总额}\times100\%$$

8）速动比率。

$$速动比率 = \frac{速动资产}{流动资产} \times 100\%$$

其中：

$$速动资产 = 流动资产 - 存货$$

9）现金流动负债比率。

$$现金流动负债比率 = \frac{经营现金净流量}{流动负债} \times 100\%$$

10）带息负债比率。

$$带息负债比率 = \frac{带息负债}{负债总额} \times 100\%$$

其中：

$$带息负债 = 短期借款 + 一年内到期的非流动负债 + 交易性金融负债 +$$
$$其他带息流动负债 + 长期借款 + 应付债券 + 其他带息非流动负债$$

11）或有负债比率。

$$或有负债比率 = \frac{或有负债余额}{负债总额} \times 100\%$$

其中：

或有负债余额 = 已贴现承兑汇票 + 担保余额 + 贴现与担保外的被诉事项金额 + 其他或有负债

12）销售利润增长率。

$$销售利润增长率 = \frac{本年销售利润 - 上午销售利润}{上年销售利润} \times 100\%$$

13）总资产增长率。

$$总资产增长率 = \frac{年末资产总额 - 年初资产总额}{年初资产总额} \times 100\%$$

14）技术投入比率。

$$技术投入比率 = \frac{本年科技支出合计}{营业收入} \times 100\%$$

根据上述公式计算 C 公司 2020 年和 2021 年各项修正指标，如表 10-6 所示。

表 10-6　C 公司财务绩效修正指标表　　　　　　　　　　单位：%

基 本 指 标	2020 年	2021 年
销售利润率	16.50	16.09
盈余现金保障倍数	1.50	−0.12
成本费用利润率	17.92	16.86
资本收益率	45.64	33.72
不良资产比率	2.28	2.14
流动资产周转率	1.44	1.11

续表

基 本 指 标	2020 年	2021 年
资产现金回收率	16.08	−1.01
速动比率	166.41	146.87
现金流动负债比率	44.13	−3.13
带息负债比率	39.29	41.61
或有负债比率	4.80	4.80
销售利润增长率	72.28	−1.37
总资产增长率	45.69	10.47
技术投入比率	2.90	2.90

▶ 2. 确定各项经济指标的标准值及标准系数

（1）财务绩效基本指标标准值及标准系数

基本指标评价的参照水平及标准值由财政部定期发布，分为五档。不同行业、不同规模的企业有不同的标准值。例如，2020 年 C 公司所属全行业财务绩效基本指标标准值如表 10-7 所示。

表 10-7　C 公司所属全行业财务绩效基本指标标准值　　　单位：%

项目指标（标准参数）	优秀	良好	平均	较低	较差
	（1）	（0.8）	（0.6）	（0.4）	（0.2）
净资产收益率	19.9	15.6	9.4	−4.2	−15.3
总资产报酬率	14.8	9.5	6.1	−4.1	−11.1
总资产周转率（次）	2.6	2.2	1.2	0.6	0.3
应收账款周转率（次）	43.1	24.6	10.4	5.4	0.7
资产负债率	49.5	54.5	59.5	69.5	84.5
已获利息倍数	9.2	7.5	5.4	2.5	0.1
销售增长率	15.7	11.6	5.5	1.5	−6.6
资本保值增值率	119.5	113.1	105.3	98.8	87.0

（2）财务绩效修正指标标准值及修正系数

基本指标有较强的概括性，但是不够全面。为了更加全面地评价企业绩效，另外设置了 4 类 14 项修正指标，根据修正指标的高低计算修正系数，用得出的系数去修正基本指标得分。2020 年 C 公司所属全行业财务绩效修正指标标准值如表 10-8 所示。

表 10-8　2020 年 C 公司所属全行业财务绩效修正指标标准值表　　　单位：%

项目指标(标准系数)	优秀	良好	平均	较低	较差
	(1)	(0.8)	(0.6)	(0.4)	(0.2)
盈利能力状况					
销售利润率	15.5	14.2	9.9	0.4	−5.6
盈余现金保障倍数	3.0	1.7	0.6	0.1	−1.7
成本费用利润率	17.4	10.6	7.5	−3.6	−13.0
资本收益率	35.8	20.8	9.8	−15.6	−25.1
资产质量状况					
不良资产比率	1.0	1.4	2.8	6.4	15.2
流动资产周转率	4.2	3.4	2.1	1.1	0.6
资产现金回收率	24.4	16.1	6.1	−6.4	−13.2
偿债风险状况					
速动比率	150.1	124.1	87.1	64.8	33.6
现金流动负债比率	46.9	28.2	12.8	−11.4	−25.4
带息负债比率	0.5	7.0	20.1	46.2	66.4
或有负债比率	1.9	3.4	4.8	14.4	17.8
经营增长状况					
销售利润增长率	17.4	10.9	5.7	0.1	−7.1
总资产增长率	19.5	14.0	7.1	1.5	−7.9
技术投入比率	6.3	5.0	2.9	1.3	0.3

▶ 3. 确定各项经济指标的权数

指标的权数根据评价目的和指标的重要程度确定。企业综合绩效评价指标体系中各类及各项指标的权数或分数如表 10-9 所示。

表 10-9　企业综合绩效评价指标及权重表

财务绩效定量评价指标(权重70%)					管理绩效定性评价 指标(权重30%)
指标类别(100)	基本指标(100)		修正指标(100)		评议指标(100)
盈利能力状况(34)	净资产收益率 总资产报酬率	20 14	销售利润率 盈余现金保障倍数 成本费用利润率 资本收益率	10 9 8 7	

续表

财务绩效定量评价指标(权重70%)			管理绩效定性评价指标(权重30%)	
指标类别(100)	基本指标(100)	修正指标(100)	评议指标(100)	
资产质量状况(22)	总资产周转率 10 应收账款周转率 12	不良资产比率 9 流动资产周转率 7 资产现金回收率 6	战略管理 发展创新 经营决策	18 15 16
债务风险状况(22)	资产负债率 12 已获利息倍数 10	速动比率 6 现金流动负债比率 6 带息负债比率 5 或有负债比率 5	风险控制 基础管理 人力资源	13 14 8
经营增长状况(22)	销售增长率 12 资本保值增值率 10	销售利润增长率 10 总资产增长率 7 技术投入比率 5	行业影响 社会贡献	8 8

▶ **4. 计算各类业绩评价指标得分**

(1) 财务绩效基本指标得分计算

基本指标反映企业的基本情况，是对企业绩效的初步评价。它的计分是按照功效系数法计分原理，将评价指标实际值对照行业评价标准值，按照规定的计分公式计算各项基本指标得分。其计算公式具体如下。

1) 单项指标得分的计算。

$$单项基本指标得分＝本档基础分＋本档调整分$$

其中：

$$本档基础分＝指标权数×本档标准系数$$

$$本档调整分＝功效系数×(上档基础分－本档基础分)$$

$$上档基础分＝指标权数×上档标准系数$$

$$功效系数＝\frac{实际值－本档标准值}{上档标准值－本当标准值}$$

本档标准值是指上、下两档标准值居于较低等级一档。

根据表 10-5 所示 C 公司 2020 年财务绩效基本指标，结合表 10-7 汽车整车制造业全行财务绩效基本指标标准值及系数，按上述公式可计算 C 公司各项基本指标得分。例如，2020 年 C 公司总资产周转率为 0.71 次。此时，该企业的总资产周转率已超过"较低"(0.6)水平，处于"较低"档，因此可以得到"较低"档基础分。另外，它处于"平均"档(1.2)和"较低"档(0.6)之间，同时需要调整。

$$本档基础分＝指标权数×本档标准系数＝10×0.4＝4(分)$$

$$本档调整分＝\frac{实际值－本当标准值}{上档标准值－本当标准值}×(上档基础分－本档基础分)$$

$$＝\frac{0.71－0.6}{1.2－0.6}×(10×0.6－10×0.4)＝0.37$$

总资产周转率指标得分＝4＋0.37＝4.37（分）

其他基本指标得分的计算方法与此相同，不再举例。

2）财务绩效基本指标总分的计算。

C公司单项指标得分、分类指标得分及基本指标总分如表10-10所示。

表 10-10　C公司指标得分的计算表

类　　别	基本指标（分数）	单项指标得分		分类指标得分	
		2020年	2021年	2020年	2021年
盈利能力状况	净资产收益率（20） 总资产报酬率（14）	19.22 12.78	15.57 11.35	32.00	26.92
资产质量状况	总资产周转率（10） 应收账款周转率（12）	4.37 12.00	3.87 11.06	16.37	14.93
债务风险状况	资产负债率（12） 已获利息倍数（10）	12.00 10.00	12.00 10.00	22.00	22.00
经营增长状况	销售增长率（12） 资本保值增值率（10）	12.00 10.00	4.69 7.29	22.00	11.98
基本指标总分				92.37	75.83

（2）财务绩效修正指标修正系数的计算

对基本指标得分的修正是按指标类别得分而进行的，需要计算分类的综合修正系数。

分类的综合修正系数由单项指标修正系数加权平均求得，而单项指标修正系数的大小主要取决于基本指标评价分数和修正指标实际值两项因素。

1）单项指标修正系数的计算。

单项指标修正系数的计算公式为：

单项指标修正系数＝1.0＋（本档标准系数＋功效系数×0.2－该类基本指标分析系数）

单项修正系数控制修正幅度为0.7～1.3。

下面以盈余现金保障倍数为例说明单项指标修正系数的计算。

① 准系数的确定。根据表10-6可知，C公司2020年盈余现金保障倍数为1.50，查阅表10-8，发现该指标的实际值介于良好和平均之间，其标准系数应为0.6。

② 功效系数的计算。

$$功效系数＝\frac{指标实际值－本档标准值}{上档标准值－本当标准值}$$

$$盈余现金保障倍数指标的功效系数＝\frac{1.50－0.6}{1.7－0.6}＝0.82$$

③ 分类基本指标分析系数的计算。

$$某类基本指标分析系数＝\frac{该类基本指标得分}{该类指标权数}$$

根据表10-10可知盈利能力类基本指标得分为32.00，其权数为34，则：

盈利能力类基本指标分析系数＝32.00÷34＝0.94

根据以上结果可以计算出：

盈余现金保障倍数指标修正系数＝1.0＋(0.6＋0.82 × 0.2－0.94)＝0.82

在计算修正指标单项修正系数的过程中，对一些特殊情况做如下规定：

① 如果修正指标实际值达到优秀值以上，其单项修正系数的计算公式如下：

单项修正系数＝1.2＋本档标准系数－该部分基本指标分析系数

② 如果修正指标实际值处于较差值以下，其单项修正系数的计算公式如下：

单项修正系数＝1.0－该部分基本指标分析系数

③ 如果资产负债率≥100％，指标得 0 分；其他情况按照规定的公式计分。

④ 如果盈余现金保障倍数分子为正数、分母为负数，单项修正系数确定为 1.1；如果分子为负数、分母为正数、单项修正系数确定为 0.9；如果分子和分母同为负数，单项修正系数确定为 0.8。

⑤ 如果不良资产比率≥100％或分母为负数，单项修正系数确定为 0.8。

⑥ 对于销售利润增长率指标，如果上年主营业务利润为负数，本年为正数，单项修正系数为 1.1；如果上年主营业务利润为零，本年为正数或者上年为负数，本年为零，单项修正系数确定为 1.0。

按照上述方法，由于 2020 年 C 公司的销售利润率、成本费用利润率和资本收益率均超过行业优秀值，所以三项修正指标的单项修正系数均为 1.26。

2）分类综合修正系数的计算。

分类综合修正系数的计算公式为：

分类综合修正系数＝∑类内单项指标的加权修正系数

其中，单项指标加权修正系数的计算公式是：

单项指标加权修正系数＝单项指标修正系数×该项指标在本类指标中的权数

例如，盈余现金保障倍数指标属于盈利能力指标，其权数为 9，盈利能力类指标总权数为 34。

盈余现金保障倍数指标的加权修正系数＝0.82×(9÷34)＝0.22

盈利能力类修正指标有 4 项，已计算出盈余现金保障倍数指标的加权修正系数为 0.22，销售利润率指标的单项指标加权修正系数为 0.37，成本费用利润率指标的加权修正系数为 0.30，资本收益率指标的加权修正系数为 0.26，则：

盈利能力类修正系数＝0.22＋0.37＋0.30＋0.26＝1.15

其他类别指标的综合修正系数计算与上述方法相同，不再举例。

（3）修正后得分的计算

修正后总分＝∑(分类综合修正系数×分类基本指标得分)

C 公司各类基本指标和分类综合修正系数如表 10-11 所示，由此可计算出修正后定量指标的总得分。

（4）管理绩效定性指标的计分方法

1）管理绩效定性指标的内容。管理绩效定性评价指标的计分一般通过专家评议打分完成，聘请的专家应不少于 7 人。

表 10-11　修正后得分的计算

项　目	类别修正系数		基本指标得分		修正后得分	
	2020 年	2021 年	2020 年	2021 年	2020 年	2021 年
盈利能力状况	1.15	1.18	32.00	26.92	36.80	31.77
资产质量状况	0.90	0.86	16.37	14.93	14.73	12.84
债务风险状况	0.83	0.64	22.00	22.00	18.26	14.08
经营增长状况	1.07	0.98	22.00	11.98	23.54	11.74
修正后定量指标总分	——				93.33	70.43

评议专家应当在充分了解企业管理绩效状况的基础上，对照评价参考标准，采用综合分析判断法，对企业管理绩效指标做出分析评价，评判各项指标所处的水平档次，并直接给出评价分数。表 10-12 是一名评议专家给出的各项管理绩效定性评价指标的等级。

表 10-12　管理绩效评价定性评价指标等级表

评价指标	权数(100)	等　级				
		优(1.0)	良(0.8)	中(0.6)	低(0.4)	差(0.2)
1. 战略管理	18		0.8			
2. 经营决策	16	1.0				
3. 发展创新	15		0.8			
4. 风险控制	13		0.8			
5. 基础管理	14			0.6		
6. 人力资源	8		0.8			
7. 行业影响	8	1.0				
8. 社会贡献	8		0.8			

2）单项评议指标得分。

单项评议指标得分＝∑（单项评议指标权数×各评议专家给定等级参数）÷评议专家人数

假设评议专家有 7 人，对"战略管理"的评议结果为：优等 4 人，良等 3 人。

战略管理评议指标得分＝（18×1×4＋18×0.8×3）÷7＝16.46（分）

其他指标的计算方法与上述方法相同，不再举例。

3）评议指标总分的计算。

前面已计算出战略管理评议指标分数为 16.46 分，假设其他 7 项评议指标的单项得分分别为 14、14、11、12、6、8 和 7，则：

评议指标总分＝16.46＋14＋14＋11＋12＋6＋8＋7＝88.46（分）

▶ 5. 计算经营业绩综合评价分数

在得出财务绩效定量评价分数和管理绩效定性评价分数后，应当按照规定的权重，耦

合形成综合绩效评价分数。其计算公式为

企业综合绩效评价分数＝财务绩效定量评价分数×70％＋管理绩效定性评价分数×30％

根据以上有关数据，C公司的综合评价得分计算如下：

2020年综合评价得分＝93.33×70％＋88.46×30％＝91.87（分）

2021年综合评价得分＝70.43×70％＋88.46×30％＝75.84（分）

在得出评价分数以后，应当计算年度之间的绩效改进度，以反映企业年度之间经营绩效的变化状况。其计算公式为：

绩效改进度＝本期绩效评价分数÷基期绩效评价分数

绩效改进度大于1，说明经营绩效上升；绩效改进度小于1，说明经营绩效下滑。

▶ 6. 确定综合评价结果等级

企业综合绩效评价结果以85分、70分、50分、40分作为类型判定的分数线。具体的企业综合

绩效评价类型与评价级别如表10-13所示。

表 10-13　企业综合绩效评价类型与评价级别一览表

评价类型	评价级别	评价得分
优（A）	A++	A++≥95 分
	A+	95 分＞A+≥90 分
	A	90 分＞A≥85 分
良（B）	B+	85 分＞B+≥80 分
	B	80 分＞B≥75 分
	B−	75 分＞B−≥70 分
中（C）	C	70 分＞C≥60 分
	C−	60 分＞C−≥50 分
低（D）	D	50 分＞D≥40 分
差（E）	E	E＜40 分

本例中C公司2020年综合得分为91.87分，其综合绩效等级属于优（A+）级，2021年综合得分为75.84分，其综合绩效等级属于良（B）级。

▶ 7. 中央企业负责人绩效考核办法

国资委成立以来，始终把业绩考核作为国有资产监管的重要手段，充分发挥业绩考核在落实国有资本保值增值责任、做强做优做大中央企业中的引领作用和激励约束作用，紧紧围绕中央企业改革发展重点任务，不断探索完善中央企业负责人经营业绩考核制度。2009年12月28日，国务院国资委颁布第22号令，出台了《中央企业负责人经营业绩考核暂行办法》（简称2009版《办法》），正式将EVA指标引入年度考核当中。国资委在延续西方EVA基本理论的基础之上，对EVA在中央企业的实施进行了多方面的本土化改造，以解决EVA管理在我国企业"水土不服"的问题。此后，国资委分别在2012年年底、2016年年底和2018年年底对其进行了修订和完善，以下分别简称2012版《办法》、2016版《办

法》和 2018 版《办法》。

（1）用 EVA 取代 ROE

2009 版《办法》最核心的一点就是用 EVA 取代了 ROE 指标，与利润总额一起作为对中央企业负责人进行年度业绩评价的两个基本指标。这一做法不仅能够满足"收益要弥补股权资本的机会成本"这一基本要求，而且能够消除净资产收益率指标提升有可能诱发的财务风险增高的问题。可以说，EVA 指标才是股东财富增加（或减少）的真正体现。

2009 版《办法》规定 EVA 是指企业税后净营业利润减去资本成本后的余额，计算公式为：

$$经济增加值＝税后净营业利润－资本成本$$
$$＝税后净营业利润－调整后资本×平均资本成本率$$

其中，

$$税后净营业利润＝净利润＋（利息支出＋研发费用调整额＋$$
$$非经常收益调整项×50\%）×（1－25\%）$$

$$调整后资本＝平均所有者权益＋平均负债合计－平均无息流动负债－平均在建工程$$

相较于 2009 版《办法》，2012 版《办法》更加突出了经营业绩评价的价值创造导向：将大多数企业的经济增加值指标的权重由 40%提至 50%，利润总额指标权重则由 30%降低到 20%。由此确立了经济增加值指标在中央企业经营业绩年度考核中的绝对主体地位。强化了考核价值导向。2012 版《办法》还规定，企业通过变卖主业优质资产等取得的非经常性收益在税后净营业利润中全额扣除。

2016 版《办法》落实以管资本为主加强国有资产监管的要求，再次强调突出经济增加值考核，并进一步提出经济增加值考核的重点是在分类和差异化上下功夫，针对不同功能、资本结构和风险程度的中央企业，提出差异化资本回报要求，着力引导企业资本投向更加合理，使本结构更加优化、资本纪律更加严格，资本效率进一步提高。

（2）年度考核与任期考核相结合

该考核办法将长期考核和短期考核区分开来，分为年度经营业绩考核和任期业绩经营考核两大部分。

1）年度经营业绩考核。年度经营业绩考核是以公历年作为考核周期，将年度利润总额和经济增加值作为基本指标对中央企业负责人进行业绩考核。2009 版《办法》规定的年度经营业绩考核综合得分的计算公式为：

$$年度经营业绩考核综合得分＝（利润总额指标得分＋经济增加值指标得分＋分类指标$$
$$得分）×经营难度系数＋奖励分－考核扣分$$

2012 版《办法》的年度考核维持了利润总额和经济增加值指标，但在指标所占权重上向经济增加值有所倾斜，其综合得分计算公式与 2009 版《办法》也大致相同，但将"经营难度系数"改为"业绩考核系数"，突出了技术投入的重要性。

2）任期经营业绩考核。任期经营业绩考核是以三年为一个考核周期，将国有资本保值增值率和主营业务收入平均增长率作为基本考核指标。2009 版《办法》规定的任期经营业绩考核综合得分的计算公式为：

任期经营业绩考核综合得分＝（国有资本保值增值率指标得分＋主营业务收入平均增长率指标得分＋分类指标得分）×经营难度系数＋任期内三年的年度经营业绩考核结果指标得分－考核扣分。

可以看出，2009版《办法》中规定的任期考核的基本指标为国有资本保值增值率指标和主营业务收入增长率指标。在2012版《办法》中，任期考核的基本指标取消了"主营业务收入增长率"指标，更换为"总资产周转率"指标，体现"弱化规模、突出质量、强化管理、做强做优"的思路。

（3）考核结果与奖惩激励机制挂钩

在严格考核的基础上实施严明的奖惩措施是中央企业经营业绩考核的重要环节，如果业绩考核不与激励相挂钩，那么考核的效果和意义将大为减弱。2009版《办法》根据企业负责人经营业绩考核得分，将年度经营业绩考核和任期经营业绩考核的最终结果分为A、B、C、D、E五个级别。级别与企业负责人的薪酬直接挂钩，规定以年度经营业绩考核结果和任期经营业绩考核结果为依据对企业负责人实施奖惩，给予企业负责人年度绩效薪金奖励和任期激励（或中长期激励），即"业绩上、薪酬上；业绩下、薪酬下"，并把经营业绩考核结果作为企业负责人任免的重要依据。

▶ **4. 突出四个方面的考核**

《中央企业负责人经营业绩考核办法》于2018年12月14日经国务院国有资产监督管理委员会第159次主任办公会议审议通过，自2019年4月1日起施行。以下简称新版《办法》。

新版《办法》更加突出了四个方面的考核，目的在于充分发挥其"指挥棒"作用，进一步促进中央企业加快实现高质量发展。

（1）更加突出了对效率效益的考核

对商业类企业，除了保留原来的经济增加值和国有资产保值增值率的指标以外，年度的考核指标用净利润代替了原来的利润总额，任期的考核指标用全员劳动生产率代替了原来的总资产周转率，这种变化是为了更好地衡量生产要素投入产出的效率。

（2）更加突出了对创新驱动的考核

对工业类企业和对科技进步要求比较高的企业，突出考核科研投入、产出以及科研成果转化，把研发投入视同利润，引导企业建立研发投入的稳定增长机制。对科研创新取得的重大成果，在考核当中也予以加分。

（3）更加突出了对实业主业的考核

按照供给侧结构性改革的要求，加强压缩管理层级、减少法人户数、剥离企业办社会职能这些指标的考核，把去产能的任务纳入到业绩的责任书里面。另外，"一企一策"确定企业负债率的考核，引导企业严控非主业投资和经营业务，聚焦实业，做强主业。

（4）更加突出了对服务保障的考核

对于承担政府采购重大专项任务的商业类企业，加强了重点保障任务的考核。对公益类企业，把社会效益放在首位，重点考核产品服务质量和保障能力。

▎本章小结▎

在投融资决策分析时，对企业业绩评价是非常重要的环节。业绩评价是指在综合分析的基础上，运用业绩评价方法对企业财务状况和经营成果所做的综合结论。业绩评价以财务分析为前提，财务分析以业绩评价为结论，财务分析离开业绩评价就没有多大的意义了。就单项财务能力所做的分析及评价，其结论具有片面性，只有在综合分析的基础上进行业绩评价，才能从整体上全面评价企业的财务状况及经营成果。

杜邦财务分析体系亦称杜邦财务分析法，是指根据各主要财务比率指标之间的内在联系，建立财务分析指标体系，综合分析企业财务状况的方法。杜邦财务分析体系的特点是将若干反映企业盈利状况、财务状况和营运状况的比率按其内在联系有机地结合起来，形成一个完整的指标体系，并最终通过净资产收益率(或资本收益率)这一核心指标来综合反映。

杜邦财务分析体系自产生以来在实践中得到广泛应用与好评，但随着经济与环境的发展、变化以及人们对企业目标认识的进一步升华，杜邦财务分析体系在应用过程中也暴露出一些不足。因此，在实践中通常还可采用综合指数和综合评分法，即通过计算企业经营业绩的综合指数或综合分数，来反映企业总体经营业绩水平的高低。

企业经营业绩综合评价通常可采用综合指数法和综合评分法，即通过计算企业经营业绩综合指数或综合分数，反映企业总体经营业绩水平的高低。

运用综合指数法进行业绩评价的一般程序或步骤包括选择业绩评价指标、确定各项指标的标准值、计算指标单项指数、确定各项指标的权数、计算综合经济指数和评价综合经济指数。

运用综合评分法或功效系数法的一般程序或步骤包括选择业绩评价指标、确定各项业绩评价指标的标准值、确定各项业绩评价指标的权数、计算各类业绩评价指标得分、计算经营业绩综合评价分数和确定经营业绩综合评价等级。

▎复习思考题▎

1. 我们为什么要对企业进行财务综合分析？财务综合分析包含哪些内容？
2. 杜邦财务分析体系有哪些优点？
3. 企业经营业绩综合评价一般采用哪些方法？
4. 企业经营业绩综合评价综合指数法的一般流程包括哪些步骤？

▎线上课堂▎

实操练习

在线自测

参 考 文 献

[1] 斯蒂芬・A. 罗斯，伦道夫・W. 威斯特菲尔德，杰弗利・F. 杰富，等. 公司理财
[M]. 11 版. 吴世农，等译. 北京：机械工业出版社，2017.

[2] 林秀香. 财务报告分析[M]. 大连：东北财经大学出版社，2017.

[3] 王淑萍，史建梁，王志永. 财务报告分析[M]. 北京：科学出版社，2017.

[4] 张先治，陈友邦. 财务分析[M]. 9 版. 大连：东北财经大学出版社，2019.

[5] 刘义鹍. 财务分析：方法与案例[M]. 3 版. 大连：东北财经大学出版社，2019.

[6] 张新民，钱爱民. 财务报表分析[M]. 5 版. 北京：中国人民大学出版社，2020.

[7] 王化成，佟岩. 财务管理[M]. 北京：中国人民大学出版社，2021.

[8] 姚文英. 财务报表分析[M]. 大连：东北财经大学出版社，2020.

[9] 戴欣苗. 财务报表分析[M]. 3 版. 北京：清华大学出版社，2019.

[10] 许拯声. 财务报表分析[M]. 北京：清华大学出版社，2018.

[11] 王淑萍，王蓉. 财务报告分析[M]. 北京：清华大学出版社，2016.

[12] 周晋兰，杨昀. 财务报表分析[M]. 北京：科学出版社，2017.

[13] 杨孝安，何丽婷. 财务报表分析[M]. 北京：北京理工大学出版社，2017.

[14] 吴晓求. 证券投资学[M]. 5 版. 北京：中国人民大学出版社，2020.

[15] 崔杰，何保国. 财务管理[M]. 北京：清华大学出版社，2019.

[16] 东方财富网. 白云山(00874)财务分析-HKF10 资料[EB/OL]. [2022-01-30]. https://
emweb. securities. eastmoney. com/PC_HKF10/FinancialAnalysis/index? type = we-
b&code=00874&color=b.

[17] 中华网财经. 坏账计提、资产减值，欢瑞世纪两年亏超 13 亿 [EB/OL]. [2020-06-
03]. https://baijiahao. baidu. com/s?id=1701516978032904163&wfr=spider&for=pc.

[18] 广州汽车资讯. 比亚迪收入大增利润下跌，什么拖累净利润下滑 29%？[EB/OL].
[2021-8-31]. https://www. sohu. com/a/486756825_120368407

[19] 证券市场周刊. 趣睡科技：三年研发投入不足销售费用一成零发明专利的科技公司
[EB/OL]. [2021-08-31]. https://www. 163. com/dy/article/GINHHBR70519L38V. html.

[20] 中国房地产报. 谁是"现金王"?谁又是利润大户?[EB/OL]. [2021-09-07]. https://
baijiahao. baidu. com/s?id=1710239083831096073&wfr=spider&for=pc.

[21] 大众证券报. 营收增长现金流量却亏空 海峡创新财务指标合理性遭"问询"[EB/
OL]. [2021-08-30]. https://baijiahao. baidu. com/s? id = 1709522700811989779&wfr =
spider&for=pc.

教师服务

感谢您选用清华大学出版社的教材！为了更好地服务教学，我们为授课教师提供本书的教学辅助资源，以及本学科重点教材信息。请您扫码获取。

》 教辅获取

本书教辅资源，授课教师扫码获取

》 样书赠送

财政与金融类重点教材，教师扫码获取样书

 清华大学出版社

E-mail: tupfuwu@163.com
电话: 010-83470332 / 83470142
地址: 北京市海淀区双清路学研大厦 B 座 509

网址: http://www.tup.com.cn/
传真: 8610-83470107
邮编: 100084